河北农业大学社会主义核心价值观实践教育创新
河北省高等学校人文社会科学重点研究基地经费资助
河北省省级研究生示范课程项目中国马克思主义与当代
（KCJSX2019034）研究成果

新时代大学生社会主义核心价值观立体化培育研究

邵彩玲　刘　欢　李佳哲　等著

知识产权出版社
全国百佳图书出版单位
——北京——

图书在版编目（CIP）数据

新时代大学生社会主义核心价值观立体化培育研究/邵彩玲，等著. —北京：知识产权出版社，2020. 12

ISBN 978 - 7 - 5130 - 7361 - 5

Ⅰ. ①新… Ⅱ. ①邵… Ⅲ. ①大学生—思想政治教育—教学研究—中国 Ⅳ. ①G641

中国版本图书馆 CIP 数据核字（2020）第 260955 号

责任编辑：国晓健　石红华　　　　　　　　责任校对：谷　洋
封面设计：陈　曦　陈　珊　　　　　　　　责任印制：孙婷婷

新时代大学生社会主义核心价值观立体化培育研究

邵彩玲　刘　欢　李佳哲　等著

出版发行：知识产权出版社 有限责任公司	网　　址：http：//www. ipph. cn
社　　址：北京市海淀区气象路 50 号院	邮　　编：100081
责编电话：010 - 82000860 转 8130	责编邮箱：shihonghua@ sina. com
发行电话：010 - 82000860 转 8101/8102	发行传真：010 - 82000893/82005070/82000270
印　　刷：北京九州迅驰传媒文化有限公司	经　　销：各大网上书店、新华书店及相关专业书店
开　　本：787mm ×1092mm　1/16	印　　张：16. 75
版　　次：2020 年 12 月第 1 版	印　　次：2020 年 12 月第 1 次印刷
字　　数：290 千字	定　　价：78. 00 元

ISBN 978 - 7 - 5130 - 7361 - 5

序

  社会主义核心价值观从国家、社会、公民个体三个层面对国家建设、社会建设、公民培育等重大问题进行了解答，也体现了中华传统美德、革命道德和社会主义道德建设的基本要求。"富强、民主、文明、和谐"反映了建设社会主义现代化国家的目标追求，"自由、平等、公正、法治"反映了人们对美好生活的向往，"爱国、敬业、诚信、友善"反映了每个社会成员应该遵守的基本行为准则。党的十八大提出积极培育和践行社会主义核心价值观以来，全国各地、各行各业都积极行动起来进行各种形式的社会主义核心价值观学习与教育。党的十九大进一步指出要把社会主义核心价值观融入社会发展各方面，转化为人们的情感认同和行为习惯。新时代大学生作为中国特色社会主义事业的建设者和接班人，更应该率先垂范，积极培育和践行社会主义核心价值观，并真正落实到学习和生活的各个细节当中。

  为了加强新时代大学生社会主义核心价值观培育的实效性，2014 年 12 月，河北农业大学获批了河北省高等学校人文社会科学重点研究基地——"河北农业大学社会主义核心价值观实践教育创新研究中心"，该中心立足立德树人的根本任务，对新时代大学生社会主义核心价值观实践教育创新进行了大量的系统性研究。本研究把新时代大学生置于更广阔的社会环境中，分析各种主客观因素对其社会主义核心价值观培育的影响和作用。马克思在揭示人的本质时指出，在其现实性上，它是一切社会关系的总合。大学生作为一个社会的人，无时无刻不处于家庭关系、地缘关系、业缘关系之中，所以在由婴幼儿成长为一名符合社会规范要求的合格社会成员的过程中，在其思维方式和价值观念形成的过程中，除了自身发挥着具有重要作用的主观能动性之外，不可避免地受到其他外在因素的影响。因此，在对青年大学生进行社会主义核心价值观培育过程中，除了要发挥大学生自身内在的积极作用，还要注意到家庭、学校、社会环境、网络空间等多个因素的影响，挖掘其中正向功能。除了教授学生基本的生存技能之外，更要注重学生的价值观培育和品德教育。不仅教给学生"做事"的本领，还要对学生进行如何"做人"的教育。把正确的道德观念和价值取向传递给学生，使学生从小就埋下真善美的种子，形成美好的心灵世界和科学的价值判断与选择。

　　大学时期的美好时光，真真切切记录着新时代大学生的努力和成长。一场场的学习探讨、一遍遍的论文修改、一次次的社会实践活动都清楚地记录着新时代大学生攀登科研高峰、不断增长知识本领的付出和努力。青年大学生肩负着祖国和民族的未来和希望，在人生成长的关键时期要树立正确的世界观、人生观和价值观，要坚定中国特色社会主义道路自信、理论自信、制度自信和文化自信，要积极培育和践行社会主义核心价值观。习近平同志指出，青年的价值取向决定了未来整个社会的价值取向，而青年又处在价值观形成和确立的时期，抓好这一时期的价值观养成十分重要。这就像穿衣服扣扣子一样，如果第一粒扣子扣错了，剩余的扣子都会扣错。人生的扣子从一开始就要扣好。因此，要构建起新时代大学生社会主义核心价值观培育的家庭、学校、社会、网络空间以及大学生自身"五位一体"的立体化多维框架，以便对大学生社会主义核心价值观的培育形成合力，真正发挥育心铸魂的作用，使新时代大学生系好第一粒扣子，并做一个有心之人。

　　一是心中有梦，坚守初心。新时代大学生从全国各地经过十年寒窗苦读进入到高等院校求学深造，必定对自己、社会、国家的发展及未来怀着一种深沉的热爱和向往。作为新时代的开拓者和追梦人，大学生要牢记习近平总书记对青年学生的几点希望，"要爱国，忠于祖国，忠于人民；要励志，立鸿鹄志，做奋斗者；要求真，求真学问，练真本领；要力行，知行合一，做实干家"。把个人的生活理想和职业理想融入到中华民族伟大复兴的中国梦当中，积极投身到建设中国特色社会主义伟大事业当中。坚定马克思主义信仰和共产主义远大理想，不断提升政治素养，争当新时代征程的奋进者，以社会主义核心价值观为指引，在追寻梦想的路上永不言弃，勇做社会主义建设者和接班人，为建设富强、民主、文明、和谐、美丽的社会主义现代化强国奉献自己的青春和热血。

　　二是心中有爱，情系家国。"仁者爱人"，"爱人者，人恒爱之"。新时代大学生要悦纳自己、有仁爱之心，善待自己身边的家人、同学、师长、朋友及他人，要胸怀家国，做有理想、有本领、有担当的时代新人。新时代大学生要弘扬中华传统美德，把社会主义核心价值观融入日常的社会生活当中，切实做到明礼、遵规、守法，发挥引领社会文明风尚的率先垂范作用；要发扬中国革命道德，按照社会主义核心价值观的基本要求起到传播主流价值的模范带头作用；要遵守社会主义道德准则，真正树立和培育社会主义核心价值观，肩负起时代赋予的历史使命和社会责任

三是心中有诗/识，追寻美好。"腹有诗书气自华"，新时代大学生无论何时都不要忘记读书，在社会实践中锻炼成长，做有丰富学识和过硬本领的自由而全面发展的人。要多读马克思主义经典著作，用科学理论武装自己的头脑。要不断增加学识，并运用知识去认识、解释和改造世界。在追寻梦想的过程中要牢记社会主义核心价值观"三个倡导"的重要内容，不要让自己的身体一路狂奔而忽视精神层面的提升，要记得生活是有诗和远方的。习近平总书记指出，"人民对美好生活的向往就是我们的奋斗目标"，只有用深厚的理论作支撑并指导实践才能善于发现美好、珍惜美好并创造美好。

四是心中有民，共享幸福。全心全意为人民服务是中国共产党的根本宗旨，新时代大学生在践行社会主义核心价值观的实际行动过程中要牢记习近平总书记对新时代青年的殷殷嘱托，"要树立远大理想、要热爱伟大祖国、要担当时代责任、要勇于砥砺奋斗、要练就过硬本领、要锤炼品德修为"。身体力行地传承和践行以爱国主义为核心的民族精神和以改革创新为核心的时代精神，在建设社会主义现代化国家的征程中不懈奋斗，并与全国人民一起共享社会发展的幸福成果。

在以习近平同志为核心的党中央的坚强领导下，新时代青年大学生与全国人民团结一心、携手共进，任何艰难险阻终将被战胜，盛世美景必将傲绽神州大地。在社会主义核心价值观引领下，新时代大学生在学习、生活过程中会一路有梦相随，有爱相伴。最后以一首诗送与新时代大学生们：理论学习收获丰，信仰坚定向光明；青年才俊勇担当，为民奋斗建奇功；胸怀世界志向远，幸福生活天下同。

编者

2020 年 12 月

目　录

第一章　新时代大学生社会主义核心价值观培育导论

　　培育和践行社会主义核心价值观对于凝聚全国各族人民的智慧与力量，弘扬中国精神，引领社会发展新风尚具有重要的意义和作用。习近平总书记在党的十九大报告中指出："经过长期努力，中国特色社会主义进入了新时代，这是我国发展新的历史方位。"❶ 新时代的大学生作为社会中的青年精英群体，肩负着民族的希望与国家的未来，是我国建设社会主义现代化强国的重要力量。作为社会主义建设者和接班人，新时代大学生自觉地培育与践行社会主义核心价值观彰显了时代发展主题、符合国家发展大势、契合社会发展规律。对新时代大学生进行社会主义核心价值观的培育要把握新时代大学生的身心发展特征与时代特征，明确新时代大学生的历史使命，剖析新时代大学生社会主义核心价值观培育的必要性，挖掘新时代大学生社会主义核心价值观培育的重要意义，并且要遵循新时代大学生社会主义核心价值观培育的基本原则与现实要求。

一、新时代大学生的特征与历史使命

　　青年大学生正值人生的最美年华，迸发着青春的朝气与活力，身心发展具有较强可塑性与较大波动性，因而把握住青年大学生这一成长发育阶段的特征至关重要。此外，新时代大学生肩负着实现中华民族伟大复兴的崇高历史使

---

❶ 习近平. 决胜全面建成小康社会　夺取新时代中国特色社会主义伟大胜利：在中国共产党第十九次全国代表大会上的报告 [M]. 北京：人民出版社，2017.

命，是实现国家富强、民族振兴、人民幸福的重要力量。因而遵循新时代大学生的身心发展规律、牢记新时代大学生的崇高历史使命，对新时代大学生进行科学的价值引导与正确的价值取向教育，必须以社会主义核心价值观为根本指引。加强新时代大学生社会主义核心价值观的培育，既符合大学生成长成才要求，又符合社会发展要求。通过对新时代大学生的特征与历史使命的深度剖析，通过科学施策，来增强新时代大学生社会主义核心价值观培育的实效性。

（一）新时代大学生的特征

新时代大学生作为我国青年群体的重要组成部分，是青年群体的精英力量展现，是我国在 21 世纪中叶建成富强、民主、文明、和谐、美丽的社会主义现代化强国的未来主力军。青年时期是一个人生理与心理发展的重要时期，关注与重视这一人生发展的黄金阶段，对于一个人的成长发展具有极为重要的意义与价值。虽然青年大学生的生理发展状态已接近成人水平，但是心理发展状态仍不稳定，价值取向与行为方式还有待塑造，是正确世界观、人生观、价值观形成的关键时期。因此，深入理解与掌握新时代大学生的生理发展特征、心理发展特征与身心发展规律是增强新时代大学生社会主义核心价值观培育实效性的基本前提与关键之处。

1. 新时代大学生身心发展的基本特征

新时代大学生正处于学习科学文化知识、培育良好道德素质的关键黄金期，他们拥有最蓬勃的朝气、最向上的活力、最旺盛的精力。掌握新时代大学生在此阶段的身心发展特征关系到其自身社会主义核心价值观的培育实效性，剖析与归纳新时代大学生的身心发展基本特征是提高新时代大学生社会主义核心价值观实效性的必然要求。

第一，新时代大学生生理发展基本特征。大学生身体的良好发育是其顺利开展学习工作的重要物质保障，因而剖析新时代大学生的身体生理发展基本特征对其社会主义核心价值观的培育至关重要。新时代大学生成长于中国改革开放的良好社会环境下，国家经济方面的迅速发展改善了以往贫穷的社会生活，物质生活资料的丰富提升了人们的生活水平，这为新时代大学生身体健康成长提供了良好社会条件和物质基础。一是新时代大学生处于身体机能与体能素质的人生最佳时期。青年大学生身体代谢最旺盛、体能素质最优越，身体机能的发育成熟使得大学生们拥有着最蓬勃的朝气与最昂扬的斗志。此外，在良好营养基础上成长起来的新时代大学生身体体能与机能处于人体发育的最佳水平，为其担当社会责任与历史使命奠定了良好基础。例如，青年大学生心脏系统发育成熟、呼吸系统发育正常为大学生开展较大强度的体育锻炼、进行较为繁重的课业学习以及形成较为成熟的思想认识和价值选择提供了身体物质保障。二是新时代大学生的身体外形特征已经达到成人发育水平。在此年龄阶段，大学生的骨骼发育程度逐渐缓慢，身高、外貌等外形特征基本定型。性激素的催化使得男女大学生的外形特征显示出明显差异，第二特征显现明显，如男生喉结突出、女生乳房生长发育基本成熟。这些生理发育特征所释放出的信号，表明大学生已经基本具备成人的身体素质来承担一定的体力与脑力劳动负荷，为大学生的课业学习、道德品质培养以及社会责任担当提供了良好的身体物质基础。❶

　　第二，新时代大学生的心理发展基本特征。新时代大学生的心理发展特征与大学生的社会角色、时代特征、社会背景等息息相关，新时代大学生社会主义核心价值观的培育本身就是一个"育心"与"塑心"的过程，因此剖析新时代大学生的心理发展特征是对其进行社会主义核心价值观培育的重要前提。抓住新时代大学生的心理发展特征，并予以引导养成积极健康的心理素质，对其进行社会主义核心价值观的培育具有重要意义。新时代大学生大多成长于独生子女家庭，其心理发展特征主要表现在以下几个方面：一是自我意识觉醒，但以自我为中心。新时代大学生正处于渴望自我独立、自我意识开始觉醒的年龄阶段，多数大学生在这个年龄阶段开始规划人生与思考未来。但是由于部分大学生尚未形成正确的价值观，出现了以自我为中心的错误价值取向，缺少奉献精神与忘我精神，一些大学生在面临价值选择时还会呈现出以自我利益获得为主，而忽视国家利益与集体利益。二是勇于挑战自我，但心理承受能力较差。新时代大学生是在改革开放取得较大经济发展的背景下成长起来的，成长环境较为舒适安逸，经济条件较为富足宽裕。国家与社会的繁荣稳定发展为大学生的成长成才提供了更多有利条件，因而新时代大学生在面对机遇时勇于挑战自我，但是由于在成长过程中并未经历过什么风吹雨打，这也相应地造成了

---

　　❶　李章芳. 大学生生理心理特征分析及体育教学中对策［J］. 安徽职业技术学院学报，2004（2）：76－78.

部分大学生在遇到挫折与困难时心理承受能力较差，缺乏坚强的意志与毅力战胜挫折，自我调节能力较差。较弱的心理承受能力对新时代大学生未来走向社会、承担国家发展重任存在不利的影响，因而高校教师与学生家长应在日常的学习生活中有意锻炼学生的抗压能力。三是渴望成功与独立，但又不断陷入"焦虑"当中。伴随着改革开放的不断深入，中国特色社会主义市场经济的深入发展，新时代大学生日益早熟并渴望追求独立与成功，但现实社会又面临与承受着更为繁重的社会环境压力、课业学习压力与就业竞争压力，有些大学生产生较为严重的焦虑、抑郁心理，这些都体现出大学生各方面压力的增大。这对于他们自身的学习成长是极为不利的，要正确引导大学生克服课业学习焦虑与人生发展压力，帮助新时代大学生树立正确的学习观与人生观。四是善于表现自我，但合作意识较弱。青年大学生充满激情活力，拥有强烈的竞争意识与自我表现意识，但是却缺乏在竞争中合作的良好品质，缺少顾全大局的集体精神。少数大学生受个人主义影响较深，在团队合作过程中一味地表现自我而缺少与同学们的沟通协作，合作意识与合作能力有待提高。这既影响大学生个人心智健康成长与发育，又不利于团队合作、良好人际关系以及大局意识的养成。

第三，新时代大学生应注重自身的身心健康发展。新时代大学生正处于人生扬帆远航的起始阶段，身体素质与心理素质发展具有较大的波动性，容易受到外界的各种干扰。首先，大学生应注重身体锻炼来打造健康体魄。在大学学习期间，大学生自主支配的课余时间相对较多，这就造成部分大学生沉迷网络而忽视身体锻炼造成身体素质较差。大学生在大学期间应积极参加体育锻炼，保障一定的体育锻炼时间与体能训练量，为投身学习与工作打好健康的身体基础。少数大学生由于刚刚结束了高中紧张的学习生活，进入大学后身心彻底放松，既不注重饮食又不注重参加体育训练，导致身体状况不太理想，有的甚至处于病态。"身体是革命的本钱。"新时代青年大学生要制订正常的作息时间表，养成良好的作息规律与体育锻炼习惯，为自身发展与国家建设塑造良好体魄。其次，青年大学生在日常的学习生活中，应注重培养健康心态与较强的心理素质。应抓住大学这一黄金时期养成良好的心智，增强自身的抗压能力与抗挫能力。积极主动地学习必要的心理学知识，积极乐观地对待学习与生活中的困难与挫折，积极传播生活中的正能量。最后，大学生应正确认知健康的标准与内涵来塑造健康的自我。健康是人的基本要求，它不仅指没有疾病，而且指身体的健康、心理（精神）的健康、社会适应能力的良好。❶ 根据世界卫生组织对健康标准的界定，新时代大学生要从躯体健康、心理健康、社会适应良好、道德健康四个层面来正确认知健康的内涵，既要关注自身躯体健康，又要关注心理健康，还要培养较强的社会适应能力以及加强道德修养。在日常生活中养成健康的生活习惯与良好的生活方式，不断增进自身的心理健康，培养良好的个性，塑造健康的性格，提高自身适应社会，承担责任的能力。

2. 新时代大学生的时代发展特征

了解新时代大学生的时代发展特征，要从大学生所处的社会环境、时代背景与国家发展要求等角度进行全面系统的剖析。人是社会中的人，时代的发展无疑会给人的发展留下时代印记，因而一代人有一代人的时代印记。通过对新时代大学生的时代发展特征进行深入的分析，能够为其社会主义核心价值观的培育提供更多的思考与启示。

（1）"时代新人"人才培养指向视域下新时代大学生的时代品质。

党的十九大报告明确指出"培育和践行社会主义核心价值观要以培养担当民族复兴大任的时代新人为着眼点"的要求。时代新人作为新时代的人才培养目标指向，以担当民族复兴大任的"时代新人"为主线，剖析新时代青年大学生应具备的时代品质，符合新时代下大学生的成长发展内在规律与时代发展对于新时代大学生的时代要求，具有重要的现实性意义。

第一是有理想。理想信念是人精神上的"钙"，支撑着人的精神世界。"没有理想信念，就会导致精神上'缺钙'。"❷ "有理想"是新时代大学生要具备的重要时代发展品质。大学生作为国家发展与民族振兴的接班人，远大的理想信念是支持新时代大学生担负起历史使命的重要思想源头与不竭动力。首先，新时代大学生要将个人理想融入国家发展与民族振兴之中。以实现国家发展与民族振兴的社会理想为人生发展目标，以社会理想来引领个人理想的实现。中国发展正处于前所未有的历史发展机遇期，新时代大学生作为实现中华民族伟大复兴中国梦的重要力量，应将个人未来的人生事业规划纳入中国特色社会主义伟大事业之中，将历史使命作为自身发展的不懈追求，树立远大的共

---

❶ 陶芳标. 大学生健康教育［M］. 合肥：合肥工业大学出版社，2008：2.
❷ 习近平同各界优秀青年代表座谈时的讲话［N］. 人民日报，2013 - 05 - 04.

产主义理想，将自身的发展与国家、民族的发展统一联系起来。其次，应不断加强对新时代大学生理想信念的培育。以社会主义核心价值观为指引，加强对新时代大学生理想信念培育。引领新时代大学生认识共产党执政规律、社会主义建设规律和人类社会发展规律，积极弘扬民族精神与时代精神，勇敢献身于建设社会主义现代化强国的伟大事业中。在自觉培育与践行社会主义核心价值观的过程中树立远大理想信念，承担起作为一名新时代大学生神圣的时代责任。

第二是有本领。练就过硬的本领是时代新人的重要准则，作为社会发展中的精英群体，"有本领"是新时代大学生的重要时代品质。中华民族伟大复兴中国梦是经过一代又一代人的接力奋斗才能实现的，因而新时代大学生要通过努力奋斗练就自身的过硬本领，为实现中华民族伟大复兴中国梦打下坚实的基础。首先，新时代大学生要养成正确的"奋斗观"，培育自身的奋斗精神来增强自身的本领。任何本领的习得都归结于一个人的奋斗精神，没有顽强的奋斗精神，没有坚韧的毅力和顽强的意志是不能练就真正的本领的。"人类的美好理想，都不可能唾手可得，都离不开筚路蓝缕、手胼足胝的艰苦奋斗。"❶ 在实现中华民族伟大复兴中国梦的过程中，大学生要想掌握过硬的能力和本领，就需要坚韧的奋斗精神。其次，新时代大学生要努力学习科学文化知识来增强自身的本领。"学生"身份依然是新时代大学生最基础的社会角色与社会身份，因此，努力学习科学文化知识来增强自身服务国家与社会的本领是新时代大学生当下的现实任务，在努力学习科学文化知识的过程中，不断提高自身的良好素质，挖掘自身潜力，开发自身能力，真正成长为国家与民族发展需要的高素质创新型人才，为中华民族伟大复兴中国梦贡献青春力量。

第三是有担当。在实现中华民族伟大复兴中国梦的过程中，新时代青年大学生肩负着时代赋予的责任与使命，而"有担当"则是新时代大学生的时代品质。首先，新时代大学生要具备强烈的使命感。实现中华民族的伟大复兴是中华儿女共同的心声和向往，凝结着一代代仁人志士的努力和奋斗。进入新时代，我们比历史上任何时期都更接近这一伟大目标，新时代大学生更应该责无旁贷地担当起应该担当的责任，牢记初心与使命。其次，新时代大学生要树立强烈的担当意识，增强自身的担当精神。新时代大学生要顺应时代发展潮流，

---

❶　习近平谈治国理政［M］.北京：外文出版社，2017：52.

认知到"担当"是时代赋予自身的使命标识，以强烈的担当意识投身于社会主义现代化建设中去，做实现中华民族伟大复兴中国梦的实际践行者，在勇担历史使命的实际行动中去彰显自身的时代价值。

（2）经济全球化与信息网络化视域下新时代大学生的时代特征。

新时代大学生处于社会环境更为开放、科技发展更为发达的新时代，经济全球化社会背景与网络信息时代的到来为新时代大学生打上了更为鲜明的独特印记。因此，有必要以经济全球化与信息网络化为切入点来剖析新时代大学生的时代特征。

第一，经济全球化发展视域下新时代大学生的时代特征。科学技术的发展推动了经济全球化的到来，国家与国家之间的联系也变得愈加紧密，不同国家之间经济与文化的交流不断增强。我国坚持扩大对外开放政策，并在共商、共享、共建原则上提出推进"一带一路"建设，在对世界大势和人类社会发展趋势的准确把握和科学判断基础上提出推动构建人类命运共同体。经济全球化背景下，虽然各国之间在文化理念和价值观追求上存在一定的共通之处，如各国人民都向往和平的幸福生活环境，但不可忽视的是，不同国家之间意识形态领域的斗争仍然激烈，尤其是新时代大学生面对经济全球化发展视域下多样化价值取向与价值选择的迷茫。首先，经济全球化发展视域下新时代大学生面临着难得的时代机遇。随着海内外的学术文化交流日益密切与频繁，在中西方文化的碰撞交流中开拓了新时代大学生的国际视野和大局思维，对其开放与包容心态的养成起到了积极的促进作用。在对中西方文化的比较分析过程中，有利于促进学生思想和行为的成熟；有利于新时代大学生增强自身的文化自信；有利于增强大学生的民族尊严感和自豪感。多样化文化格局下，有利于新时代大学生形成开放、包容、自由的思想，进一步激发大学生的文化创造力。其次，经济全球化发展视域下新时代大学生面临着严峻的时代挑战。经济全球化发展在为新时代大学生带来难得机遇的同时，也为其带来了发展挑战，对新时代大学生形成正确、科学的价值取向造成了一定的负面影响。经济全球化的快速发展冲淡了部分大学生的爱国情怀，使他们对西方国家的经济与文化产生了盲目崇拜，对一些大学生的价值选择带来了困惑。新时代大学生正处于世界观、人生观与价值观形成的关键时期，有些大学生对各种舶来思想缺乏一定的辨别判断能力。面对经济全球化发展的时代变化，有些大学生感到缺乏全球胜任力。这对于大学生的自信心也会造成一定程度的打击，对其自身文化自信造成一定的消极影响。❶ 最后，经济全球化发展视域下应加强对新时代大学生的思想政治教育。面对经济全球化发展为新时代大学生带来的各种机遇与挑战，面对经济全球化发展对新时代大学生思想观念与价值取向造成的冲击，应以社会主义核心价值观为引领，不断加强对新时代大学生进行思想政治教育。使学生能够从经济全球化角度认知自身的社会责任，看清经济全球化浪潮下的各种社会价值取向，通过对比各种价值观念来真正地认定中国特色社会主义核心价值观的合理性与科学性，进一步坚定新时代大学生对于社会主义核心价值观的认同与践行。

第二，网络信息背景下新时代大学生的时代特征。作为网络"原住民"的"00后"大学生，他们一出生便处于各种网络信息的环境之中，网络就是他们的生活，"数字化"是其从小经历的生存方式。网络信息时代的到来对人们的生活方式与思想观念都产生了较大影响，但是网络作为一把双刃剑，对于新时代大学生的发展来说既是机遇又是挑战。网络信息时代的发展背景下，新时代大学生呈现出新的时代特征。首先，网络信息时代之于新时代大学生的时代机遇。网络信息时代的到来为新时代大学生提供了更为丰富的教学资源与学习资源，为其提供了更为便捷的学习与生活方式，为新时代大学生开阔眼界、增长见识提供了广阔的平台，真正做到了可以让大学生"秀才不出门尽知天下事"。多数大学生利用网络平台开展多种类型的学习教育活动、社会公益活动等，为自身健康成长提供了多种发展机遇。还有一些大学生利用网络提供的平台进行创新创业活动，锻炼了创业能力，为顺利走向社会打下了坚实的基础。其次，网络信息时代之于新时代大学生的时代挑战。鉴于网络发展双面性的发展特征，不良网络信息对新时代大学生的思想观念会造成一定的负面影响，网络空间的"炫富""拼爹"等不良现象和行为不可避免地影响着一些大学生正确价值观的形成。网络信息的碎片化特征让大学生产生了严重的信息焦虑，部分大学生对网络信息产生了重度依赖与盲目信任，而碎片化的信息更是无法让大学生形成系统的知识脉络，导致越来越多的大学生对网络信息产生了信息焦虑。有的大学生由于对物质欲望的放纵与追逐，不断攀比，进行超过自身及家庭承担的过度消费，而陷入"网贷"的陷阱，背负沉重的经济压力不

---

❶ 邴浩，鄂炎雄，朱彤. "90后"大学生群体基本特征分析［J］. 学校党建与思想教育，2019 (19)：82－84.

能自拔。部分大学生因沉迷网络游戏而耽误学业、意志消沉，进而忘记自身所担负的中华民族伟大复兴中国梦的历史使命与时代责任。甚至有的大学生利用网络的隐匿性和便利性动了歪脑筋而最终走上了违法犯罪道路。最后，网络信息时代背景下应加强对新时代大学生进行思想政治教育。网络信息化社会背景下，应积极地应对新时代大学生在网络空间出现的各种问题；制定相关大学生上网规章制度来规范大学生的网络行为；提高新时代大学生的网络道德素质；不断发挥网络的积极作用，减少网络所带来的负面效应；以网络空间作为马克思主义理论的宣传阵地，加强新时代大学生的主流意识形态教育。

（二）新时代大学生的历史使命

人作为社会性动物生活于社会环境之中，使命与担当是人社会性的重要标志，历史使命是生活于一定历史阶段下人所不能无视与推卸而必须担当的重大义务与重要责任。社会发展中每一代人都有每一代人的历史使命与责任担当，新时代大学生作为中国特色社会主义事业建设与发展的重要后备力量，担负着重大的历史使命。新时代大学生作为实现中华民族伟大复兴中国梦的生力军，承担着实现中华民族伟大复兴中国梦的崇高使命。担当实现中华民族伟大复兴的历史使命既是时代发展赋予的，也是新时代大学生自身发展要求的。因而中国梦的实现与新时代大学生自身的成长成才具有内在一致性，与其人生价值的实现具有内在相通性。

1. 担当历史使命是青年人不可推卸的责任

新时代大学生作为新一代青年精英群体，肩负着实现中华民族伟大复兴的历史使命。既要传承与发展中华民族优秀传统，又要在新时代的背景下不断推进中国特色社会主义伟大事业，奋力实现"两个一百年"奋斗目标。"天下兴亡，匹夫有责"，青年学生在历史发展过程中一直都是各个时期不同历史使命的重要担当力量，他们始终将国家的命运、民族的命运与自身发展紧密联系起来。新时代大学生作为新时代的优秀青年，更要牢记自身的历史使命与责任担当。

第一，青年大学生要在中国共产党的正确领导下担当历史使命。回顾中国历史发展，无数有志青年为了抵抗外敌、振兴中华开展了数不清的大大小小的爱国主义运动，而只有在中国共产党正确领导之下的青年运动才取得了巨大成功与伟大成绩，这充分说明青年要担当历史使命与现实任务必须在中国共产党的正确领导下进行。新民主主义革命时期，青年学生群体在中国共产党的正确领导下，担当起反对帝国主义、封建主义、官僚资本主义的使命任务，成为反对帝国主义与封建主义的先锋力量，为国家发展与社会进步做出了巨大历史贡献。新中国成立时期，青年学生团体在党的正确号召与领导下，积极投身于社会主义建设与提高生产力的生产建设过程中，担当起了不断发展与壮大国民经济、丰富人民物质生活的历史使命，为国家经济发展奠定了良好的物质基础。改革开放时期，党带领广大青年知识分子以邓小平理论为思想与行动指导，团结一致、奋发进取地投身改革开放浪潮中去，广大青年投身于社会主义改革开放事业，为中国经济的快速发展做出了巨大贡献，极大地推动了中国经济迈向新的台阶。新时代背景下，中国发展迈向了前所未有的历史机遇期，青年大学生群体肩负着实现中华民族伟大复兴中国梦的历史重任，中国共产党提出了一系列的方针政策来助力实现中国梦，新时代大学生要将个人理想融入社会理想当中，为实现伟大复兴中国梦的历史使命而继续接力奋斗。社会主义核心价值观作为对大学生群体的思想与行为指引发挥着重要作用，新时代大学生应积极培育与践行社会主义核心价值观，树立正确的价值取向、做出正确的价值判断、进行正确的价值选择，认清自身伟大的历史责任，为实现伟大复兴中国梦贡献自身的一份力量。

第二，历史使命之于新时代大学生的重要意义。历史使命之于新时代大学生而言，既是国家赋予的伟大责任，又是时代赋予的神圣使命，对于大学生个人的成长发展至关重要。首先，历史使命为新时代大学生提供重要的方向指引。实现中华民族伟大复兴中国梦是新时代大学生的重要历史使命，中华民族经历了从站起来到富起来再到强起来的伟大飞跃，凝聚了无数中国人民的不懈奋斗，也是所有中华儿女的共同追求。所以，实现中华民族伟大复兴中国梦的历史使命为新时代大学生发展提供了方向性的奋斗目标，为新时代大学生人生奋斗历程提供了重要的道路指引。其次，历史使命激发了新时代大学生的担当意识。历史使命往往与国家、民族与人民的利益紧密相连，是青年人不可推卸的责任。而有责任就要有担当，新时代青年大学生群体作为肩负历史使命的重要力量，加强与深化自身的担当意识是实现中华民族伟大复兴中国梦的重要因素。因此，任重而道远的历史使命激发了新时代大学生的责任担当意识，激发了新时代大学生为国奋斗的雄心壮志。最后，历史使命为新时代大学生提供正确的价值选择。中华民族伟大复兴中国梦凝聚着正确的价值选择与价值取向，是事关整个国家发展与民族未来的科学决断，为新时代青年大学生群体提供了正确的价值行为导向。新时代大学生要将自身发展与历史使命结合起来，在历史使命的正确价值选择与正确价值取向的引领下实现自身对于国家与民族的奉献价值。

2. 担当起实现中华民族伟大复兴中国梦的历史使命

中国梦的基本内涵是国家富强、民族振兴与人民幸福。而社会主义核心价值观是实现伟大复兴中国梦的重要载体与有效武器，是督促新时代大学生认清自身使命与历史任务的一种重要方式。肩负实现中华民族伟大复兴的中国梦是新时代赋予大学生的重要使命。

第一，担当实现中华民族伟大复兴历史使命是新时代大学生国家意识的充分体现。中国梦是崇高的"国家梦"与"民族梦"，是国家发展与民族振兴的"家国梦"。中国梦的实现是在一代又一代人的持续努力与顽强奋斗中逐步实现的，新时代大学生要接过前人的接力棒继续前行，肩负起自身的国家责任与民族使命担当。首先，坚定的爱国主义精神是新时代大学生实现中华民族伟大复兴中国梦的重要品质。新时代大学生只有具备坚定与强烈的爱国主义精神，才能拥有实现中华民族伟大复兴中国梦的坚定理想信念。爱国精神是社会主义核心价值观中对于公民个人层面的重要要求，新时代大学生要不断增强自身的爱国主义精神培育。其次，以中国精神的培育作为实现中国梦历史使命的价值引领。社会、高校、家庭以及大学生自身要认识到中国精神之于实现伟大复兴中国梦的重要意义，尤其是高校作为新时代大学生思想政治教育的主要场地，应将中国精神的培育作为新时代大学生思想政治教育的重点内容，以中国精神的培育来激发新时代大学生的国家意识与公民意识。

第二，担当实现中华民族伟大复兴中国梦是新时代大学生人生价值的衡量标尺。伟大复兴中国梦既是国家梦、民族梦，更是每一个中国人的个人梦。新时代大学生要将实现伟大复兴中国梦这一崇高历史使命作为自身人生价值实现的重要衡量标杆，将个人理想的建立与个人价值的实现融于中国特色社会主义共同理想与共产主义远大理想的实现过程中。中国梦为新时代大学生提供正确的人生指向，实现中华民族伟大复兴中国梦为新时代大学生的未来发展与前行道路提供了正确的价值指向，规划出了人生未来发展的大方向与大目标，是新时代大学生人生价值的重要衡量标杆。大学生能否把中国梦融入自身的人生发展进程，关系到其人生价值能否实现。新时代大学生应自觉融合个人理想与社会理想，把"小我"融入"大我"当中，将个人理想的实现纳入中国梦这一新时代社会理想之中。

3. 新时代大学生担当历史使命的实践导向

党的十九大提出"培育担当民族复兴大任的时代新人"的伟大号召，明确指出了新时代青年的使命任务，新时代大学生作为青年群体中的领头羊，如何担当民族复兴大任是新时代大学生所面临的重大时代课题。"大学生素质主要包括思想政治道德素质、知识能力素质和身体心理素质。"❶ 专注提高新时代大学生的自身素质是引领新时代大学生担当历史使命的重要实践导向。

第一，新时代大学生思想政治素质的提高。首先，新时代大学生要促进自身国家意识的培育。新时代大学生应不断增强自身的民族认同感与民族自豪感，培育自身强烈的爱国主义情怀。国家意识作为国家与个人之间的重要情感联系，能够促进新时代大学生对于历史使命与国家重任的认知与践行，进一步促进中华民族伟大复兴的实现。新时代大学生国家意识的培育应遵循时代化、民族化与国际化，❷ 要联系到时代发展所呈现出的新特征，要考虑到中华民族的历史文化渊源，要放眼于国际世界发展趋势潮流。英雄人物大多都是在强烈国家意识的支持下实现了人生价值与社会价值，以其强烈的国家意识来推动国家的发展与社会的进步，因而新时代大学生要促进自身国家意识的培育，以此来推动中华民族伟大复兴中国梦的实现。其次，新时代大学生要培育自身担当精神。中华民族伟大复兴历史使命的实现离不开青年大学生的担当精神，强烈的担当精神是实现新时代的时代责任与历史使命的重要精神需要。党的十九大报告指出："青年一代有理想、有本领、有担当，国家就有前途，民族就有希望。"❸ 新时代大学生应自觉培育担当精神，在责任担当的过程中奋力实现中华民族伟大复兴的中国梦。新时代大学生的担当精神有利于新时代大学生坚定

---

❶ 何会宁. 青年大学生历史使命探析［J］. 思想教育研究，2010（9）：106－109.

❷ 王学俭，张羽茜. 新时代大学生国家意识培育研究［J］. 学校党建与思想教育，2019（2）：13－17.

❸ 习近平. 决胜全面建成小康社会　夺取新时代中国特色社会主义伟大胜利：在中国共产党第十九次全国代表大会上的报告［M］. 北京：人民出版社，2017.

自身的崇高历史使命，有利于新时代大学生认清自身的社会责任与时代任务，有利于新时代大学生实现自身的社会价值。最后，增强自身的政治定力、理论自觉与文化自信。❶ 新时代大学生应保持正确的政治立场、政治态度与政治行为，自觉学习马克思主义理论与中国特色社会主义理论，尤其是习近平新时代中国特色社会主义思想，深度理解与学习中国优秀传统文化、革命文化与社会主义先进文化来增强自身的文化自信。

第二，新时代大学生知识能力素质的提升。新时代大学生知识能力水平的高低直接影响到历史使命的实现进程，与中华民族伟大复兴中国梦的历史使命呈现出正相关的关系，因此提升新时代大学生的知识能力是新时代大学生担当历史使命的必要条件。首先，新时代大学生要努力学习科学文化知识。学习科学文化知识是新时代大学生作为学生身份的天职，是大学生增强自身本领的重要途径。新时代大学生应努力学习本专业的专业知识技能，将本专业的文化知识学精、学透，为未来更好地走向社会打下良好知识基础。"科学技术是第一生产力"，新时代大学生知识能力水平的提高是推动社会主义生产力发展的重要力量，是自身担当崇高历史使命不可或缺的重要素质能力。因此，大学生在学习期间应认真努力地学习科学文化知识，增强自身的知识储备。其次，新时代大学生要积极投身社会实践。"实践出真知"，理论只有回归到实践中才能真正地发挥科学效力，新时代大学生应将学到的科学文化知识转化到社会实践中，应用到社会实践中，在社会实践中增强自身对科学文化知识的运用能力，提高自身对于知识的运用技能。新时代大学生不应做一个"一心只读圣贤书"的读书人，更要做社会主义现代化建设的实践者，在社会实践的过程中担当起自身的历史使命。最后，新时代大学生要树立终身学习的学习观。世界发展日新月异，知识更新日益加速，如何能够在这个新时代有能力担当起这艰巨的历史使命呢？新时代大学生只有自觉树立起终身学习的正确学习观，自觉培养终身学习的意识与能力，来提高自身的知识能力素质。高校教师应从终身学习的角度来制订对于新时代大学生的培养教学计划，主动将大学生的创新创业教育与终身学习教育有机结合在一起。❷ 以终身学习的正确学习观来增强自身知识能力素质，进而担当起民族复兴的历史使命。

---

❶ 宋健林. 论青年马克思主义者的使命担当 [J]. 思想教育研究, 2018 (1)：67 - 70.

❷ 刘庆刚, 朱海荣, 彭培英. 工科专业大学生终身学习能力与意识培养刍议 [J]. 河北师范大学学报 (教育科学版), 2018, 20 (3)：124 - 128.

第三，新时代大学生身体心理素质的健康。新时代大学生身体心理素质的健康发展是其担当历史使命的重要物质保障，重视新时代大学生的身体与心理素质的提高对于大学生历史使命的担当必不可少。首先，新时代大学生应重视自身的身体健康成长。健康的体魄是大学生担当民族复兴大业最重要的物质条件，大学生应十分注重自身的身体健康状况，加强自身体育锻炼并养成良好作息习惯，保障其身体健康发育。其次，新时代大学生要关注自身的心理健康发育。心理是否健康是衡量一个人健康的重要标准，新时代大学生面临着更多的社会诱惑与社会压力，保障自身的心理健康与积极向上的心理状态十分重要。在日常学习生活中通过正能量事迹来激励自身，面对各种压力能够及时地正确消解。最后，通过体育锻炼来打造自己的健康身体与心理。高校制定教学课程须遵循科学的教学规律，切实保障学生每天的体育锻炼时间，将心理健康教育融入各门学科教育之中，尤其是穿插进体育教学之中。❶

二、新时代大学生社会主义核心价值观培育的必要性

新时代大学生是同龄人中的佼佼者，是青年群体中的一支优秀队伍。新时代大学生作为国家的希望与民族的未来，他们的价值取向在很大程度上代表了国家与民族未来的价值取向，新时代大学生社会主义核心价值观的培育有助于他们坚持正确主流价值取向，增强正确价值观的践行能力，坚定自身的伟大职责与历史使命，进一步成长为我国社会主义现代化所需要的人才。此外，新时代大学生正处于世界观、人生观与价值观形成的关键时期，自身价值取向的迷茫、社会外部环境的影响、国家发展大势的需求都要求他们养成正确的价值观。社会主义核心价值观具有鲜明的时代引领性与正确的价值导向性，因此，抓住新时代大学生在此阶段的社会主义核心价值观培育十分必要。

（一）帮助新时代大学生抵御不良思想

在新时代大学生社会主义核心价值观的培育过程中，大学生自身要能够真正认知与认同社会主义核心价值观的科学性与真理性，社会主义核心价值观是

---

❶ 葛吉生，高全，孙海挺. 大学生心理健康与身体素质的关系及应对策略［J］. 北京体育大学学报，2004（11）：1484–1486.

来源于生活并用之于生活的"接地气"的一种价值观，大学生要能够将社会主义核心价值观践行于社会生活的方方面面，在面对社会生活中的不良风气、不良社会思潮与错误价值取向的时候，能够真正地运用社会主义核心价值观来抵御这些不良思想，增强自身对于不良思想的甄别力，自觉将社会主义核心价值观作为自身价值选择与价值判断的标准。

第一，抵制不良社会风气，营造良好社会风气。社会主义市场经济的发展在给我国带来巨大经济效益的同时，市场经济竞争机制的弊端也为滋生诸多不良社会风气提供了温床。一是各种社会不良风气对新时代大学生价值取向与价值行为的侵蚀。市场经济逐利性的特性导致人们的思想价值出现了拜金主义、利己主义、个人主义等不良思想倾向，而这对于大学生正确价值观的养成极具误导与扭曲作用。尤其是崇尚金钱至上的价值取向，主张一切向钱看的价值标准，导致社会中拜金主义行为的盛行。在市场经济条件下，部分不良商家或经营个体为了谋求更多利益，不惜牺牲职业道德与诚信准则而以次充好或以劣充优来进行产品生产与销售，少数领导干部也是为了金钱与利益的获得而不惜铤而走险贪污犯罪，背弃了自己的初心和使命。可以说，市场经济的负面效应波及了社会发展中的不同行业领域。而大学生作为社会生活中的群体，也部分地受到拜金主义的影响，将金钱薪酬、自我发展等视为职业规划与职业选择的重要标准，忽视了自身对于社会与国家的责任，可以说拜金主义、个人主义、利己主义对于新时代大学生群体的负面影响是极大的。二是社会主义核心价值观能够营造良好社会风气与抵制不良社会风气。社会主义核心价值观为新时代大学生提供了正确的价值取向与价值选择，犹如黑暗中的灯塔为迷茫中的大学生指明前进的方向。社会主义核心价值观关于国家与社会层面的要求为营造良好社会风气提供了正确指引，对于清除社会不良风气具有重要的净化作用，同时为新时代大学生群体提供了正确的价值取向与行为准则。社会主义核心价值观从国家、社会与个人三个层面做出正确价值导向与价值指引，新时代大学生可以以社会主义核心价值观为自身价值标准，有针对性地在日常学习与生活中养成正确的价值行为。

第二，对于不良社会思潮的防御，巩固主流意识形态的要求。思想文化领域之间的斗争从来都是国与国之间的隐形斗争，建构具有强大凝聚力与引导力的社会主义意识形态是强国战略的重点内容。近些年，伴随中国对外开放步伐日益蹄疾步稳的进行，国外一些先进文化与不良社会思潮一起涌入广大人民的视野，尤其是对价值观尚未完全形成的大学生而言，对其正确价值取向与价值行为的养成造成一定的负面影响，因此要以社会主义核心价值观为思想武器抵御不良社会思潮，加强对新时代大学生社会主义核心价值观的培育。一是各种不良社会思潮对于大学生正确价值观养成造成负面影响。对于新时代大学生群体而言，除了各种不良社会风气之外，各种不良社会思潮也是妨碍他们社会主义核心价值观培育的"拦路虎"与"绊脚石"。

伴随中国对外开放程度的日益加深，各种不良社会思潮如历史虚无主义、普世价值观、新自由主义等不良社会思潮逐渐渗透进人们的生活中。如历史虚无主义通过丑化中国共产党的领导、抹黑革命英雄人物等来否定中国共产党的领导与否定马克思主义理论的科学性。这是从根本上对中国历史的贬损与歪曲，对于新时代大学生正确价值观的养成是极为不利的，对于涉世未深、价值选择迷茫的新时代大学生群体而言是十分危险的。二是以社会主义核心价值观巩固社会主义意识形态。回望历史，苏联解体、东欧剧变都是从意识形态领域来瓦解一个国家的根基建设的。国家意识形态与社会主流价值观是密切相关的，社会主流价值观是国家意识形态建设的重要保障。社会主义核心价值观是在马克思主义理论的基础上、中国优秀传统文化的传承上、革命文化的承继上、社会主义先进文化的创新上体现中国时代特色的正确价值观。社会主义核心价值观体现着中国特色社会主义的发展方向，体现着中华民族永恒的价值追求，是抵御各种不良社会思潮的正确价值观。新时代大学生作为不良社会思潮侵害的主要对象与重要目标，以社会主义核心价值观培育作为新时代大学生抵御不良社会思潮的"思想铠甲"，加强新时代大学生群体对于社会主义意识形态的认知、认可与践行。

（二）助力高校教育教学事业长远发展

第一，社会主义核心价值观培育是高校思想政治教育的重点教育内容。对新时代大学生进行思想政治教育是高校教育的重要教学版块，是高校实现立德树人根本任务的重要教育举措。新时代背景下，社会主义核心价值观培育是高校思想政治教育的重点内容，社会主义核心价值观与高校思想政治教育之间具有紧密的内在联系。首先，社会主义核心价值观培育引领高校思想政治教育的方向目标。对新时代大学生开展世界观、人生观、价值观教育是高校思想政治教育的重点内容，是高校立德树人教育的关键环节，而社会主义核心价值观能为新时代大学生正确的世界观、人生观、价值观培育做出正确价值导向与价值指引，为高校对大学生开展思想政治教育工作提供重要的方向引导，进一步发挥高校思想政治教育的铸魂育人教育功能。其次，社会主义核心价值观培育体现高校思想政治教育的与时俱进。社会主义核心价值观符合时代发展特征，契合历史发展潮流，蕴含优秀传统文化，因而社会主义核心价值观培育要成为高校思想政治教育的重点教育内容，要成为高校立德树人教育的重点思想指引。高校开展思想政治教育既要遵循为国家提供优质人才的基本准则，又要根据时代发展特征需要不断更新教育内容。社会主义核心价值观作为时代发展的重要理论成果，高校思想政治教育要紧跟时代发展潮流，充分运用社会主义核心价值观来培育时代发展需要的时代人才。

第二，社会主义核心价值观培育是高校提升人才培养水平的内在需求。培育德才兼备的人才是高等教育的主要目标，高校作为优秀人才的培育基地与输送基地，必须培育出符合时代发展要求、能够担当国家发展重任的人才。首先，社会主义核心价值观是人才培养的重要理论素材。高校"培育什么样的人、怎样培育人、为谁培育人"关系到国家与民族的未来，而社会主义核心价值观从国家、社会、公民个人三个层面提出了正确切实的价值取向，为高校培育人才指明了方向与目标，因而高校要将社会主义核心价值观培育作为教育的重点内容，以社会主义核心价值观的具体要求去培育真正能够担当起时代发展重责的人才。其次，社会主义核心价值观是人才培养的时代教育资源。人才培育要符合时代发展需要，而社会主义核心价值观正是中国共产党在时代发展潮流中推出的重要理论创新，新时代大学生作为社会青年群体中的优秀人群，是社会主义现代化进程中的重点培育对象，要使新时代大学生在科学文化素质、思想道德素质等方面都达到较高水平，必须以社会主义核心价值观为教育引导。高校要培育出符合时代发展潮流的人才，必须采用具有最新时代特征的思想理论武器，而社会主义核心价值观正是新时代下最具时代发展特征的价值引导，因此必须坚持以社会主义核心价值观作为人才培育的重点教育方式。

第三，社会主义核心价值观培育是高校培育优秀人才的重要标准。社会主义核心价值观从国家、社会与公民个人三个层面做出了相应的价值要求，为高校培育优秀人才提供了正确的教育指向与重要标准。首先，以社会主义核心价值观国家层面的价值要求增强新时代大学生的国家与民族责任感。社会主义核心价值观国家层面提出"富强、民主、文明、和谐"的价值要求，这对新时代大学生如何建设国家、朝着什么方向建设国家提出了鲜明的指示。与此同时，社会主义核心价值观公民个人层面提出"爱国"的价值要求，更是直接对新时代大学生如何对待国家民族发展提出了要求，为增强新时代大学生的国家民族责任感起到了重要促进作用。其次，以社会主义核心价值观社会层面的要求提高新时代大学生的社会主人翁意识。社会主义核心价值观社会层面提出"自由、平等、公正、法治"的价值要求，这为新时代大学生建构一个什么样的社会环境、怎样建构社会环境提供了方向与目标，而社会主义核心价值观公民个人层面的价值要求为怎样建构这样的社会环境提供了行为指导。以社会主义核心价值观个人层面的要求促进新时代大学生的公民责任意识。最后，如何成为新时代下的合格社会公民，社会主义核心价值观公民个人层面为新时代大学生提供了如何做的价值标准，大学生未来是要从事社会主义现代化建设的公民，以社会主义核心价值观来促进新时代大学生顺利成长为社会主义建设者和接班人是十分必要的。社会主义核心价值观为大学生走向社会、服务社会奠定了良好思想与行为基础。

（三）促进新时代大学生自身综合素质提升

新时代大学生社会主义核心价值观培育是促进与实现大学生自身成长成才与全面发展的必由之路。正确的价值导向是一个人成长过程中必不可少的方向指引，社会主义核心价值观作为一套契合时代发展、符合中国特色的科学思想理论武器，是引导新时代大学生形成正确价值取向的重要教育理论与有力思想武器。加强新时代大学生社会主义核心价值观培育可以进一步促进新时代大学生思想道德素质的提高，加强多重社会责任的担当意识。

第一，有助于促进新时代大学生思想道德素质的提高。社会主义核心价值观是国家对每一个社会公民在社会生活中所做出的社会道德规范的基本要求，对新时代大学生思想道德素质的提高具有积极的促进作用。社会主义核心价值观实质是一种德，是国家、社会与个人的德。社会主义核心价值观具有正能量的道德引领能力，规范与提升新时代大学生对于道德的认同与判断能力。❶ 社会主义核心价值观对新时代大学生思想道德素质的促进主要体现为社会主义核

---

❶ 伍廉松. 论社会主义核心价值观对大学生精神生活的引领 [J]. 思想政治教育研究，2020，36（2）：94-98.

心价值观培育有助于新时代大学生增强自身的民族爱国情怀，社会主义核心价值观培育有助于新时代大学生提高爱岗敬业精神，社会主义核心价值观培育有助于新时代大学生提高人际关系交往能力。可以说，加强新时代大学生社会主义核心价值观的培育可以有效地提升其思想道德素质水平，促进其良好道德素质的形成。

第二，有助于增强新时代大学生多重社会责任的担当意识。强烈的责任担当意识是新时代大学生全面发展中不可或缺的优良品质，是新时代大学生担当伟大复兴中国梦历史使命的重要素质，强烈的责任担当意识是支持新时代大学生不断前进的能量动力。新时代大学生社会主义核心价值观的培育与大学生责任担当意识的生成具有密切的关系联结，以社会主义核心价值观培育来促进大学生责任担当意识是至关重要的，是大学生社会责任担当意识养成的重要教育载体，社会主义核心价值观中国家、社会与个人层面的价值要求可以使得新时代大学生认清自身的社会责任，可以帮助新时代大学生认知与践行自身的国家责任、社会责任与个人责任，依托社会主义核心价值观培育新时代大学生的国家责任、社会责任与个人责任，促进新时代大学生的全面成长成才。

三、新时代大学生社会主义核心价值观培育的意义

新时代下，加强对大学生社会主义核心价值观培育，推进社会主义核心价值观进高校、进课堂、进教材、进头脑具有重大的历史意义、现实意义与未来意义。新时代大学生群体是国家发展与民族振兴中的精英力量，理应担当起社会主义核心价值观培育与践行的模范带头作用。新时代大学生的思想价值倾向关乎国家与民族的未来发展走向，关乎中国特色社会主义事业的发展，关乎中华民族伟大复兴中国梦的实现进程，因而新时代大学生社会主义核心价值观的培育意义十分重大。

（一）有利于中华民族伟大复兴中国梦的早日实现

新时代大学生群体是社会主义建设中的精英力量，是推动与实现中华民族伟大复兴中国梦的中流砥柱。中华民族伟大复兴中国梦的实现必须以新时代大学生群体为重要依靠力量才能得以进一步向前推进，而这就需要新时代大学生具有正确的价值取向与价值选择，能够真正将自身力量全部投身于中国梦的实

现过程中。新时代大学生群体是社会主义核心价值观的践行主体，是实现中华民族伟大复兴中国梦的主体践行力量，而社会主义核心价值观与中国梦之间又有着不可分割的密切联系，因而新时代大学生培育社会主义核心价值观有利于中华民族伟大复兴中国梦的早日实现。

第一，社会主义核心价值观培育与中国梦的实现具有内在一致性。社会主义核心价值观与中国梦之间具有内在一致性主要体现于以下几个方面。首先，社会主义核心价值观与中国梦都是造福人民的。社会主义核心价值观与中国梦都坚持以人民为中心，以实现最广大人民的根本利益为主要价值追求。社会主义核心价值观从国家层面"富强、民主、文明、和谐"的价值要求与社会层面的"自由、平等、公正、法治"的价值要求来为广大人民群众建构一个良好的国家安全环境与社会和谐氛围，而中国梦作为实现共产主义伟大目标下的一个小目标，其根本价值取向是实现每个人自由而全面的发展，因而社会主义核心价值观培育与民族复兴中国梦的实现都是为了造福广大人民群众的。其次，社会主义核心价值观与中国梦都是促进民族发展的。社会主义核心价值观蕴涵着丰富且深远的中华优秀传统文化历史底蕴，承载着中国人民对于民族发展最朴素的愿望，寄托着中国人民对于民族振兴的深切期待。而中国梦是追求国家富强、民族振兴与人民幸福的梦，是实现中华民族伟大复兴的，更是直抒胸臆地表明了广大人民群众对于民族发展的殷切期盼。社会主义核心价值观培育是实现民族发展的重要手段，而中国梦则是直接表达了对于实现民族振兴的强烈愿望，因而社会主义核心价值观与中国梦本质上都是为了促进民族向前发展的。最后，社会主义核心价值观与中国梦都以促进社会和谐为目标。社会主义核心价值观从国家层面、社会层面与公民个人层面都提出了相应的价值要求，尤其是社会层面的价值要求更是直接为构建社会主义和谐社会环境而提出的，目的在于为人们提供更加和谐的社会环境与社会氛围，而国家层面与个人层面的价值要求也是为构建和谐的社会环境做出的理论贡献。中国梦作为中华儿女几千年的国家富强梦、民族振兴梦与个人幸福梦，内在地蕴含了人们对美好社会生活的向往与期待，体现了人们对安定和谐社会生活的期盼与憧憬。因而，社会主义核心价值观与中国梦对于未来美好社会的规划与目标具有内在一致性与统一性。

第二，社会主义核心价值观是实现中国梦的推动力量。新时代大学生社会主义核心价值观的培育是促进中华民族伟大复兴中国梦实现的重要推动力量，是中华民族伟大复兴中国梦的重要实现方式。社会主义核心价值观作为中国特色社会主义事业发展进程中的方法论而存在，为人们提供正确的价值导向，中国梦作为中国特色社会主义事业发展进程中的目标而存在，是中国共产党领导中国人民在实现共产主义社会征途中的一个阶段性目标。个人作为践行社会主义核心价值观、实现中华民族伟大复兴中国梦的行为主体，要拿起社会主义核心价值观这个理论武器去征服中国梦这一历史与时代课题。社会主义核心价值观从国家、社会与个人三个层面提出了价值要求，这对于中华民族伟大复兴中国梦的实现具有很大的现实导向作用。首先，社会主义核心价值观为实现中国梦提供了重要的思想指引。新时代大学生是担当与实现中国梦的重要力量，以社会主义核心价值观作为新时代大学生的思想价值导向，是十分必要的。社会主义核心价值观为大学生树立正确价值取向提供了参考标准，能保障大学生价值取向与价值行为选择的正确性。其次，社会主义核心价值观为实现中国梦提供了清晰的行为导向。社会主义核心价值观三个层面的核心内涵，本质上是为新时代大学生实现中国梦进一步做出了重要的行为导向，为新时代大学生"如何做"提供了行为指引，通过践行社会主义核心价值观公民个人层面"爱国、敬业、诚信、友善"的过程来履行自身社会责任，进一步向前推动中华民族伟大复兴中国梦的实现。

第三，社会主义核心价值观与中国梦是一脉相承的。社会主义核心价值观与中国梦是同根同源并一脉相承的，社会主义核心价值观理论是中国梦理论的必经阶段，是中国梦实现过程中不可或缺的价值指导。首先，社会主义核心价值观与中国梦都坚持以人为本的核心理念，二者具有内在一致性，都是为实现个人自由而全面的发展提出的，都坚持以人民为中心的价值理念，这主要体现为社会主义核心价值观与中国梦都表达了人民群众的美好愿望。其次，社会主义核心价值观与中国梦都是中国特色社会主义发展的重要成果，社会主义核心价值观与伟大复兴中国梦都是中国共产党领导下广大人民群众的重要社会实践，是中国特色社会主义道路上形成的重要理论成果。最后，社会主义核心价值观与中国梦都以共产主义远大理想为发展目标。无论是作为实践指导的社会主义核心价值观，还是作为崇高目标的伟大复兴中国梦，最终目的都是要达到共产主义远大目标，都是为实现共产主义远大理想而服务的。

（二）有利于大学生成长为社会主义建设者和接班人

社会主义核心价值观是中国特色社会主义事业建设中的重要思想指导与正

确行为指引，新时代大学生社会主义核心价值观的培育符合社会主义事业合格接班人的培育宗旨，对新时代大学生社会主义核心价值观的培育能够进一步促进我国社会主义事业的发展，为社会主义事业提供有力的人才资源保障。社会主义核心价值观是符合中国时代发展特征、契合中国历史文化发展、体现中国国民素养的一项重要价值评判标准。新时代大学生作为中国特色社会主义事业的未来接班人与建设者，必须是德才兼备、全方面发展的新时代人才，新时代大学生社会主义核心价值观的培育有利于增强新时代大学生的历史与时代责任感、有利于促进新时代大学生成长为新时代人才。

第一，有利于增强新时代大学生献身中国特色社会主义事业的使命感与责任感。社会主义事业的建设和发展离不开广大青年的历史与时代使命感与责任感，中国从站起来到富起来再到强起来离不开一代又一代青年人的责任与担当。社会主义核心价值观本质上蕴含着对广大人民群众的殷殷嘱托与责任期盼，青年大学生是推进中国特色社会主义事业发展的优秀力量，对新时代大学生开展社会主义核心价值观培育有利于增强其历史与时代责任感，引导新时代大学生在学习社会主义核心价值观过程中感知中国特色社会主义事业的发展，深刻认识到自身社会主义事业接班人的历史与时代重任。首先，有利于增强新时代大学生的历史使命感。历史上的中国曾经是一个强大繁荣的大国与强国，在人类历史发展长河中起着举足轻重的作用。社会主义核心价值观中对于国家层面的价值要求，能够重新燃起新时代大学生重振大国强国的决心与勇气，认知到自身实现中华民族伟大复兴的历史使命感，担当起民族复兴的重任。其次，有利于增强新时代大学生的时代责任感。社会主义核心价值观具有鲜明的时代性，是新时代背景下最契合时代发展的价值观。加强对新时代大学生社会主义核心价值观的培育能够帮助大学生对于时代发展潮流的把握，对时代发展脉搏的掌控，进而增强新时代大学生的时代责任感，深刻认知到自身作为时代新人的责任与担当。

第二，有利于促进新时代大学生成长为胸怀远大理想的时代新人。新时代大学生培育与践行社会主义核心价值观是新时代下对大学生提出的新要求，有利于促进新时代大学生成长为胸怀远大理想的时代新人。时代新人作为新时代下国家发展对于人才培养的重要标准，必须以社会主义核心价值观作为时代新人培养的重要手段。首先，以社会主义核心价值观为导向，有利于促进新时代大学生理想信念的养成。崇高的理想信念是指引新时代大学生前进的目标与动力。社会主义核心价值观中蕴含着对于实现社会主义与共产主义的深远追求，是崇高理想信念在现实社会中的具体方向指引，因而社会主义核心价值观对于新时代大学生理想信念的养成具有内在的促进与指引作用。其次，以社会主义核心价值观为导向，有利于促进新时代大学生本领能力的培养。社会主义核心价值观从公民个人层面做出了具体价值要求——"爱国、敬业、诚信、友善"，这些价值要求从侧面启发了新时代大学生对于自身爱国能力、工作能力、交往能力等方面的要求，有利于激励新时代大学生在日常的学习生活中注重自身对于各项能力的培养。最后，以社会主义核心价值观为导向，有利于促进新时代大学生担当意识的形成。社会主义核心价值观内在地蕴含着新时代大学生对于国家责任的担当、对于社会责任的担当、对于公民个人责任的担当。以社会主义核心价值观为教育导向，能够帮助大学生深刻地认知自身所要担当的责任与义务。

四、新时代大学生社会主义核心价值观培育的原则

新时代大学生社会主义核心价值观的培育要讲求一定的原则与方法，才能切实提高实效性。参照教育教学原理、依据大学生现实状况、遵循国家大政方针来提出新时代大学生社会主义核心价值观培育的基本原则，在大学生社会主义核心价值观的培育过程中综合运用这几种原则来提升新时代大学生社会主义核心价值观的培育成效。社会主义核心价值观培育是高校思想政治理论课的重点内容，是新时代大学生思想政治教育的重中之重，为确保社会主义核心价值观能够入新时代大学生的眼、耳、脑、心，促使新时代大学生提高培育社会主义核心价值观的主动性，增强践行社会主义核心价值观的积极性，在新时代大学生社会主义核心价值观的培育过程中务必要遵守以下几种培育原则。

（一）坚持思想政治方向性原则

对新时代大学生进行社会主义核心价值观培育，其核心目的是培育社会主义事业的建设者与接班人，培育具有坚定共产主义理想信念的建设人才。社会主义核心价值观作为新时代大学生思想政治教育的重点教育内容，引导大学生树立正确的价值取向与价值选择是其主要目的，因而在新时代大学生社会主义核心价值观的培育过程当中，应坚持正确的思想政治方向性原则，将思想政治

方向性原则贯穿于培育的各阶段与全过程。

第一，加强新时代大学生的马克思主义理论素养。我国作为社会主义国家，新时代大学生作为中国特色社会主义事业的建设者与接班人，必须具备马克思主义理论素养。马克思主义理论素养是支持新时代大学生建设社会主义事业的内在动力。首先，高校教师在对新时代大学生开展社会主义核心价值观的培育过程中，要自觉以马克思列宁主义、毛泽东思想及中国特色社会主义理论体系为根本思想指导，增强新时代大学生对习近平新时代中国特色社会主义思想的认知与学习，在教学过程中增强大学生对马克思主义理论知识的学习，引导大学生学习马克思主义理论来感知社会主义核心价值观的科学性，通过对马克思主义理论的学习来抵御各种不良社会思潮，通过对马克思主义理论，尤其是习近平新时代中国特色社会主义思想的学习来增强自身的马克思主义理论素养，深刻认识到社会主义核心价值观的鲜明党性及服务宗旨，树立坚定且正确的政治方向，以马克思主义理论素养的提升来将自身塑造为思想正面、政治过硬的社会主义事业接班人与建设者。其次，新时代大学生要深刻认识到马克思主义理论素养对于自身的重要性，通过发挥主观能动性来自主学习马克思主义经典著作，自觉增强自身的马克思主义理论素养，将马克思主义理论学习作为一项重要的学习任务，正视马克思主义理论素养对于自身发展的重要性，通过"读原著、学原著"来体会马克思主义理论的科学性，并能够真正做到理论联系实际，将马克思主义真理运用到现实生活当中。将马克思主义理论活学活用到现实社会生活中，真正地将马克思主义作为自己行动的理论指导。

第二，坚定新时代大学生的共产主义理想信念。社会主义核心价值观是为社会主义事业而服务的，是为最终实现共产主义而提出的理论工具。坚定新时代大学生的共产主义理想信念是新时代大学生社会主义核心价值观培育与践行的内生动力。如果大学生们都不相信、不认同共产主义社会的实现，又何谈让他们真正地将社会主义核心价值观内化于心、外化于行呢？通过坚定新时代大学生的理想信念，让大学生真正认识到社会主义核心价值观的培育是我们实现共产主义的重要理论工具，激发起大学生培育社会主义核心价值观的内在积极性。首先，共产主义理想信念是新时代大学生前进的不竭动力。实现共产主义远大理想是马克思与恩格斯两位无产阶级革命导师对人类社会最终发展所作出的科学判断，是支持一代又一代无产阶级革命者奋斗向前的动力源泉。因而，新时代大学生要培育社会主义核心价值观，必须坚定其自身的共产主义理想信念。以实现共产主义为崇高人生理想，能够进一步深化新时代大学生对于社会主义核心价值观的深层次理解。其次，共产主义理想信念为新时代大学生提供根本方向指引。共产主义社会是人类社会奋斗的终极目标，是人类社会发展的最高阶段。共产主义理想信念为人民努力奋斗向共产主义社会迈进提供了根本方向指引，新时代大学生只有坚定共产主义理想信念才能毫不动摇地培育与践行社会主义核心价值观。新时代大学生要以实现共产主义为根本的人生奋斗目标与人生方向指引，以共产主义崇高理想信念来激励自身对于社会主义核心价值观的培育与践行。

第三，加大对新时代大学生的爱国情操培育力度。新时代大学生作为中国特色社会主义事业的建设者与接班人，是伟大祖国腾飞发展的主力军。深切的爱国情感是保障大学生报效国家的重要精神支柱，新时代大学生只有不断培养与加深自身的爱国情操才能真正认识到自己为国家建设所应担负的历史使命与时代使命，才能真正热爱自己的祖国与民族，才会真正做到社会主义核心价值观个人层面的第一要求"爱国"，进而才能"敬业、诚信、友善"。国家是一个人最根本的归属感，加大对新时代大学生爱国情操的培育力度，能够增强其对国家的归属感与认同感。首先，加大爱国主义在课堂教育教学中的比重。爱国主义教育是高校思想政治教育的重点内容，增加爱国主义教育在思想政治教育中的比重符合时代发展潮流与社会发展趋势。思想政治理论课作为大学生爱国主义教育的主阵地，应不断创新爱国主义教育内容与形式，增强爱国主义教育的与时俱进。高校要依托思想政治理论课来加强对于爱国主义的理论灌输，增强爱国主义的理论创新，提高爱国主义教育的教学实效性。其次，注重爱国主义在日常生活中的灌输。将爱国主义教育灌输到新时代大学生日常生活的点点滴滴，引导新时代大学生在日常生活中培育爱国主义情感，践行爱国主义行为，将爱国主义融入日常的生活与学习中。新时代大学生要在日常的学习生活中自觉培育爱国主义情操，将爱国主义贯彻融入社会生活中。

（二）坚持学生主体性原则

高校坚持以人为本，坚持学生主体性原则是推进新时代大学生社会主义核心价值观培育的内生动力。高校在开展社会主义核心价值观培育的过程中，要始终坚持以学生为主体的重要培育原则，建构以学生为中心的立体化社会主义核心价值观培育体系，切实将社会主义核心价值观内化为新时代大学生的价值追求与价值选择。

第一，以学生为中心来建立思想政治理论课程培育模式。首先，高校教师要坚持学生主体性原则，发挥学生主体性来创新思想政治理论课的教学模式，建立一套符合新时代大学生思想发展规律与个人成长规律的完整教学方案，切实做好思政课程与课程思政的协同一致发展。根据时代发展特征实时更新与完善教育教学内容，使得教学内容更具有针对性与时代性，教学内容避免千篇一律地照本宣科，而是应贴近新时代大学生的现实生活与实际情况，真正做到让新时代大学生认知到社会主义核心价值观来源于生活且要用之于生活的真谛。其次，课堂教学要坚持学生主体性原则，加强新时代大学生在社会主义核心价值观培育过程中的积极性与主动性。思想政治理论课作为高校开展社会主义核心价值观培育的主要课堂，是对大学生进行德育教育的重点课程，因而要充分发挥大学生自身在课堂中的主观能动性，将社会主义核心价值观"学活、用活"，除了真正的理论课堂教授之外，积极地发挥大学生在课堂中的参与性，引导新时代大学生通过亲身实践与切身体会去学习与了解社会主义核心价值观的真正内涵与重要作用。最后，加强思想政治理论课中的学生参与比重。思想政治理论课作为一门师生互动性强、学生参与性强的德育课程，尤其是作为新时代大学生社会主义核心价值观培育的主阵地，面对社会主义核心价值观这一既"高大上"又"接地气"的思想理论，更要重点加强思想政治理论课中的学生参与比重。思政课教师要根据教学特点适时地将课堂交给大学生，让大学生成为课堂的主人，倾听新时代大学生对于社会主义核心价值观的真正理解。

第二，以学生为中心构建以社会主义核心价值观为主题的校园文化。校园文化是对新时代大学生社会主义核心价值观培育的隐形教育方式，而坚持以学生为中心的教育原则构建以社会主义核心价值观为主题的校园文化，能够进一步增强新时代大学生社会主义核心价值观培育的实效性。建构以社会主义核心价值观为主题的校园文化必须坚持以学生为主体性原则，社会主义核心价值观主题校园文化要贴近学生实际生活。社会主义核心价值观为新时代大学生日常行为价值导向，因此社会主义核心价值观必须要贴近学生这一主体的实际生活，而不能脱离学生的日常生活来空谈"高大上"的理论，要运用大学生身边的榜样模范等贴近学生实际的例子，来营造社会主义价值观校园文化。

第三，以学生为中心开展社会主义核心价值观社会实践。社会主义核心价值观来之于生活、用之于生活，新时代大学生只有将社会主义核心价值观践行于社会实践生活之中，才能真正实现社会主义核心价值观培育的实际价值，因而高校切忌只将社会主义核心价值观呈现于课堂教学与校园环境之下，而应以新时代大学生为主体开展相应的社会主义核心价值观的社会实践活动。高校组织与开展社会主义核心价值观主题社会实践活动必须考虑大学生的日常学习任务与实际课余时间，依托高校思想政治理论课为平台开展社会实践活动，真正地考虑到大学生的真实需求与实际情况。

（三）坚持多样化教育原则

社会主义核心价值观是针对全体社会公民的正确价值观，大学生是未正式踏入社会的社会人，培养新时代大学生社会主义核心价值观应遵循大学生心理发展规律，参照教育教学原理，坚持多样化的教育原则。

第一，注重理论教育与实践教育相结合。首先，注重对新时代大学生的理论知识教育。社会主义核心价值观是中国共产党依据马克思主义理论、中国优秀传统文化与中国特色社会主义时代特征提炼而来的科学理论。加强新时代大学生对社会主义核心价值观的深层次理论认知，能够有效地激发大学生培养与践行社会主义核心价值观的内生动力。社会主义核心价值观培育是一项复杂的系统工程，对大学生进行理论知识灌输是对其进行培育的第一步，教育是培育大学生社会主义核心价值观的基础。高校教师应积极利用"思政课程"与"课程思政"两大课堂对大学生社会主义核心价值观进行理论灌输，做到用正确的理论、丰富的理论、科学的理论来加强对新时代大学生社会主义核心价值观的理论培养。其次，加强对新时代大学生的实践活动开展。新时代大学生社会主义核心价值观培育的最终目标就是促使大学生以社会主义核心价值观规范自身行为，以社会主义核心价值观的道德准绳来约束自身。因而，为了避免大学生走上"纸上谈兵"的学习困境，应以社会主义核心价值观实践为主题开展实践活动，引导大学生真正参与到社会生活中去，在实际践行中真正领会到社会主义核心价值观的科学性。具体做法可以参照社会主义核心价值观个人层面的要求，开展相应的实践活动，例如，可以开展爱国主义主题校园文化活动、组织学生假期到岗实习、实行社区志愿服务活动等。以实践活动来加深对课堂所学理论知识与理论教育的深度理解，切实提高新时代大学生培育与践行社会主义核心价值观的积极性与主动性。

第二，坚持主导教育与自我教育相结合。高校主导教育与大学生自我教育的有机结合符合马克思主义哲学内外因相结合的方法论原则，新时代大学生社会主义核心价值观教育要坚持高校主导教育与大学生自我教育相结合，实现社会主义核心价值观在大学生心中的真正内化并切实转化为日常生活的行为向导。首先，高校主导教育。高校作为大学生社会主义核心价值观培育的主要阵地，是对大学生进行社会主义核心价值观认知教育与认同教育的重要外在教育力量，高校主导教育是新时代大学生社会主义核心价值观教育的重要环节。高校应充分认识到自身对于大学生社会主义核心价值观培育的主导教育功能，以社会主义核心价值观为主题，发挥高校校园文化对大学生的潜移默化作用，利用高校思政课主课堂实现对大学生的主流教育作用，运用社会实践强化对大学生"外化于行"的作用。其次，大学生自我教育。大学生自我教育作为大学生社会主义核心价值观培育的关键与核心，是社会主义核心价值观培育的最终内化阶段。新时代大学生要真正认知到社会主义核心价值观于个人、国家与社会发展的重要意义，从自我主体出发加强对社会主义核心价值观的认知、认同与践行，自觉进行社会主义核心价值观理论学习，并自觉将社会主义核心价值观落实到社会实践中。最后，以高校主导教育促进大学生自我教育的内化，实现主导教育与自我教育的结合。高校主导教育是新时代大学生社会主义核心价值观培育的外部因素，大学生自我教育是社会主义核心价值观培育的内部因素。只有同时发挥外部因素与内部因素的共同作用，既注重高校对于大学生社会主义核心价值培育的主导教育，又要激发大学生自我教育的内生动力，在创新与完善高校社会主义核心价值观培育路径时，加强对大学生社会主义核心价值观自我教育的重要引导，充分调动新时代大学生社会主义核心价值观培育的主观能动性。

第三，依托网络信息时代增强对大学生的多维度渗透。新时代大学生社会主义核心价值观培育要根据时代发展特征与社会发展背景来不断创新培育方式与培育内容，在网络信息时代下，明晰网络信息时代新时代大学生社会主义核心价值观培育面临的问题与挑战，通过不断创新社会主义核心价值观网络媒介载体来提高新时代大学生社会主义核心价值观培育的实效性。网络信息时代是新时代大学生学习与生活的社会大背景，可以说网络信息时代的发展彻底改变了人们的学习方式与休闲方式。大学生作为庞大的互联网使用群体，他们通过网络平台进行休闲娱乐与知识学习，因而，政府与高校要深度挖掘网络新媒体社会主义核心价值观教育载体，依托微信、微博、QQ等社交媒介载体真正做到全面渗透推广社会主义核心价值观，凭借自媒体短视频等来加深大学生对于社会主义核心价值观的认知。首先，重视网络空间对大学生社会主义核心价值观的培育。网络信息时代的发展为新时代大学生社会主义核心价值观培育提供了诸多机遇，同时也伴随着相应的问题与挑战。网络空间作为新时代大学生交流思想与获得信息的空间，对新时代大学生社会主义核心价值观培育具有重要的影响作用。因而，社会与高校一定要加强网络空间对社会主义核心价值观的弘扬与培育。网络空间中一些错误价值观与不良社会思潮对新时代大学生社会主义核心价值观培育造成较大阻碍，同时网络空间又滋生了错误价值取向与价值要求，这对新时代大学生社会主义核心价值观培育极为不利。因此，社会主义核心价值观一定要去占领网络虚拟空间这块阵地，建构社会主义核心价值观在网络空间的话语权。其次，利用网络载体创新大学生社会主义核心价值观的培育方式与内容。网络信息时代的到来逐渐减弱了传统媒体对新时代大学生社会主义核心价值观的影响作用，因而根据网络时代发展特征与要求，创新大学生社会主义核心价值观的培育方式与培育内容。在网络空间传播社会主义核心价值观为题材的宣传内容，由高校牵头组织制作新时代大学生社会主义核心价值观培育与践行的微电影、短视频等。

五、新时代大学生社会主义核心价值观培育的要求

新时代大学生社会主义核心价值观培育要符合新时代大学生成长发展的内在规律、教育教学的科学理念与社会发展的时代特征。只有掌握新时代大学生社会主义核心价值观培育的基本要求，才能真正发挥社会主义核心价值观对于新时代大学生群体的内在引领作用，才能真正发挥社会主义核心价值观的科学实践意义。

（一）新时代大学生社会主义核心价值观培育要符合个体的价值接受规律

新时代大学生是社会主义核心价值观的培育主体，抓住主体这一关键要素对于社会主义核心价值观的培育至关重要。对于新时代大学生群体而言，要对其进行正确的思想与行为灌输，就要切实掌握大学生的成长发展内在规律，若将社会主义核心价值观作为主要的教育内容，就要抓住新时代大学生群体的价

值接受规律，新时代大学生的社会主义核心价值观的价值接受包括"知、情、意、行"四个思想到行为的落实阶段，四个阶段是环环相扣、层层递增的，社会主义核心价值观既要内化于心，又要外化于行，要抓紧抓牢每个阶段的培育特性，更好地促进新时代大学生社会主义核心价值观的培育，这样才能更好地增强新时代大学生群体的社会主义核心价值观培育的实效性。

第一，强化新时代大学生对于社会主义核心价值观的理论认知。大学生对于社会主义核心价值观的认知是对社会主义核心价值观认同与践行的重要基础与前提，社会主义核心价值观内涵丰富、清晰简洁、意蕴深厚，新时代大学生要正确认知社会主义核心价值观的内涵与意义。首先，加强对新时代大学生社会主义核心价值观培育的理论学习，增强新时代大学生对于社会主义核心价值观的理论认知。社会主义核心价值观是以马克思主义理论为根本理论来源的，新时代大学生要在日常学习中加大对马克思主义理论的学习比重，通过"读原著，学原著"来掌握社会主义核心价值观的科学性与真理性。与此同时，新时代大学生要加强对中国特色社会主义理论体系的学习，尤其是习近平新时代中国特色社会主义思想的理论学习，社会主义核心价值观作为中国特色社会主义理论体系中的重点内容，符合中国发展实际与人民生活需求，是马克思主义中国化的重要理论成果，因而，新时代大学生要加强对中国特色社会主义理论体系的理论学习，从中真正体会社会主义核心价值观的科学真理性与现实可行性。其次，高校要引导新时代大学生对社会主义核心价值观科学内涵的认知与理解。新时代大学生社会主义核心价值观培育首先要科学灌输社会主义核心价值的核心内涵与具体内容，启发与引导新时代大学生对于社会主义核心价值观的科学认知，社会主义核心价值观倡导"富强、民主、文明、和谐；自由、平等、公正、法治；爱国、敬业、诚信、友善"。这 24 个字简洁精炼地概括出了社会主义核心价值观的科学内涵与具体内容。而高校要把这 24 个字对新时代大学生进行正确的理论灌输，利用更多的理论资料与现实素材把这 24 个字讲深、讲细、讲透。高校思想政治理论课课堂是新时代大学生社会主义核心价值观培育的主阵地，高校思政课教师要充分利用思政课课堂，对新时代大学生进行正确理论灌输与实践引导，启发新时代大学生能够真正地弄懂学通社会主义核心价值观的核心内涵与具体内容。

第二，提高新时代大学生对于社会主义核心价值观的现实认同。中共中央办公厅印发的《关于培育和践行社会主义核心价值观的意见》提出，要在尊重差异中扩大社会认同，在包容多样中增进思想共识。通过加强新时代大学生对于社会主义核心价值观的理论认同，引导新时代大学生真学真信真用社会主义核心价值观。首先，注重对新时代大学生社会主义核心价值观培育的日常灌输，加强新时代大学生对社会主义核心价值观的理论认同。新时代大学生社会主义核心价值观培育的理论认同要切实落实到生活中的点点滴滴与方方面面。社会、高校、家庭作为新时代大学生社会主义核心价值观培育的重要生活环境，应根据各自的生活环境特点将社会主义核心价值观融汇其中，从而加深对社会主义核心价值观的真正认同。其次，从中国优秀传统文化中来增强新时代大学生对社会主义核心价值观的认同。社会主义核心价值观有着深厚的中国优秀传统文化根基。中华优秀传统文化是中华民族的"根"与"魂"，是对新时代大学生社会主义核心价值观情感认同培育的重要思想理论教育资源，是新时代大学生社会主义核心价值观情感认同培育的重要内容。习近平总书记指出："中华优秀传统文化是中华民族的突出优势，是我们最深厚的文化软实力"❶，"要讲清楚中华优秀传统文化的历史渊源、发展脉络、基本走向，讲清楚中华文化的独特创造、价值理念、鲜明特色，增强文化自信和价值观自信"❷。中华优秀传统文化深深地扎根在每一个中国人的血液里，因而充分加强中华优秀传统文化对新时代大学生社会主义核心价值观的情感认同是十分必要的。

第三，坚定磨砺新时代大学生对于社会主义核心价值观的践行意志。新时代大学生树立坚强的意志品质是践行社会主义核心价值观的内在不竭动力，因而应加强对新时代大学生社会主义核心价值观道德意志的培养。社会主义核心价值观的践行离不开坚定的意志品质，意志作为情感的升华更为新时代大学生社会主义核心价值观的培育与践行提供了更大的精神动力。首先，加强新时代大学生对于社会主义与共产主义崇高理想的信念。以崇高的社会主义与共产主义理想信念作为新时代大学生践行社会主义核心价值观的坚强意志支撑。其次，加强对新时代大学生的意志品质培育，新时代大学生成长的生活环境与生活条件较为优越，较为缺乏坚定的意志毅力，因而高校思政课教师应采取多种

❶　习近平在全国宣传思想工作会议上强调胸怀大局把握大势着眼大事　努力把宣传思想工作做得更好［N］. 人民日报，2013 – 08 – 20.

❷　习近平在中共中央政治局第十三次集体学习时强调把培育和弘扬社会主义核心价值观作为凝魂聚气强基固本的基础工程［N］. 人民日报，2014 – 02 – 26.

教育教学手段来磨炼新时代大学生的意志品质，鼓励大学生从小事做起、从身边做起，以红色英雄人物来鼓舞与激励新时代大学生不断磨炼自我意志，尤其是培育与践行社会主义核心价值观的坚强意志，以恒久的意志来促进新时代大学生对社会主义核心价值观的培育与践行。

第四，推动新时代大学生对于社会主义核心价值观的实际践行。社会主义核心价值观作为一种科学理论，只有充分发挥人的主观能动性才能真正给予社会主义核心价值观以价值与意义，才能真正发挥其进行社会治理的积极促进作用。新时代大学生社会主义核心价值观的培育关键就在于促进新时代大学生在日常学习生活中对社会主义核心价值观的践行，"践行"环节是新时代大学生社会主义核心价值观培育中最重要的环节。部分大学生对社会主义核心价值的践行过程存在着"知行不一""说一套做一套"的不良行为习惯，因而将社会主义核心价值观不驰于空想而落实为新时代大学生的日常行为习惯是至关重要的。首先，高校思政课教师要注重理论教学与实践教学的统一。高校思想政治理论课是对新时代大学生开展社会主义核心价值观培育的主要阵地，是新时代大学生社会主义核心价值观理论学习与实践开展的主要平台，因而高校思政课教师在对新时代大学生进行社会主义核心价值观培育的过程中，要注重理论与实践教学的平衡，为新时代大学生社会主义核心价值观的实践教学提供更广阔的空间。以大学生社会主义核心价值观的践行来促进大学生对社会主义核心价值观的理论理解，实现新时代大学生社会主义核心价值观理论学习与实践学习的有机统一。其次，高校应为大学生践行社会主义核心价值观提供平台与条件。新时代大学生社会主义核心价值观的践行需要高校提供一定的平台与条件。高校应根据学生的实际情况来组织安排适量的社会志愿服务活动，引导新时代大学生积极参与社会公益活动，通过社会实践来增强自身的志愿服务精神与提高自身的社会责任意识。高校应与社区建立合作关系，根据学生假期安排去社区进行社区服务，切身体会作为一个社会公民的责任与义务，在社区服务中培育与践行社会主义核心价值观。

（二）新时代大学生社会主义核心价值观培育要坚持正确教育理念

第一，"知行合一"的教学理念要贯穿培育全过程。新时代大学生社会主义核心价值观培育要坚持"知行合一"的教学理念，以教学过程中"知行合一"的教学理念来提高新时代大学生社会主义核心价值观培育的实效性。当下，高校社会主义核心价值观培育存在着一定的"知行合一"不到位的扭曲现象，因而进一步鲜明地提出"知行合一"教育教学理念对于高校开展大学生社会主义核心价值观培育是十分必要的。习近平总书记多次在讲话中谈及与倡导"知行合一"，其"知行合一"思想在社会主义核心价值观的培育方面更是具有很多精彩与集中的表现，因而将"知行合一"的教学理念贯彻于新时代大学生社会主义核心价值观的培育中是至关重要的。首先，要"以知促行"。知是行的先导，促进新时代大学生对知的理解才能实现"以知促行"。新时代大学生要将社会主义核心价值观内化于心，以高校思想政治理论为主导，加强社会主义核心价值观在校园文化中的渗透，开展主题教育活动等形式引导新时代大学生将社会主义核心价值观内化于心。其次，要"以行促知"，创新社会主义核心价值观活动载体，促进新时代大学生对知的践行才能实现"以行促知"。新时代大学生要将社会主义核心价值观外化于行，以开展大学生社会实践活动、组织志愿服务活动、社区服务等形式促进新时代大学生对社会主义核心价值观外化于行。最后，要"知行合一"。知与行作为对立的统一体，二者辩证统一。新时代大学生要实现知行合一才能真正地理解社会主义核心价值观的真正内涵并发挥社会主义核心价值观的社会作用，高校要将大学生社会主义核心价值观的"知"与"行"教育均衡分配，引导新时代大学生知行合一。

第二，健全与完善多角度与全方位的教育渗透。高校作为新时代大学生社会主义核心价值观培育的主要场所，承担着新时代大学生社会主义核心价值观培育的主要责任，仅仅依靠高校的教育力量是远远不能达到发挥其科学成效的，但是鉴于社会主义核心价值观渗透于大学生学习生活的方方面面与点点滴滴，要让社会主义核心价值观像空气一样环绕在大学生的周围，新时代大学生社会主义核心价值观培育作为一项系统的教育工程，要通过多角度与全方位的教育合力才能实现。首先，发挥社会、高校、家庭、个人四个层面对新时代大学生社会主义核心价值观培育的促进作用。社会主义核心价值观的培育仅仅单纯依靠高校层面的培育是远远不够的，而需要发挥社会、高校、家庭与个人四个层面的力量来培育新时代大学生的社会主义核心价值观。以社会建构弘扬社会主义核心价值观的社会氛围、高校发挥立德树人教育、家庭营造良好家庭环境、个人发挥主观能动性多方位来实现新时代大学生社会主义核心价值观的培育。其次，发挥线上教育与线下教育相结合促进新时代大学生社会主义核心价值观的培育。网络空间作为新时代大学生社会主义核心价值观培育的虚拟空间，在新时代大学生社会主义核心价值观培育中要充分重视网络空间，做到社会主义核心价值观培育线上教育与线下教育相结合，创新网络培育载体。最后，将物质教育载体与精神教育载体相结合。新时代大学生社会主义核心价值观培育既要依靠物质教育载体，又要依靠精神教育载体，让社会主义核心价值观充分地萦绕在大学生的学习与生活之中，实现有形与无形两种教育载体形式的有机结合。

第二章 新时代大学生社会主义核心价值观培育的立体化架构

习近平总书记在主持十八届中央政治局第十三次集体学习时指出："要切实把社会主义核心价值观贯穿于社会生活方方面面，要通过教育引导、舆论宣传、文化熏陶、实践养成、制度保障等，使社会主义核心价值观内化为人们的精神追求，外化为人们的自觉行动。要利用各种时机和场合，形成有利于培育和弘扬社会主义核心价值观的生活情景和社会氛围，使社会主义核心价值观的影响像空气一样无所不在、无时不有。"❶ 要想使新时代大学生践行社会主义核心价值观真正做到内化于心、外化于行，就要对大学生进行社会主义核心价值观的立体化培育，即在坚持培育"时代新人"这个重要目标的基础上，加强对新时代大学生进行社会主义核心价值观国家、社会、个人三个层面内容的大力培育，并积极发挥家庭教养、学校教育、社会环境、自我教育以及网络空间的整体合力，形成对新时代大学生社会主义核心价值观"五位一体"的立体化培育框架。

一、新时代大学生社会主义核心价值观培育的一个重要目标

习近平总书记在全国宣传思想工作会议上强调："要坚持立德树人、以文化人，建设社会主义精神文明、培育和践行社会主义核心价值观，提高人民思想觉悟、道德水准、文明素养，培养能够担当民族复兴大任的时代新人。"❷

---

❶ 习近平谈治国理政［M］. 北京：外文出版社，2017：164-165.
❷ 习近平在全国宣传思想工作会议上强调：举旗帜聚民心育新人兴文化展形象 更好完成新形势下宣传思想工作使命任务［N］. 人民日报，2018-08-23.

未来能够担当起民族复兴大任的时代新人一定不是片面发展的、单向度的、孤立的个人，而是自由、德智体美劳全面发展的社会主义接班人和建设者，就是马克思所谓的"自由全面发展的人"。因此，对新时代大学生社会主义核心价值观的培育要以马克思的"人的自由全面发展"为价值指向，以能够担当起民族复兴大任的时代新人为价值目标。

（一）马克思主义的人的自由全面发展学说

人的自由全面发展学说是马克思主义人学理论中最核心、最集中的内容，实现每个人自由而全面的发展是共产主义的基本原则。这体现在马克思主义的一系列核心著作中，如《1844 年经济学哲学手稿》《共产党宣言》《政治经济学批判大纲》和《资本论》关于"实现人的自由全面发展"的系统或片段论述。

马克思主义对未来共产主义进行了这样的描述："代替那存在着阶级和阶级对立的资产阶级旧社会的，将是这样一个联合体，在那里，每个人的自由发展是一切人自由发展的条件。"❶ 共产主义是"在保证社会劳动生产力极高度发展的同时又保证人类最全面发展这样一种经济社会形态"❷。因此，实现人的自由全面发展是共产主义的必然要求、终极价值和根本目的。就像共产主义的实现是一种历史性的、现实性的动态发展过程，实现人的自由全面发展也是一个历史性的动态过程。当今社会，我们还处在社会主义初级阶段，实现人的自由全面发展受到诸如生产力等因素的种种限制，但它是未来社会的价值导向和重要目标。所以，人的全面发展不是一蹴而就的活动，是随着发展一步步得到解放的过程。习近平总书记在《之江新语》中指出："人，本质上就是文化的人，而不是'物化'的人；是能动的、全面的人，而不是僵化的、'单向度'的人。"而单向度的人就是与全面自由发展的人相对应的，片面的、畸形的资本主义链条上的工具人。单向度的人是与社会主义社会格格不入的，是社会主义社会大力发展生产力、提高物质积累、摆脱"人对人的依赖"和"人对物的依赖"的发展阶段，使人在摆脱依赖中从必然王国走向自由王国。

人的自由全面发展，是指人的内在本质力量不受外在条件的约束，自由而

---

❶ 马克思恩格斯全集：第 1 卷［M］. 北京：人民出版社，1995：294.

❷ 马克思恩格斯全集：第 23 卷［M］. 北京：人民出版社，1972：649.

不受限制地发展。马克思在《德意志意识形态》中以举例子的方式谈到人自由发展的状态，即未来社会人可以上午打鱼、下午写诗、晚上搞批判等，从事多种活动以让身心、脑体得到多方面发展。从马克思主义哲学视角来看，人的自由全面发展是作为目的本身的人的本质力量的全面发展，"'人是什么'决定着'人的发展'意味着什么。"❶ 而关于人的本质，马克思有如下论断：作为类存在物，人的本质是自由地自觉地进行劳动，而不受任何限制；作为社会存在物，人的本质是一切社会关系的总和；作为个体存在物，人是自然、社会和精神的密不可分的统一整体。与此相应，人的自由全面发展表现为人的劳动及能力的全面发展、人的社会关系的全面丰富和人的个性的自由发展。

　　人的自由全面发展是马克思主义理论的精髓，是人发展的根本要求，也是社会主义的根本价值追求。社会主义核心价值观是对我国社会主义核心价值理念的概括，是"对社会主义价值的总的看法和最根本的观点，社会主义核心价值观，是指那些在社会主义价值体系中居统治地位、起指导作用、从最深层次科学回答'什么是社会主义'这一根本问题……的价值理念"❷，社会主义核心价值观凝聚着中国精神，是当代中国人共同的价值追求。促进人的自由全面发展与社会主义核心价值观的践行是相辅相成的过程。一方面，社会主义发展的本质是追求人的自由全面发展，同时，实现人的自由全面发展也为社会主义核心价值观的实践指明了方向。人的自由全面发展是共产主义的终极价值追求，作为社会主义的"特殊"，在中国特色社会主义条件下，人的自由全面发展充分体现为"人民至上"的价值取向，以"人的自由全面发展"为本的社会主义核心价值观要求社会主义充分尊重人民群众的主体地位，保障人的自由，努力创造自由平等、公正法治的社会环境，为实现人的自由全面发展创造良好条件。在中国共产党的执政理念中，"以人为本""人民至上""以人民为中心""为人民谋幸福""人民对美好生活的向往就是我们的奋斗目标"等都是"实现人的自由全面发展"的展现和展开。另一方面，践行社会主义核心价值观促进人的自由全面发展。社会主义核心价值观追求建设一个富强、民主、文明、和谐的国家，构建自由、平等、公正、法治的和谐社会，倡导培育爱国、敬业、诚信、友善的现代化公民，而建设这样的一个国家、一个社会为

---

❶ 袁贵仁，杨耕. 马克思主义人学理论研究 [M]. 北京：北京师范大学出版社，2013：265.
❷ 裴德海. 从一般价值到核心价值：社会主义核心价值观培育与践行的双重逻辑 [M]. 合肥：安徽教育出版社，2013：33.

实现人的自由全面发展创造了积极的环境，培育了积极的条件。作为担当民族复兴大任、为实现伟大复兴的中国梦而努力的大学生是践行社会主义核心价值观的主体性力量，是未来社会的价值引领者，崇尚自由、追求全面发展是当代大学生的内在追求，是社会主义核心价值观的践行者，也是自由全面发展的追求者。

（二）培养担当民族复兴大任的时代新人

以培育和践行社会主义核心价值观以实现人的自由全面发展为价值导向，以培养担当民族复兴大任的时代新人为目标追求，习近平总书记在党的十九大报告中指出，社会主义核心价值观是当代中国精神的集中体现，凝结着全体人民共同的价值追求。要以培养担当民族复兴大任的时代新人为着眼点，强化教育引导、实践养成、制度保障，发挥社会主义核心价值观对国民教育、精神文明创建、精神文化产品创作生产传播的引领作用，把社会主义核心价值观融入社会发展各方面，转化为人们的情感认同和行为习惯。❶

社会主义核心价值观为担当民族复兴时代新人的培养提供价值导向和价值引领。青年大学生处于世界观、人生观和价值观养成的关键期，青年的价值观决定着未来中国社会的价值观。同时，青年大学生知识储备丰富，有着科学的思维方式，是社会上最为活跃的、精力充沛的、有理想有信念有远大抱负的群体。青年的状态决定着未来中国的状态，习近平总书记说："要抓住青少年价值观形成和确定的关键时期，引导青少年扣好人生第一粒扣子。"❷ "这就像穿衣服扣扣子一样，如果第一粒扣子扣错了，剩余的扣子都会扣错。人生的扣子从一开始就要扣好。"❸ 因此，要加强社会主义核心价值观对青年大学生的价值引导。社会主义核心价值观重点解决的是建设一个什么样的国家，建设什么样的社会，培育什么样的新时代公民的问题，社会主义核心价值观是整个社会核心价值的凝练，是中华民族千百年来的价值延续，"承载着一个民族、一个

---

❶ 习近平. 决胜全面建成小康社会 夺取新时代中国特色社会主义伟大胜利：在中国共产党第十九次全国代表大会上的报告 [M]. 北京：人民出版社，2017.

❷ 习近平出席全国宣传思想工作会议并发表讲话 [N]. 人民日报，2018 - 08 - 23.

❸ 习近平在北京大学师生座谈会上的讲话：青年要自觉践行社会主义核心价值观 [N]. 人民日报，2014 - 05 - 04.

国家的精神追求，体现着一个社会评判是非曲直的价值标准"。● 对大学生的社会主义核心价值观教育，引导青年大学生为建设富强、民主、文明、和谐美丽的现代化强国，构建自由、平等、公正、法治的现代社会，培育爱国、敬业、诚信、友善的现代公民而努力奋斗。

加强对青年大学生社会主义核心价值观的培育，引导青年大学生向着中华民族伟大复兴而努力。习近平总书记说：我们比历史上任何时期都更接近实现中华民族伟大复兴的目标，比历史上任何时期都更有信心、更有能力实现这个目标。而青年是担当起民族复兴大任的主体性力量。习近平总书记在党的十九大报告中对实现中华民族伟大复兴和实现社会主义现代化强国进行了战略性安排，即从 2020 年到 2035 年，在全面建成小康社会的基础上基本实现社会主义现代化；从 2035 年到本世纪中叶，在基本实现现代化的基础上，把我国建成富强、民主、文明、和谐、美丽的社会主义现代化强国，实现中华民族的伟大复兴。从时间发展上看，青年是实现中华民族伟大复兴的主体性力量，现在的青年大学生，"00" 后已经成为主体，他们朝气蓬勃，有理想，有抱负。从 2020 年到 2050 年的三十年，从 20 岁到 50 岁的三十年，是人生中集中奋斗、精力充沛、干劲十足的三十年，而对于实现中华民族伟大复兴的中国梦而言，是最艰难的，也是最关键的一段时期。从历史发展看，青年永远是社会中最积极、最有生气的力量，他们思维活跃、年富力强、有理想、有信仰、有追求，他们敢为人先、勇立潮头，是社会当中的进步力量，1919 年他们走上街头，追求 "爱国、进步、民主、科学"，寻求爱国救亡的正确道路。这 100 年以来，他们作为青年的榜样，激励着一代又一代的青年接续奋斗。习近平总书记说：一代人有一代人的长征，一代人有一代人的担当。100 年前的 "五四" 青年担负起了时代责任，扛起爱国救亡的旗帜，追求爱国、进步、民主、科学。那今天这代人的时代责任就是肩负起实现民族复兴大任，为实现中华民族伟大复兴而努力。

社会主义核心价值观回答了要建设一个富强、民主、文明、和谐的国家，建设一个自由、平等、公正、法治的社会，培育爱国、敬业、诚信、友善的公民。这与建设现代化强国和实现中华民族伟大复兴的目标是一致的，实现中华

● 习近平在北京大学师生座谈会上的讲话：青年要自觉践行社会主义核心价值观［N］. 人民日报，2014－05－04.

民族的伟大复兴必须以现代化强国的实现为基础。加强对青年大学生社会主义核心价值观的培育，引导青年树立正确的价值理念，以价值引领凝聚青年的合力，通过社会主义核心价值观的培育和践行，培养青年的理想信念、道德品质、责任担当。习近平总书记说：行百里者半九十。距离实现中华民族伟大复兴的目标越近，我们越不能懈怠，越要加倍努力、越要动员广大青年为之奋斗。❶ 青年大学生要以共同的价值为导向，以共同的目标为追求，为实现中华民族伟大复兴的中国梦而努力。

二、新时代大学生社会主义核心价值观培育的三个层面内容

社会主义核心价值观主要回答了建设一个什么样的国家，构建一个什么样的社会，培养什么样的现代意义上的公民的问题，也是从国家、社会和公民三个层面阐释社会主义的核心的价值理想和价值追求。而国家、社会、公民三个层面的内容应该成为新时代大学生社会主义核心价值观培育的核心内容。在国家维度上，加强国家层面的政治、经济、文化、社会、生态教育、提升公民的政治素养、增强公民对国家认同；在社会层面上，现代社会的培育需要公民的积极参与，因此培养公民参与意识，提高公民参与技能，使社会成员能够积极主动参与到社会生活中去；在个人维度上，加强公民道德教育、法治教育和思想教育、培养担当民族复兴大任的时代新人是它的根本价值。

（一）国家层面：建设现代化强国，增强国家认同

发展中国特色社会主义，建设社会主义现代化国家所要达到的是这样一种状态：国家层面的价值取向"富强、民主、文明、和谐"与国家各层面的发展协调推进，即经济上实现富强、政治上实现民主，文化上实现文明、社会上实现和谐、生态上实现人与自然和谐共生。为了实现这样的发展目标，我们提出了建设中国特色社会主义"五位一体"总布局的发展思路，使经济建设、政治建设、文化建设、社会建设、生态建设协调发展。国家的发展理念和价值取向反映了广大人民的愿望和要求，符合人民的根本利益，而同时也需要人民

---

❶ 习近平在北京大学师生座谈会上的讲话：青年要自觉践行社会主义核心价值观 ［N］. 人民日报，2014 – 05 – 04.

的实践才能够真正实现。富强、民主、文明、和谐的国家发展的根本目的是广大人民，为了使人民从根本上理解、认同国家的价值取向，就要把它上升到社会主义核心价值观的高度加以宣传和实践，而这种培养和宣传的目的是提升社会成员的政治素养，实现广大人民对国家发展状态和价值取向的认同。在认同的同时，积极参与到国家建设中来，并为实现社会主义核心价值观阐述的理想状态去实践、去努力。因此，富强、民主、文明、和谐、美丽的现代化强国教育是大学生社会主义核心价值观培养的第一个层面的重要内容。

1. 富强是"五位一体"总体布局中"经济"上的目标和追求

经济上富强是现代化强国建设的经济基础，是社会主义国家建设的物质基础。党的十九大报告指出，我国社会主要矛盾已经转化为人民日益增长的美好生活需要和不平衡不充分的发展之间的矛盾。但同时强调我国仍处于并将长期处于社会主义初级阶段的基本国情没有变，我国是世界上最大的发展中国家的国际地位没有变，就因为我国还不是一个经济发达、国家富强、人民富裕的国家，经济上富强仍然是我们的首要追求目标。

当前的社会现实是我国仍处在社会主义初级阶段，生产力的发展程度没有达到社会主义社会的应有状态，因此深化改革，继续解放和发展生产力，改善生产关系是我国的重大任务。习近平总书记提出的继续深化改革、将改革进行到底、改革只有进行时没有完成时等都是为了对生产关系进行调整。早在1992 年邓小平的南方谈话中就提到："社会主义的本质，是解放生产力，发展生产力，消灭剥削，消除两极分化，最终达到共同富裕。"我们最初在对社会主义的理解上就把生产力的解放和发展放在首位，改革开放四十多年以来，我们坚持"以经济建设为中心""发展是党执政兴国的第一要务""科学发展观""坚持新发展理念，建设现代化经济体系"等，始终把发展放在社会主义建设的第一位，最终实现国家的富强、人民的共同富裕。因此，富强是建设中国特色社会主义的现实基础和首要目标，是社会主义核心价值观的应有之义。党的十九大提出中国特色社会主义进入新时代，但是我国仍处于并长期处于社会主义初级阶段的基本国情没有变，发展仍然是解决一切问题的关键。党的十九大提出的从 2020 年到 2035 年，基本实现社会主义现代化；从 2035 年到 2050年，实现社会主义现代化强国，仍然是以生产力的高度发展为基础。

在新时代大学生社会主义核心价值观培育中，经济上"富强"的强国教育应是其中的重要内容，特别是改革开放四十多年以来，我国在经济上的成就巨大，从1978年到2017年，经济上保持了年均9.5%的实际增长，远高于同期世界经济2.9%左右的年均增速，我国经济总量在世界上的排名2009年超过日本，位居世界第二。改革开放四十多年以来的成就奠定了实现社会主义现代化强国的物质和经济基础。在大学生社会主义核心价值观培育中加强强国教育，特别是对于中华人民共和国史教育、改革开放史的教育，培养学生对强国实现的自信心和自豪感。

2. 民主是"五位一体"总体布局中"政治"上的目标和追求

现代化强国将拥有高度的政治文明，即形成既有集中又有民主、既有纪律又有自由、既有统一意志又有个人心情舒畅、既有依法治国又有以德治国的良好有序局面。因此，民主成为中国特色社会主义政治建设的目标追求，也是社会主义核心价值观政治上的价值诉求。在社会主义民主政治建设中，民主是一种价值理念、是一种意识形态，是一种政治制度，同时也是一种政治发展道路。政治民主在不同的国家有着不同的实践范围和价值主体，在资本主义国家，民主局限于"资产阶级内部"，最大多数的无产阶级和劳动人民被排斥在民主之外，民主是"非富即贵"阶层群体的游戏。西方资本主义国家喊着最响亮的"民主"口号，却不赋予实际行动。而在我国，民主已经实现了最大范围，社会主义民主就是人民当家作主，人民是社会主义民主的价值主体，而这也成为社会主义区别于资本主义的本质特征，更是体现社会主义的优越性之处。为了保证我国广大人民群众"民主"的实现，我们把民主的价值理念和意识形态上升为一种制度设计，如能最大限度保证人民当家作主的"人民代表大会制度"，保障一定范围和群体民主的中国共产党领导的多党合作和政治协商制度、民族区域自治制度、基层群众自治制度等。同时，民主也是一种政治发展道路，中国共产党在带领人民从站起来到富起来到强起来的历史征程中，探索出来一条中国特色社会主义政治发展道路。因此，习近平总书记说："人民当家作主是社会主义民主政治的本质和核心。人民民主是社会主义的生命。没有民主就没有社会主义，就没有社会主义的现代化，就没有中华民族伟大复兴。"❶ 因此，民主是社会主义的本质要求，是社会主义的应有之义，也

❶ 习近平总书记在庆祝全国人民代表大会成立六十周年大会上的讲话 [N]. 人民日报，2014-09-05.

必然要成为社会主义核心价值观政治层面的价值诉求。

在新时代大学生社会主义核心价值观培育中，培养新时代大学生的制度自信和道路自信，政治民主或者民主政治是重要内容。习近平总书记指出："鞋子合不合脚，自己穿着才知道。""一个国家实行什么样的主义，关键要看这个主义能否解决这个国家面临的历史性课题。"中国特色社会主义制度和中国特色社会主义政治发展道路，是中国人民历经百年，在战争的烽火硝烟中，在革命的淬炼中，在改革的大浪中摸索出来的，引领中国从站起来、富起来到强起来，是最适合中国的政治制度和政治道路。因此，政治民主或民主政治的教育是新时代大学生社会主义核心价值观培育的重要一环。

3. 文明是社会表现出较高发展阶段的状态

从广义上讲，文明包含着社会发展的方方面面，有物质文明、政治文明、精神文明、文化文明、社会文明、生态文明等，而从社会主义核心价值观"文明"的角度来看，文明仅指狭义的文化文明，即文化上的大发展大繁荣状态，文化文明建立在物质文明的基础上，并伴随着政治文明和社会文明的大发展。我国发展社会主义文化文明，建设社会主义文化强国有着深厚的历史渊源，有五千年优秀的中华传统文化、丰富多样的革命文化和社会主义先进文化作为基础，这是中华民族文化自信的源泉所在。但改革开放以来，我国经济进入大跨越、大发展的时代，物质文明有了突飞猛进的大跨步，但精神文明和文化建设相对落后，经过四十多年的发展，我国的经济实力、军事实力、科技实力等硬实力在国际上占据一定的位置，但文化影响力相对较弱，我们在全球建立孔子学院，举办对外文化交流活动都是为了提升中华民族文化的国际影响力和文化自信力。习近平总书记在多个场合谈到文化和文化自信，在庆祝中国共产党成立95周年大会上，习近平总书记提出道路自信、理论自信、制度自信、文化自信的"四个自信。"关于文化和文化自信，习近平总书记说："文化是一个国家、一个民族的灵魂。历史和现实都表明，一个抛弃了或者背叛了自己历史文化的民族，不仅不可能发展起来，而且很可能上演一幕幕历史悲剧。""文化自信，是更基础、更广泛、更深厚的自信，是更基本、更深沉、更持久的力量。"❶

---

❶ 习近平谈治国理政：第2卷［M］．北京：外文出版社，2017：349．

在大学生社会主义核心价值观培育中，对青年大学生的文化自信和文化强国的教育尤为重要。青年是民族的未来，文化是民族的精神根基，民族的未来不能没有青年，对青年的培育不能没有文化的熏陶和价值观的引导。加强对青年大学生文化强国教育、培养高度文化素养的国民、发达的文化产业和强大的文化软实力，以中华优秀传统文化、革命文化和社会主义先进文化为资源基础，强化文化自信。

4. 社会和谐是人类社会最终的价值诉求

在社会主义社会之前，其他社会形态由于自身制度的局限性，不可能实现和谐社会。按照马克思主义的观点，从社会形态上划分，可以划分为原始社会、奴隶社会、封建社会、资本主义社会、社会主义社会和共产主义社会。从人的发展历史形态来看，可以划分为：人对人依赖的发展阶段、以人对物的依赖为基础的人的独立性发展阶段、人的自由全面发展阶段。而人的发展历史形态与社会发展形态相对应，原始社会、奴隶社会、封建社会对应"人对人的依赖"；资本主义社会对应"人对物的依赖"；社会主义和共产主义社会对应"人的自由全面发展阶段。"而在人的发展历史形态的前两阶段，人对人的依赖或者人对物的依赖阶段，是不可能实现社会完全和谐的。只有发展到社会主义社会和共产主义社会，人成为自由全面发展的人，阶级矛盾不再是社会的主要矛盾，统治阶级成为社会的大多数，一直到共产主义社会，象征阶级矛盾不可调和的国家也终将消失的时候才能真正实现社会和谐。马克思在他的共产主义理想中也做了这样的描绘："这种共产主义，……是人和自然界之间、人和人之间的矛盾的真正解决，是存在和本质、对象化和自我确证、自由和必然、个体和类之间的斗争的真正解决。"党的十九大报告指出，虽然我国社会主要矛盾发生了变化，但是我国处于并将长期处于社会主义初级阶段的基本国情没有变。我国目前所建设的中国特色社会主义处于社会主义初级阶段，而社会主义处于共产主义的初级阶段，虽然向前的过程是艰难的和长期的，但未来是光明的，这也符合马克思主义基本原理中事物螺旋式发展的规律。社会和谐是社会主义和共产主义的内在要求，同时也必然成为中国特色社会主义的本质特征。

在对大学生社会主义核心价值观培育中，一方面明确社会和谐是中国特色社会主义的本质属性和重要要求，但在社会本质和谐的基础上也存在着一些不和谐的因素，如经济建设与国防建设发展不协调、群体性事件时有发生、生态与经济发展不协调、区域发展不协调等。党的十九大报告提出我国社会主要矛盾已经转化为人民日益增长的美好生活需要和不平衡不充分的发展之间的矛盾，核心在于解决发展中的不和谐因素。因此，在中国特色社会主义建设中，解决社会中的不和谐问题，把不和谐转化为和谐，构建起和谐的社会主义。

（二）社会层面：建设现代社会，增强法治意识

自由、平等、公正、法治是基于社会层面提出的社会主义核心价值，是社会层面的价值取向，是全体社会成员应该遵循和认同的价值规范。而自由、平等、公正、法治的现代社会教育是大学生社会主义核心价值观培养的第二个层面的重要内容。

1. 自由是马克思主义的终极价值追求

马克思曾提出人类历史发展形态的三个阶段、三种状态和六种社会性质。在资本主义之前的阶段，即在原始社会、奴隶社会、封建社会，由于生产力水平低，物质资料极其缺乏，人或者受自然规律的制约，或者处于他人的压迫之下，如在剥削社会处于奴隶主和封建地主的压制下，人没有独立人格，更没有自由，此时为"人的依赖性"阶段。而在资本主义社会，由于经济的高度发展，商品经济和市场经济的完善，民主政治的建立，人表面上实现了独立，但仍处于人自己创造的商品经济奴役之下，人的自由和独立只是相对的，是"以人对物的依赖性为基础的人的独立性发展阶段""商品拜物教""货币拜物教""资本拜物教"都是"人对物的依赖"的具体表现。而只有在社会主义和共产主义社会，生产力高度发达，物质资料极其丰富，人不再受到他人和外界物的奴役，在那里，"将是这样一个联合体，在那里，每个人的自由发展是一切人自由发展的条件"，社会主义社会和共产主义社会是实现人的自由全面发展的社会基础，人的自由全面发展是社会主义的永恒追求和根本特征。因此，自由成为社会主义核心价值观社会层面的首要要求。

在对大学生社会主义核心价值观培育中，自由是其中的重要内容。教育，让青年大学生懂得自由是人类共同的价值追求，人类追求自由，就像享受阳光、呼吸空气一样重要，是与生俱来的。但自由又是相对的，并不是绝对的。没有无限制的自由，也没有无所顾忌的自由，卢梭的话"人生而自由，却又

无往不在枷锁之中"就有这样的含义，自由的实现需要规则的制约和法律的保障。

2. 平等是社会主义核心价值观社会层面的重要内容，也是中国特色社会主义重要的价值追求

平等是自古以来中华民族孜孜不倦的追求，"王侯将相，宁有种乎""人人相亲，人人平等，天下为公，是谓大同"，在中国两千多年的不平等的封建制度下，平等是人心底最渴望的呼唤。古代中国的"君君臣臣""父父子子""三纲五常"等封建儒家道德理念规范着社会秩序，约束着古人的行为，把人限制在一定的条条框框之内，不能突破。社会也因此被分为两大阶级——统治阶级和被统治阶级。处于社会上层的统治阶级占据最多的社会资源，付出最小的努力和经受最小的束缚，而占据社会绝大多数的被统治阶级付出最大的努力获得的劳动成果被统治阶级所剥削，整个社会处于根本上不平等状态，而不平等的根源在于生产资料的不平等所有。这种根本上的不平等状态直到社会主义社会或共产主义社会才能得以改变，占据社会绝大多数的劳动者成为社会的主人和统治阶级。在社会主义社会或共产主义社会，实现了生产资料的公有制，人人平等地占有生产资料，经济上的平等决定了其他层面的平等。只有在社会主义社会和共产主义社会，人与人之间在政治、经济、社会和法律上才能实现真正的平等。因此，平等是社会主义的本质原则，也是社会主义核心价值观的重要追求。

在对大学生社会主义核心价值观培育中，独立的人格、平等的意识是其中重要的内容，也是现代社会所不可或缺的要求。平等从横向上看，包括经济平等、政治平等、文化平等和人格平等；从纵向上看，包括起点平等、过程平等和结果平等。不管是哪个维度，平等是核心，也是当今社会重要的价值追求。当然，社会主义社会本质上是平等的，但在发展中也存在着很多不平等的现象，如人与人之间权利不平等、机会不平等、身份不平等、资源分配不平等……将不平等转变为平等是现阶段最主要的任务，这种不平等的存在源于我国所处的发展阶段——社会主义初级阶段，也源于中国在改革开放快速发展中所潜藏的矛盾，中国在发展中的不平等现象不是短期内形成的，它的解决也不是短期能解决的，需要思想引领、价值引导、制度保障等，是一个长期的、逐步完善的过程。

3. 公正是中国特色社会主义的内在要求，实现公平正义是我们党的一贯主张

公正是捍卫权利的天平，是衡量社会发展程度的价值标准。从理论维度来考量，社会主义的公正建立在打破资本主义不公正的基础上，马克思恩格斯指出，"资产阶级公正观是基于符合资产阶级利益的生产资料私有制提出的，其公正的唯一尺度就在于商品经济的等价交换原则，除此之外，便只有剥削和不平等"，而公正作为社会主义的内在要求，集中体现着社会主义的先进性和优越性。社会主义国家通过制度设计和法律保障，实现了最大多数人的公平正义，包括形式公正和内容公正、程序公正和实体公正、过程公正和结果公正，社会主义国家的一切安排以广大人民群众的根本利益为出发点，满足人民的需求，实现人民群众的愿望。

然而从现实来看，社会不公平、不和谐现象比比皆是。以民生为例，教育、就业、收入分配、医疗卫生、社会保障等问题突出。根据世界银行的估计，20世纪80年代初期，中国收入分配的基尼系数大约为0.31；而2008年则达0.491。2014年全国居民收入的基尼系数仍为0.469，不仅高于大多数欧洲国家的0.3~0.4，甚至与发达国家中不平等较为严重的美国基尼系数接近，贫富差距已经成为经济社会发展最大的问题。党的十九大提出，我国的主要矛盾已经转化为人民日益增长的美好生活需要同不平衡不充分发展之间的矛盾，因此，发展的不平衡不充分问题已经成为我国的一个亟待解决的重要任务。首先，实现社会公平正义最根本的方法是大力发展生产力，提高经济社会发展水平，推动经济高质量发展，把蛋糕做得又好又大。其次，分好蛋糕，深化收入分配制度改革，扩大中等收入群体，从社会分配机制上保障社会公平正义。再次，完善制度，通过制度设计确保社会公平正义的实现。最后，公平正义是一种思维方式和价值理念。在大学生社会主义核心价值观的培育中，实现社会的公平正义是其中重要的内容。实现社会公平正义是中国特色社会主义的内在要求，同时又是整个社会共同追求的价值取向，青年大学生作为担当起民族复兴大任的时代新人，是社会公平正义的实现者和引导者，对青年大学生的公平正义教育尤为重要。

4. 法治是国家长治久安的重要保障，是社会文明进步的显著标志，是社会主义民主政治建设的根本内容

新中国成立之后，社会主义法治建设在我国经历了从无到有、从不完善到完善的发展历程。我国第一部宪法，1954 年颁布的"五四宪法"是新中国法治建设的奠基石，开启了中国法治建设的历程，《中华人民共和国宪法》《中华人民共和国婚姻法》等一系列法律的出台，维护了社会秩序，保障了社会安全。但是在"文革"期间，由于阶级斗争成为党和国家的核心任务，个人崇拜严重，民主和法治建设遭到践踏，法治在我国名存实亡。改革开放后，我国的工作重心由阶级斗争转向经济建设为中心，我国由"熟人社会"逐渐变为"陌生人社会"，法治迎来了大发展和大繁荣时期，"一日七法"反映了我国当时对法律的迫切要求。经过三十年的发展，2010 年以宪法为核心的中国特色社会主义法律体系形成，从此我国由"法制时代"开始进入到"法治时代"，2014 年以宪法为核心的中国特色社会主义法治体系形成，依法治国成为我国治国理政的重要方式。党的十八大以来，党和国家尤其强调依法治国在社会发展中的特殊意义，不断维护和尊重法治的权威，提升法治在国家发展中的地位，使我国法治文明又向前迈出一大步。党的十八届四中全会以"依法治国"为主题，将法治提高到前所未有的高度，形成以宪法为核心的中国特色社会主义法治体系。2020 年两会通过了首部民法典，又向前推进了中国法治进程。从社会发展的规律来看，社会越发展，文明程度越高，越需要法律的调整和制约，因此法治的进步是我国经济社会发展的必然结果。

在对大学生社会主义核心价值观培育中，通过法治教育使全社会形成崇尚宪法、尊重法治权威的氛围是社会主义核心价值观教育努力追求的。法治社会的构建，法治氛围的形成，不仅需要完备的法律条文，健全的法律体系，更需要通过法治教育使全体社会成员树立民主法治意识。只有树立社会主义法治理念，树立法律信仰，培养对法律的感情，培养社会主义法治思维方式才能真正实现依法治国。

（三）公民层面：优化思想教育，培养时代新人

社会主义核心价值观对公民在道德层面的价值要求是爱国、敬业、诚信、友善，涵盖了社会公德、职业道德、家庭美德和个人品德的方方面面。对于大

学生社会主义核心价值观培育的核心内容来讲，爱国、敬业、诚信、友善是国家和社会对大学生时代新人的道德期待和道德要求，通过对大学生社会主义核心价值观教育，来优化大学生思想意识，培养时代新人。

1. 爱国是民族精神的核心，是中国精神的重要内容

在当代，我们形成了以爱国主义为核心的民族精神，爱国主义是中华民族的精神基因，是历代中国人民孜孜不倦的追求，"位卑未敢忘忧国""愿得此身长报国，何须生入玉门关""捐躯赴国难，视死忽如归""国土不可断送，人民不可低头"等表达了对祖国深沉的爱。爱国，是人世间最深层、最持久的情感。它表现为对祖国心理上的依恋、情感上的依附和行为上的归宿，是一种源自心底深处的、自发的感觉。文天祥宁死不屈；陈天华咬破手指，遥寄血书；吴玉章为维护国家尊严誓死力争；杨靖宇献身抗日；钱学森冒着生命危险回国为火箭导弹和航天事业发展做出了突出贡献。他们置个人安危于不顾，为了国家和民族随时做出牺牲。爱国主义除了是一种情感，同时还是一种理性原则，是调节个人与祖国之间关系的道德要求、政治原则和法律规范。从道德要求的角度来讲，爱国是社会主义核心价值观公民层面的首要要求，同时也是社会主义核心价值体系的重要内容，如"八荣八耻"中的首要要求是：坚持以热爱祖国为荣、以危害祖国为耻。从政治原则的角度讲，爱国主义是一种政治要求和政治原则，爱国是对中华人民共和国公民最基本的要求。从法律规范看，我国的根本大法——《中华人民共和国宪法》中明确规定，公民要维护国家统一和全国各民族团结，要维护祖国的安全、荣誉和利益，保卫祖国，依法服兵役和参加民兵组织。

党的十八大以来，习近平总书记在不同的场合多次对爱国主义进行阐述，如：爱国主义是中华民族精神的核心；爱国主义自古以来就流淌在中华民族血脉之中，去不掉，打不破，灭不了；对每一个中国人来说，爱国是本分，也是职责，是心之所系，情之所归，等等。在对大学生社会主义核心价值观的培育中，公民层面首要的价值引导是爱国，爱国是青年大学生作为担当民族复兴大任时代新人的必要资格和前提条件，具体是对国家制度、意识形态、价值观念、法律体系的合理性认同。对于处在和平与发展时代的青年大学生来讲，爱国不一定是轰轰烈烈的革命行动，不必像我们革命先辈一样，走上街头举起爱国与进步的政治口号，它可以是日常生活中的具体细节，爱国是一种情感，爱

国是一种信念，爱国也可以是一种态度，不同的时代下，不同的主题下，爱国有着不一样的表现和内容。

2. 敬业是职业道德的灵魂和核心

敬业是对从业者最基本最核心的要求，是社会主义核心价值观对公民在职业行为上的价值评价和期待，也是对新时代劳动者基本的道德要求。习近平总书记说，社会主义是干出来的，新时代也是干出来的。要求新时代的劳动者，撸起袖子加油干，都是对新时代敬业精神的一种阐释和解读。对于个体劳动者来说，敬业精神是实现个人价值和社会价值的重要途径。而对于国家来讲，在全社会倡导敬业精神和工匠精神，形成尊重劳动、热爱劳动、勤勉努力的良好社会风尚，有利于中华民族伟大复兴的"中国梦"由理想变为现实，有利于现代化强国由"战略安排"成为"强国现实"。所以，2018年4月30日，习近平总书记回信勉励中国劳动关系学院劳模本科班学员：劳动最光荣、劳动最崇高、劳动最伟大、劳动最美丽。全社会都应该尊敬劳动模范、弘扬劳模精神，让诚实劳动、勤勉工作蔚然成风。

习近平总书记也在多个场合多次谈到敬业精神和工匠精神，2017年12月12日至13日在江苏徐州市考察时谈到，广大企业职工要增强新时代工人阶级的自豪感和使命感，爱岗敬业、拼搏奉献，大力弘扬劳模精神和工匠精神，在为实现中国梦的奋斗中争取人人出彩。在2017年10月18日党的十九次代表大会上提到，建设知识型、技能型、创新型劳动者大军，弘扬劳模精神和工匠精神，营造劳动光荣的社会风尚和精益求精的敬业风气。青年大学生作为即将步入社会工作的群体，是未来社会的主体性力量，是实现中国民族伟大复兴的现实性力量，敬业精神教育尤为重要，在对大学生敬业教育的宣传和培育中使全社会形成敬业的良好社会风尚，使社会成员能够把自己从事的职业作为实现人生价值的途径和目标追求。

3. 诚信作为中华民族的传统美德，既是做人的道德底线，也是社会运行的重要规则

在社会主义市场经济条件下，诚实守信是最基本、最底线的道德要求。它要求社会主义的劳动者和从业者在职业活动中诚实劳动、合法经营、信守承诺、讲求信誉。首先，诚实守信是人与人交往的原则，无论是友情、亲情、爱

情，诚实守信是基础。人与人之间只要坦诚相待，没有欺骗和欺诈，交往成本就会降低，人际关系就会变得简单，人的幸福感和安全感就会提升。其次，对于社会而言，改革开放之后，我国开始大力发展商品经济和市场经济，社会主义市场经济的运行需要法律的制约，更需要道德的约束，只有把法律的"硬手腕"和道德的"软手腕"充分结合，才能使国家和社会运行于正常轨道，而对于道德而言，诚实守信是根本，成熟完善的诚信制度和信用体系是保障。

习近平总书记说："对突出的诚信缺失问题，既要抓紧建立覆盖全社会的征信系统，又要完善守法诚信褒奖机制和违法失信惩戒机制，使人不敢失信、不能失信。对见利忘义、制假售假的违法行为，要加大执法力度，让败德违法者受到惩治、付出代价。"❶ 但惩罚和制度设计只是外在的行为规范，要使失信现象销声匿迹，不仅要有外在的要求，更需要市场参与者内心自我的约束，因此，需要把诚信放到社会主义核心价值观的高度加以弘扬和宣传，使诚实守信成为全社会共同的价值追求和行为准则，从而营造良好的诚信氛围，促使信用社会的全面形成。对大学生社会主义核心价值观的培育来讲，诚信既是职业道德，也是个人品德，又是中华民族传统美德的重要内容。习近平总书记说："要加强思想道德修养，自觉弘扬爱国主义、集体主义精神，自觉遵守社会公德、职业道德、家庭美德。要坚持艰苦奋斗，不贪图安逸，不惧怕困难，不怨天尤人，依靠勤劳和汗水开辟人生和事业前程。"❷ 青年大学生作为民族伟大复兴大任的担当者，未来社会的主体性力量，对其进行诚信教育，也是社会形成和谐的、平等的、友好的社会氛围要求。

4. 友善是中华民族传统美德，即友善地对待他人、他物

社会主义核心价值观个人层面的友善要求反映了人与人、人与社会、人与自然之间的良好状态和价值追求。人是社会的人，生存在群体当中，不能脱离他人而孤立地存在。在个体成员的成长和发展过程中，不可避免地会与父母亲属、同辈群体以及其他人发生着这样那样的联系，对个体成员的思想观念、价值取向和生活方式产生着重要的影响。马克思指出："人是最名副其实的政治

---

❶ 习近平：坚持依法治国和以德治国相结合［EB/OL］．新华社．2016 - 12 - 10. http：//www. xinhuanet. com/politics/2016 - 12/10/c_1120093133. htm.

❷ 习近平在知识分子、劳动模范、青年代表座谈会上的讲话［N］．人民日报，2016 - 04 - 30.

动物，不仅是一种合群的动物，而且是只有在社会中才能独立的动物。"❶ 社会是个体成员生存和发展的基础，个人和社会既是对立统一的又是不可分离的。个人的需要满足和权利行使都要通过社会实践活动才能实现，而且受到社会物质和精神文化发展水平的影响。同时，只有个人承担起对社会应尽的责任，做出一定的贡献，社会物质财富和精神财富才能不断增加，社会不断进步。人来源于自然界同时又依存于自然界而存在，人的实践活动和成长发展都是以自然界的存在和发展为前提条件的。只有尊重自然、顺应自然、保护自然才能实现人自身与环境的可持续发展。总之，在人们的现实生活中，社会主义核心价值观个人层面的友善应该具体体现为善待他人、善待社会、实现人与自然的和谐相处。

首先，善待他人是友善的重要内容。1978 年改革开放之后，我国打开国门，引入市场经济体制，开始融入世界，与世界接轨，自此，中国传统的稳定的社会结构被打破，我们由费孝通先生所谓的"熟人社会"进入到"陌生人社会"，人与人交往的原则不仅局限于情谊，而更多的是基于法律的契约关系。在这样的社会中，人际关系处理变得异常突出和重要，友善作为缓解人际冲突的润滑剂，在人际关系处理、社会矛盾消除、社会秩序构建和稳定方面起着重要的作用，把友善作为社会主义核心价值观的内容，善待他人是其中的核心。其次，善待社会是友善深层次的内容，善待社会即实现个人与社会的和谐发展。人是社会中的人，人的发展离不开社会，个体价值的实现离不开社会价值，人只有顺应社会的发展方向和发展要求才能实现自身的价值。对于社会而言，只有保障个体价值的实现，才能更好地实现社会价值。个人与社会的有机统一，有利于个体与社会和谐发展，对于构建社会主义和谐社会意义重大。再次，友善还体现为人与自然关系的和谐。习近平总书记提出：人与自然的关系是和谐共生，生态兴则文明兴。改革开放四十多年以来，我们用几十年的时间走过了西方发达国家几百年的道路，发展速度非常之快，但快速发展中潜在的问题和矛盾也集中爆发，资源枯竭，环境恶化，雾霾肆虐等，人与自然的关系越来越紧张，恩格斯曾说："我们不要过分陶醉于我们人类对自然界的胜利。对于每一次这样的胜利，自然界都对我们进行报复。"党的十八大以来，进行生态文明建设，把建设美丽中国放到前所未有的高度，并融入到经济建设、政

---

❶ 马克思恩格斯选集：第 2 卷 [M]. 北京：人民出版社，2012.

治建设、文化建设、社会建设的全方位和全过程。十八届五中全会上提出"新发展理念",强调绿色发展。人与自然的关系由紧张逐步缓和,生态环境越来越好,人民群众的生活也越来越幸福。把友善纳入对大学生社会主义核心价值观培育的重要内容,培养新时代大学生对人对物友善的品德。在社会主义现代化强国建设中,实现人与人、人与社会、人与自然之间的和谐统一状态是我们的追求,友善既是对这种和谐状态的描述,又是达到这种状态的重要途径。因此,友善是社会主义核心价值观的重要内容,也是对大学生社会主义核心价值观培育的重要内容。

三、新时代大学生社会主义核心价值观培育的五个影响因素

新时代大学生社会主义核心价值观培育受到多种因素的影响。第一,家庭是社会最基本的单位,家庭环境对人的价值形成和行为方式起着决定性作用。在家庭环境中,家风是一个家庭文化氛围、思想理念、行为风格、历史传统的集中体现,对一个人的性格养成和品德品行起着潜移默化的影响作用。第二,学校是集中的知识传授、价值观培育、思维方式训练的场所,担负着"立德树人"的根本任务,为国家和社会培养人才,学校是落实社会主义核心价值观的重要阵地,对社会主义核心价值观在社会上广泛宣传和培育起着重要作用。第三,除家庭和学校外,社会环境的影响波及范围最大、受众最广、影响最为深远,社会环境的影响包括社会风气、社会事件、大的社会型活动,等等。第四,如果家庭环境、学校教育和社会教育都是外在的影响,那么自我意识就是内在的影响。大学生社会主义核心价值观的培育和践行归根到底要落实到个人,外因只有通过内因才能发挥作用,家庭环境、学校教育和社会教育只有通过大学生的自我意识与自我培育才能真正发挥作用。第五,在互联网时代,已经无时不网、无事不网、无人不网,网络已经成为生活不可或缺的一部分。网络环境、网络风气、网络价值影响到大学生社会主义核心价值观的培育。

(一) 家庭环境的影响处于基础地位

2014年2月,习近平总书记在一次中央政治局集体学习时曾经指出:一种价值观要真正发挥作用,必须融入社会生活,让人们在实践中感知它、领悟

它。要注意把我们所提倡的与人们日常生活紧密联系起来，在落细、落小、落实上下功夫。社会主义核心价值观在"落细、落小、落实上下功夫"，而家庭是社会最小的细胞，是青少年接受教育熏陶和价值引导的第一单位，对青少年的行为习惯、思维方式、价值观念的养成起着潜移默化的作用。与学校教育、社会教育等相比，家庭教育对人的影响和熏陶是长期性和连续性的，因此它在人的成长过程中起基础性作用。习近平总书记也多次谈到家风、家教和家庭的重要性，"家庭是人生的第一个课堂"，"家庭是社会的基本细胞，是人生的第一所学校。不论时代发生多大变化，不论生活格局发生多大变化，我们都要重视家庭建设，注重家庭、注重家教、注重家风……"❶

首先，家风家训是一个家庭文化氛围的集中体现，是对大学生社会主义核心价值观培育的有效载体。2014 年，中央电视台就"家风家训"进行了专题报道，引发了社会的讨论和思考。那么，什么是家风家训？家风就是"为人处世的行为准则"，家训就是"家庭在这种行为处事的准则下形成的风气、风貌与风尚"。好的家风家训是一种积极向上的家庭风尚，它一方面传承着中华民族的优良道德传统，承载着国家和社会的价值导向，另一方面也反映了社会主义核心价值观公民层面"爱国、敬业、诚信、友善"的道德要求，对家庭成员的良好道德品格、健全人格的形成能起到潜移默化的作用，因此，好的家风家训践行是家庭中培育和践行社会主义核心价值观的重要内容。习近平总书记说："家风是社会风气的重要组成部分。家庭不只是人们身体的住处，更是人们心灵的归宿。家风好，就能家道兴盛、和顺美满；家风差，难免殃及子孙、贻害社会……"❷ 习近平从小受到父亲习仲勋和母亲齐心的极大影响，在习近平办公桌的抢眼位置，摆放着习近平陪母亲齐心散步、习近平一家三口和习近平的父亲习仲勋在一起、习近平在福州时带女儿骑自行车等家庭照片，反映了习近平总书记对家庭的看重。习近平总书记也不断提起小时候爱看母亲给买的小人书《岳飞传》，岳飞背刺"精忠报国"给他留下了深刻的印象，并以此作为人生的目标。父亲习仲勋是习近平的人生榜样，在 2001 年习仲勋 88 岁的寿宴上，习近平在给父亲的一封拜寿信中谈到："爸爸是一个农民的儿子，热爱中国人民，热爱革命战友，热爱家乡父老，热爱您的父母、妻子、儿女。

---

❶ 习近平总书记在 2015 年春节团拜会上的讲话 [N]. 人民日报，2015 – 02 – 18.
❷ 习近平谈治国理政：第 2 卷 [M]. 北京：外文出版社，2017：355.

您自己博大的爱，影响着周围的人们。您像一头老黄牛，为中国人民默默地耕耘着。这也激励着我将毕生精力投入到为人民服务的事业中去。"良好的家庭环境、父母的教育对习近平总书记的成长起到积极的潜移默化的作用，使总书记能在 16 岁的年龄，主动放弃北京的城市生活，到延安梁家河去当知青、做农民，而且一待就是七年，干得不亦乐乎。清华大学毕业在北京工作几年后，主动到中国最基层的地方去锻炼，一步一步，踏踏实实，为人民群众干实事，这些无不受到家庭的影响和父母的鼓励。

其次，家长要有正确的教育观，注重家教，以身作则，起模范作用。习近平总书记说，"家庭是人生的第一个课堂，父母是孩子的第一任老师。"青少年处于行为方式、价值理念形成的关键期，需要学校、社会和自我的教育，受到网络社会的影响，但父母的行为习惯、思维模式、生活理念对孩子的成长起着至关重要的作用。英国唯物主义哲学家洛克认为，刚出生的孩子都是一张白纸，全然在于父母在白纸上如何描绘。因此，父母的品行对孩子的成长至关重要，父母对家庭、社会、国家有责任感，孩子就容易有责任感；家长爱岗敬业、诚实守信、与人友善，优秀的品德就会体现在孩子身上；家长夫妻和睦、孝顺父母、团结邻里、勤俭持家，孩子就会学习模仿。央视公益广告《妈妈洗脚》《父母是孩子最好的老师》传达的正是这样的理念。习近平总书记说："广大家庭都要重言传、重身教、教知识、育品德、身体力行、耳濡目染，帮助孩子扣好人生的第一粒扣子，迈好人生的第一个台阶。"❶ 父母的良好品德正面激励孩子成长，但是有一些父母，特别是居于领导岗位的腐败分子，在自身的非法用权过程中，也将孩子带向深渊。在贪污腐败过程中，"父子兵、夫妻档、兄弟帮"的情形屡见不鲜。子女凭借父亲的权力兴风作浪，父亲在背后默许、支持，最后导致"家风坏，腐败现"。周本顺、苏荣、刘铁男等对子女的纵容无不自食恶果。而我们党也有很多优秀的党员和干部，如焦裕禄、谷文昌、杨善洲，培育好家风，用行动给子女做表率，将修身、齐家、治国、平天下落到实处。因此，在社会主义核心价值观的培育和践行中，家庭环境对社会主义核心价值观的培育有着至关重要的作用，家长是先行者，应做好表率作用，让家庭成为创新、践行社会主义核心价值观落细、落小、落实的一条有效途径。

---

❶ 习近平谈治国理政：第 2 卷［M］．北京：外文出版社，2017：355.

（二）学校教育的影响处于重要地位

学校是大学生培育和践行社会主义核心价值观的重要渠道，担负着"立德树人"的根本任务。为了加强学习和宣传社会主义核心价值观的力度，中共中央办公厅在 2013 年 12 月印发了《关于培育和践行社会主义核心价值观的意见》，该文件特别强调要把培育和践行社会主义核心价值观融入国民教育全过程，落实到经济发展实践和社会治理中。而在此"意见"中提到的"国民教育"，广义上与公民教育是一致的，而狭义的"国民教育"就是指学校教育。学校是落实社会主义核心价值观的重要阵地，学校教育对大学生培育和践行社会主义核心价值观起着至关重要的作用。

首先，学校课堂教育是培育大学生社会主义核心价值观的主流渠道。课堂教育是学校教育中长期而系统的实践活动，在对大学生社会主义核心价值观的培育中，课程教育分为思政课和专业课。思政课程作为系统的思想政治教育和价值观引导课程，在对大学生社会主义核心价值观的宣传中，要将它的来龙去脉、理论基础、逻辑结构、丰富内涵、实现途径、价值意义说透彻、讲明白，使学生对它有一个系统、客观、理性、深刻的认识，使学生能够在弄通、弄懂的基础上做到真信、真用。如大学生公共思政课《思想道德修养与法律基础》《毛泽东思想和中国特色社会主义理论体系概论》《马克思主义基本原理概论》《中国近现代史纲要》等都是宣传和引领社会主义核心价值观的主流课程。在思政课的主流宣传之外，发挥专业课的"专业优势"，与思政课程"同向同行"，推进"课程思政"建设，构建思政育人大格局。专业课可以"专业内容"为基础来引导大学生的价值观。如建筑工程相关专业可以从我国的高铁、高速公路、桥梁、机场建设等实例出发，让学生感受我国经济和社会发展的巨大成就；预防医学相关专业可以通过 2020 年我国疫情防控情况来展现我国的制度优势和社会优势等。所以，以专业资源为基础宣传社会主义核心价值观，就能够使其落实、落小、落细，不再空洞、宽泛、没有说服力。高校课堂作为宣传和培育社会主义核心价值观的主渠道，对高校教师提出了相应的要求，一方面，高校教师应提高自身的思想道德修养和马克思主义理论水平；另一方面应改进教学方式，丰富课堂内容，提高课堂的魅力和吸引力，如此才能说服和引导学生。教师是课堂的掌控者，他们的理论水平和能力素质影响着学生对社会主义核心价值观的理解，如果教师理论水平不够，对社会主义核心价值观只是空洞的说教，夸夸其谈，使学生产生逆反心理，会产生适得其反的效果。

其次，优化校园文化环境，发挥校园文化的熏陶作用。校园文化主要包括精神文化、物质文化、制度文化和行为文化内容，四种不同的文化样态都对大学生社会主义核心价值观的培育和践行起到积极的促进作用。在校园文化的四种样态中，精神文化是校园文化建设的核心，它包括校风校训、校园精神、办学理念、办学宗旨等。如北京大学的校训"爱国、进步、民主、科学"，校风是"勤奋、严谨、求实、创新"；清华大学的"自强不息，厚德载物"；浙江大学的"求是、创新"；中国农业大学的"解民生之多艰，育天下之英才"。这些是社会主义核心价值观在学校层面的具体体现，而校园精神文化为社会主义核心价值观的培育和践行创造了良好的文化氛围，大学生对于社会主义核心价值观的感触可能模糊而遥远，但是校风校训，校规和校园精神是实实在在的，是具体的，体现在日常的校园生活和师生的互动中。校园物质文化是校园文化的重要物质承载体，包括校园建筑、校园雕塑、校园文物、建筑物壁画、建筑设施、校园布置与校园环境等。良好的物质文化为学生提供舒适的、和谐的学习和生活环境，而且很多学校主体建筑物的设计都有一定的内涵，反映一定的历史含义和文化理念。如，很多高校教学建筑前放置大鼎，寓意变革和创新；北京大学的"红楼"不仅是北京大学的标志性建筑，也是新文化运动和"五四运动"的标志之一，北京大学在那个时期为推动民主革命发展做出了突出贡献，北大"红楼"作为历史的传承者，记载了这段历史，北京大学的校训就是源自"五四运动"精神的传承，使物质文化与精神文化达到高度契合；清华大学的二校门，始建于 1909 年，门楣上刻有"清华园"三个大字，见证着清华的历史与发展，作为清华大学的标志性建筑，是百年以来清华学子自强不息、厚德载物的象征。所以，物质文化作为精神文化的载体，是校园文化的重要组成部分，对于大学生价值观引导、人格的养成有着潜移默化的作用。校园制度文化也是社会主义核心价值观培育的重要载体，社会主义核心价值观是一种价值理念，它的践行需要转化为具体的规章制度、行为准则和行业规范等，各高校的校规、规章制度、管理条例、工作机制等都是制度文化的重要组成部分，如高校的实验室管理制度、宿舍管理制度、财务制度、卫生与安全制度等，从各方面规范学生的行为，以校园制度为基础培育大学生社会主义核心价值观，把社会主义核心价值观的道德要求转化为各项规章制度和师生的行为准则，充分发挥规章制度的外在约束作用。好的行为方式的养成需要通过外在行为约束，长期以来形成内在行为习惯。因此，校园制度文化的建设有利于将社会主义核心价值观真正落实到行为，落到实践。王守仁指出，知是行之始，行是知之成。人的存在方式体现在一定的社会实践活动中，校园行为文化引导着大学生的具体实践活动。丰富多彩的校园活动，如各种各样的社团活动、学术活动、比赛活动、评比活动等影响着大学生把践行社会主义核心价值观养成为一种生活习惯。一方面，各具特色的校园活动不仅锻炼了大学生的社会交往能力、解决问题和处理问题的能力，也提升了大学生的综合能力和素质，促进了大学生的健康成长和全面发展。另一方面，多样充实的校园活动拓宽了大学生的视野，使得大学生从"小我"的世界中走出来，把自己的行动与社会、国家层面的"大我"联系起来，增强了社会责任感和历史使命感，激励大学生在现实的社会实践活动中切实践行社会主义核心价值观。

（三）社会环境的影响无所不在

在对大学生社会主义核心价值观的培育中，家庭和学校都起着基础性和核心性的作用，但是社会环境的影响波及范围最大、受众最广、影响最为深远。根据马克思主义原理，人的本质是社会关系的综合，人总是处在一定时代的社会关系中，社会环境对人的影响无处不在，特别是对于已经离开家庭，半只脚踏进社会的大学生而言。良好的社会环境和社会风气会影响到学校的风气，对于大学生社会主义核心价值观的培育有着积极的作用。社会上英雄模范人物的行为会激发大学生向英雄模范学习的道德情感。在社会上积极倡导公民道德规范，推进社会主义道德建设，能够形成积极践行社会主义核心价值观的良好社会风尚。

在对大学生社会主义核心价值观的培育中，首先，营造风清气正的社会风气，形成良好的社会风尚。社会风气是社会文明程度的主要指标，一个社会风气好，社会文明程度就高，人民群众对社会的满意程度就高，反过来又促进社会文明程度的提升。一个风清气正的社会，对于坚持什么、反对什么、提倡什么、否定什么有非常明确的是非观念。对于即将步入社会的大学生而言，是一种积极的价值引导。如果社会风气不正，贪图享乐、道德败坏、腐化堕落、人心冷漠，与大学生在学校接受的教育产生冲突，就会导致价值观的冲突。如社会上对摔倒老人"扶不扶""救不救""管不管"的讨论与学校的德育完全相悖。媒体曝出的官场公权私用、权钱交易、官商勾结现象使我们对政府产生不信任，而这种不正的"官场主义风气"也会影响到学校，高校学生干部也学习官场的样子拉帮结派、以权谋私、索取贿赂等。因此，营造风清气正的社会风气对于大学生价值观的引导至关重要。

其次，在社会上加强对社会主义核心价值观的宣传。"加强宣传教育一直是党领导人民取得革命和建设胜利的法宝，也是培育和践行社会主义核心价值观的基本途径。"在社会主义核心价值观的宣传中，可以充分发挥户外宣传阵地的优势，如在机场、车站、港口、高速公路沿线、商场、银行等人员集中地，充分利用宣传栏、公示栏、标语、横幅、海报等形式广泛宣传社会主义核心价值观。而从实际情况看，社会主义核心价值观已遍布城市的大街小巷，人们随处可见社会主义核心价值观的宣传标语、涂鸦图画，形成了浓厚的氛围。

再次，在社会主义核心价值观的宣传教育中，以鲜活的例子作为素材，提高社会主义核心价值观的说服力和公信力。如河北农业大学李保国老师，数十年如一日扎根山区，把讲台和实验室搬到太行山上，常年的风吹日晒使他皮肤黝黑，活脱脱的一个农民形象，被当地人评价为最不像教授的教授。在他多年的培育和推广之下，"绿岭"核桃、"富岗"苹果给当地带来丰厚的收入，帮助当地脱贫致富，习近平总书记评价其为"太行山上的新愚公""人民楷模"等。如广西驻村第一书记黄文秀，2016 年在北师大硕士毕业后，放弃在大城市工作的机会，回到自己家乡所在的山区，深入到基层，但不幸遇难，牺牲在脱贫攻坚的第一线，她扎根基层、甘于奉献的精神是我们新时代青年学习的榜样。如在 2020 年疫情抗击中"90 后"的医生护士们，曾经被称为"垮掉"的一代的"90 后"们在疫情面前肩负重任，向党和人民交上来一份令人满意的答卷。据统计，在 4.2 万支援湖北武汉的医护工作者中，有 1.2 万是"90后"，这其中有很大一部分是"95 后"和"00 后"，他们当中有人为了轻装上阵，剪掉自己一头秀发；有人放下正在哺乳的孩子，主动请缨上战场，为大家舍小家；有"90 后"情侣，瞒着父母，双双支援呼喊，互相鼓劲支持⋯⋯他们是这个时代最美丽的逆行者。如央视《感动中国》节目、全国道德模范评选表彰活动等都是向社会树立典型模范，引导全社会向道德模范学习，积极践行和落实社会主义核心价值观。

最后，在社会主义核心价值观的教育中，道德教育是重要内容。社会主义公民基本道德规范有：爱国守法、明礼诚信、团结友善、勤俭自强、敬业奉献。公民基本道德规范是社会主义核心价值观的具体化，在社会上积极倡导公民基本道德规范有助于推进社会主义核心价值观落地生根。在社会上倡导公民基本道德规范可以以重要节日庆典活动为载体,如庆祝抗日战争胜利纪念日、建国周年纪念日、"七一"建党节、"八一"建军节,等等;志愿者行动:如北京奥运会志愿者行动,上海"世博会"志愿者活动、庆祝新中国 70 周年群众游行活动都是落实和践行社会主义核心价值观的重要实践活动,也有利于在社会上形成倡导社会主义公民道德规范的良好氛围,还可以畅通大众传媒宣传公民道德规范和社会主义核心价值观的渠道。大众传媒是社会信息交流和传播的主渠道,以它特有的魅力改变着人们的生活观念、思维方式和价值取向。在社会主义公民道德规范的宣传中,要充分发挥现代新闻传媒的优势,比如对先进模范进行宣传报告,传递社会正能量;创办特色网站,系统地解读和宣传公民基本道德规范等。而且新闻媒体在信息传播过程中,要承担起媒体人应有的社会责任,加强自律,遵守职业道德,践行新闻传播的价值观,只有自身"正",才能向社会传递正能量,才能为公民基本道德规范的宣传,为社会主义核心价值观的培育和弘扬,为社会的发展做贡献。

(四) 自我培育的作用应该受到重视

大学生社会主义核心价值观的培育和践行归根到底要落实到个人,依赖于个人的情感接受、价值认同与行动表现。外因只有通过内因才能发挥作用,家庭环境、学校教育和社会教育只有通过大学生的自我意识与自我培育才能真正发挥作用。因此,对大学生社会主义核心价值观的培育需要激发大学生自我的内在动力,推动社会主义核心价值观内化于心、外化于行。大学生社会主义核心价值观的自我培育是一个渐进的过程,包括自我认知教育、意志情感教育和行为认同教育。认知教育是基础,意志情感认同教育是关键,行为认同是归宿,对社会主义核心价值观在入脑入心,弄通、真懂的基础上,才能够做到真信,才能够转化为外在行为。

首先,对社会主义核心价值观的自我认知教育。2012 年 11 月在党的十八大上社会主义核心价值观被正式提出后,社会上掀起了学习和宣传、培育和践行社会主义核心价值观的高潮。在学校、家庭和社会"三位一体"的教育趋势下,培育和践行社会主义核心价值观成为一种必然趋势。而在对大学生社会主义核心价值观的培育中,要充分发挥个体的主观能动性去学习,对核心价值观有一个系统、客观、理性、深刻的认识,只有当社会主义核心价值观与个人的知识结构、思维方式、价值导向和行为方式相一致时才会产生认知认同。认知认同是情感认同和行为认同的基础，当认同接受或者否定拒绝某一价值理念时，前提是对其有一个客观、理性的认识。社会主义核心价值观以中国优秀传统文化为根基，以马克思主义为思想指导，充分吸收和借鉴人类优秀文明的重要成果，在社会主义的长期实践中形成的，它是中华民族赖以生存的精神支柱，是全体中华儿女共同追求的价值目标，是历史传承和时代要求的统一，它的理论根基深厚、科学内涵丰富、内容范围广泛、现实意义重大，对它的理解不能浅显地停留在简单的字面和三个层面上，要深入挖掘文字背后所要表达的美好追求和价值引导。比如，经济上的"富强"，指国家富裕，人民富强，更多偏向物质层面。它作为社会主义核心价值观的第一个关键词，也在于社会主义国家建立在高度发达的生产力和高度的物质文明基础之上。发展现在作为我国的核心任务，是党执政兴国的第一要务，是解决我国一切问题的基础和关键。党的十九大报告提出的 2035 年基本实现社会主义现代化，2050 年建成社会主义现代化强国，实现中华民族伟大复兴的伟大目标都是建立在生产力高度发展和经济富强的基础上。经济上富强是政治上民主、文化上文明、社会上和谐、生态上美丽的物质基础，同时是建设现代社会、培养现代公民的物质基础。社会主义核心价值观是历史传承和时代要求的统一，对社会主义核心价值观的理解也要从历史逻辑、理论逻辑、现实逻辑和实践逻辑出发，对社会主义核心价值观真正做到弄通、弄懂。

其次，对社会主义核心价值观的自我意志情感教育。在对社会主义核心价值观产生认知认同的基础上，主动地进行自我情感教育，激发自我对培育社会主义核心价值观的情感认同。社会主义核心价值观的情感认同，指核心价值观融入自己的价值情感体系，成为自我价值的一部分，内化为自己的观点、理念、思维方式和行为方式，表现为心理上、情感上的接受和行为上的支持。一个人从情感上认同，就会对社会主义核心价值观产生情感倾向，比如，对与社会主义核心价值观精神不一致的贪污腐败、拜金主义、个人主义现象表现出厌恶、反感、鄙视、轻蔑的态度；而对积极践行社会主义核心价值观的行为表示赞赏、模仿和学习的态度。由此，对社会主义核心价值观的情感认同更多的是一种感性的认同过程，因此社会上对社会主义核心价值观的宣传以"情感激发"为着眼点，通过公益短片、微视频、影视剧等精神文化产品广泛宣传，如《流浪地球》中的家国情怀；《战狼 2》中体现的爱国、责任、担当情感，对民族自信心和自豪感的激发；另外还有《我和我的祖国》《中国机长》《攀登者》中爱国主义情怀和家国精神的体现等。自我情感认同是社会主义核心价值观培育中的核心和中介环节，它是认知认同和行为认同的关键链接，只有在不断地自我情感教育中，才能使个体从情感上接受社会主义核心价值观，以实现将社会主义核心价值观内化于心。

最后，对社会主义核心价值观的自我行为认同教育。习近平总书记说："核心价值观的养成绝非一日之功，要坚持由易到难、由近及远，努力把核心价值观的要求变成日常的行为准则，进而形成自觉奉行的信念理念。"❶ 因此，社会主义核心价值观要内化于心，把外在的价值理念内化为思想观点、价值理念，成为自身情感价值体系的一部分，但归根到底要外化于行，成为行动的价值遵循，使自己的行为举止符合社会主义核心价值观的精神要求。

习近平总书记也指出："道不可坐论，德不能空谈。于实处用力，从知行合一上下功夫，核心价值观才能内化为人们的精神追求，外化为人们的自觉行动。"❷ 核心价值观要外化为人们的自觉行动，成为我们行动的价值遵循，就要融入我们生活的方方面面，要做到落细、落小、落实，如具体化为社会公德、职业道德、家庭美德、个人品德；具体化为生活化的场景、日常化的活动等；具体化为行业规则，法律规范等。只有个体努力去践行社会主义核心价值观，才能将社会主义核心价值观真正落到实处。

（五）网络空间的影响不可忽视

21 世纪是信息科技和网络的时代，网络对于今天的人们而言，就像空气和水一样，无时无刻不被需要着。人们的衣食住行、工作学习和生活都可以通过一部手机和一个网络来完成。2020 年，庚子之初，病毒肆虐，让我们不知所措，生活被按下暂停键，工作、上学、上街购物、出行被暂停，我们被困于家。然而生活要继续，工作、学习、购物就得进行，所以一切从线下搬到了线上，在线远程办公、在线教学、在线学习、在线直播带货、在线购物等，网络充当中介，线上与线下实现无缝对接，网络已成为生活不可或缺的一个环节。

---

❶ 习近平在北京大学师生座谈会上的讲话：青年要自觉践行社会主义核心价值观 [N]. 人民日报，2014 – 05 – 05.
❷ 习近平在北京大学师生座谈会上的讲话：青年要自觉践行社会主义核心价值观 [N]. 人民日报，2014 – 05 – 05.

习近平总书记说："现在，互联网越来越成为人们学习、工作、生活的新空间，越来越成为获取公共服务的新平台。我国有 7 亿网民，这是一个了不起的数字，也是一个了不起的成就。"❶ 对于大学生而言，网络更为重要，大学生群体百分之百都是网民，他们一方面在网上潜潜水，聊聊天，发表发表评论。另一方面，刷微信、QQ、抖音、快手、淘宝、京东等，追剧、追综艺成为他们生活中很大的一部分，因此互联网对大学生价值观的引导和形成有着巨大的影响。

网络环境影响大学生价值观的形成。从 2018 年开始，"00 后"进入大学成为大学生的主力。他们出生的年代正赶上国家快速发展的时期，改革开放也已经进行了二十多年时间，我国经济快速平稳发展，社会稳定，人民生活水平不断提高，网络信息技术发达，开始广泛应用于生产生活。伴随着我国发达的网络环境，"00 后"成长为网络社会原住民，网络已经成为他们生活的一部分而密不可分，因此他们的思维模式、思想理念、行为方式与网络社会完全契合。网络社会的互动性、便捷性、开放性、多样性是他们所追求的，也是他们自身的特点所在。大学时期是大学生世界观、人生观和价值观的养成定型期，信息网络和新媒体环境对他们的影响不可估量。网络社会的开放性和多元性，意味着多种多样的价值观在网络社会交织碰撞，自由主义、个人主义、拜金主义、享乐主义、消费主义、科学主义等，每种价值观之下都有一定的群体代表在开放的网络社会发表观点、表达意见，他们之间相互影响，观点相互碰撞，需要一个共同的和主流的价值观进行引导，否则网络社会秩序就会陷入混乱。习近平总书记在网络安全和信息化工作座谈会上也谈到："如果一个社会没有共同理想，没有共同目标，没有共同价值观，整天乱哄哄的，那就什么事也办不成。我国有 13 亿多人，如果弄成那样一个局面，就不符合人民利益，也不符合国家利益。"另外，网络平台的抖音、快手、影视剧都潜移默化影响着大学生的价值观，特别是影视剧，如韩剧、美剧、英剧、日剧，每一部影视剧的背后都表达着一定的价值理念，如美剧传递出的英雄主义、个人主义和自由主义价值观；韩剧中的浪漫主义、功利主义、拜金主义价值观；英剧中体现出来的等级观念和贵族气质，如《唐顿庄园》。那么，沉迷于追剧的大学生无形中会受到这些影视剧的影响，如某一韩剧在校园里流行之后，女主的妆容、着

---

❶　习近平在网络安全和信息化工作座谈会上的讲话［N］. 人民日报，2016－04－26.

装、发饰、口头禅、喜好等会在社会上风靡一时，影响着大学生的生活理念和行为方式等。网络社会内容丰富到我们无法想象，网络社会对大学生的影响大到无法估量，习近平总书记说："互联网是一个社会信息大平台，亿万网民在上面获得信息、交流信息，这会对他们的求知途径、思维方式、价值观念产生重要影响……"❶ 因此对大学生社会主义核心价值观的培育，占领好网络领域，利用好新媒体至关重要。

新媒体环境下积极引导大学生形成正确的价值观。网络对大学生的价值观形成有着巨大的影响，而网络社会充斥着各种价值观。因此，在新媒体环境下对大学生价值观要进行积极正确的引导。首先，引导大学生正确认识网络。互联网是一把双刃剑，它一方面为生活带来了极大的便利，丰富生活，扩大大学生交往领域、开阔眼界。我们的衣食住行、生活、学习、工作紧紧依赖于互联网。同时，互联网和信息技术的快速发展成为经济和社会快速发展的催化剂，推动经济和社会发展走向一个新的阶段。但另一方面，互联网社会存在着很多安全隐患。网络社会多元价值汇集和碰撞，正确的、错误的、肯定的、否定的、主流的、非主流的价值导向等，网络成为让大学生获取知识的重要途径，可以成为让大学生沉迷、成瘾的深渊。因此要引导大学生辩证地看待网络。其次，引导大学生正确利用网络。不做网络键盘侠。转发和发表内容有依据，不信谣不传谣。对于大学生而言，网络是一个工具和平台，如何利用网络取决于我们的价值理念，一个持有正确价值观的大学生，网络会加速他的成长。一个自甘堕落的人，网络会放大他的缺点。所以，积极引导大学生树立正确的价值观，趋利避害，理性使用网络。再次，加强网络环境下对大学生的规范要求。网络社会和现实社会一样，有自己的运行规则，需要加强对大学生的规范和要求。习近平总书记说："网络空间是亿万民众共同的精神家园。"我们"要依法加强网络空间治理，加强网络内容建设，做强网上正面宣传，培育积极健康、向上向善的网络文化。"❷ 大学生是网络社会的重要力量，加强网络环境下对大学生的规范要求也有利于风清气正的网络环境的形成，反过来促进大学生社会主义核心价值观的培育。

---

❶ 习近平在网络安全和信息化工作座谈会上的讲话 ［N］. 人民日报，2016 – 04 – 26.
❷ 习近平在网络安全和信息化工作座谈会上的讲话 ［N］. 人民日报，2016 – 04 – 26.

第三章　夯实新时代大学生社会主义核心价值观家庭培育的关键起点

在中华文明当中，家庭自古以来便具有重要的存在意义，它不仅是构成中国社会的基本单位，也是每一个中华儿女接受教育的起点。近代以来，尽管中国社会结构在革命、改革的进程中发生了翻天覆地的变化，呈现出与传统社会完全不同的景象，但是家庭仍然是我们每一个中国人生活的起点，家庭教育对于每一个中国人的成长依然具有不可替代的作用。因此，在培育和弘扬社会主义核心价值观的过程中，应当按照习近平总书记的要求：充分发挥家庭教育对于个人成长的基础性作用，"发扬光大中华民族传统家庭美德，促进家庭和睦，使千千万万个家庭成为国家发展、民族进步、社会和谐的重要基点，"❶通过家国情怀的传导以及良好家风的熏陶，使青年人在无形中养成良好的社会品德，进而达到将社会主义核心价值观有机地融入青年人日常生活和价值理念当中的效果。

一、培育的关键点：扣好人生的第一粒扣子

关于家庭教育的重要性，中华文化自古以来对此便有着深刻的认识，在中华传统启蒙教育文本《三字经》中，起首便有"养不教，父之过"的表述，其中蕴含的思想就是家庭教育应该在个人成长中担负起重要的责任。随着时代的不断进步，尤其是我国现代教育事业的不断发展，无论是教育工作者还是国家教育部门，对于家庭教育在个人成长过程中的重要性的重视程度更是持续加

---

❶ 习近平在会见第一届全国文明家庭代表时的讲话［N］. 人民日报，2016－12－16.

深。苏联著名教育家苏霍姆林斯基曾经说过："如果没有整个社会首先是家庭的高度教育素养，那么不管老师付出多大的努力，都不会收到完美的效果。"❶这种观点正是对家庭教育重要性的充分肯定。受此教育理念的影响，在 2011 年和 2015 年，我国教育部门相继发布了《全国妇联　教育部　中央文明办关于进一步加强家长学校工作的指导意见》和《教育部关于加强家庭教育工作的指导意见》，两份文件分别提出："家庭教育是现代国民教育的重要组成部分，是学校教育和社会教育的基础，在未成年人思想道德建设中具有特殊重要的作用"，"家庭教育工作开展的如何，关系到孩子的终身发展，关系到千家万户的切身利益，关系到国家和民族的未来"，更是明确了家庭教育在我国现代教育体系中的基础性地位，以及家庭教育事关我们国家和民族未来的重要性。

　　一般而言，家庭教育在内容上主要包括文化知识的教授、生活常识的传授、道德情操的塑造以及价值取向的引导等多个方面。其中在论及家庭教育对青少年道德情操的塑造和价值观念的引导时，习近平总书记提出"让社会主义核心价值观在少年儿童中培育起来，家庭、学校、少先队组织和全社会都有责任"。由此可见，家庭教育在中国特色社会主义教育体系中除了具有一般的教育意义之外，还肩负着培养合格的社会主义事业接班人的历史重任。基于这种历史使命，中国特色社会主义教育体系中的家庭教育主题应当充分发挥社会主义公民的社会责任，自觉承担起在家庭教育中培育社会主义国家公民的责任，在自己的家庭中努力营造适合社会主义核心价值观形成的家庭环境，从而使家庭教育能够真正地与学校教育、社会教育形成合力，构建起全方位、立体化的社会主义教育体系，有效推动社会主义核心价值观在全社会、在民众家庭生活中的生根发芽。

（一）家庭教育的社会意义

　　在现代社会发展过程当中，个人的权利及地位得到了不断的突出，但是从中国社会所呈现出的结构特征来看，家庭仍然是组成社会的最小单位。而且在个人的心理感觉方面，中国人对于家庭的依赖程度和重视程度没有任何的消减，中国人对于家庭的重视程度依然超过了对自身的重视程度，家庭对于中国

---

❶ 苏霍姆林斯基. 怎样培养真正的人 [M]. 北京：教育科学出版社，1992：40.

人来讲，既是开启社会化的起点，同时也是体现社会化效果的终点。正是由于中国这种特殊的社会结构和中国人独特的心理需求，家庭教育对于一个自然人的社会化自然而然具有了深刻的意义。

首先，家庭教育奠定了青少年社会化的基础。社会化是社会个体在一定的社会环境中，通过学习和掌握必要的社会常识、技能、规范和价值观念等需求，从而形成适应社会发展需求的基本能力。按照社会学的研究，人的社会化是人由"自然人"转化为"社会人"必须经过的成长环节，是贯穿于一个人一生的社会行为。根据社会学一般的研究结果，人从出生开始，一直到真正具有独立的社会生存能力，会对家长或其他监护人有一个比较长的依附期，这个时期由于受到不同文化传统、经济条件和社会发展水平的影响，不同的人会表现出不同的时间长度，但大致会持续 13~25 年。从受教育的角度观察，基本上贯穿于一个人从家庭教育到学前教育、义务教育以及大学教育的各个阶段，其中家庭教育处于基础和起步阶段，因此，可以这么理解，家庭教育的效果直接关系到以后各阶段孩子的社会化效果。在这一过程中，社会个人尤其是未成年人通过从接触简单的社会关系、观察父母师长处理社会事务的基本方式开始，逐步加深对整个社会的了解，从而为自身单独步入社会打下了必要的基础。

由于孩子最早接触的人际关系主要是家庭范围内的父母关系或是其他血缘关系，而且对其父母和亲属形成了较为密切的依附关系，因此，家庭内部的基本关系和氛围对孩子的成长将会产生终身的影响。青少年时期是个人成长的关键时期，由于这一时期青少年在心智、表达能力、分辨能力等诸多方面比较脆弱，因此他长期接触的家庭教育自然而然会带给他不可替代的作用。一方面，每个家庭独一无二的家庭环境和家庭氛围将会塑造青少年的个性化特征，这关系到青少年在未来社会中的自我认知。另一方面，作为社会基本构成要素的家庭在很大程度上模拟了社会的基本关系和道德原则，这使得孩子在与家长朝夕相处的过程中可以形成处理人际关系的能力，奠定未成年人社会化的基础。

其次，家庭教育促成了青少年社会责任感的养成。社会责任感就是在一个特定的社会里，每个人在心理和感觉上对其他人的伦理关怀和义务。具体而言就是，社会并不是无数个独立个体的简单集合，而是一个相辅相成、不可分割的整体。在这个整体当中，一个人如果想要被其他人很好的接受，如果想要体现出自身的价值，必须通过个人对整体的贡献和对他人的帮助来实现，就是这种逻辑，要求每个步入社会的人都要有对他人负责、对社会负责的责任感。不过从人的本能来看，自然的人都具有趋利避害的属性，这种属性并不是由人性的恶决定的，而是出于人作为动物的本能。但人之所以能够区别于动物的根本原因就在于人除了具有自然属性外，还具有更为高级的社会属性，而人的社会属性的养成便包含着人的社会责任感的培养，也就是说，人不能仅仅在自己欲望的驱使下生活，更要在社会责任感的驱使下生活，只有这样，整个社会才能朝着更加有力的方向发展，每个人才能更好地体现自我价值。

我国从社会性质上来说属于人民民主专政的社会主义国家，中国共产党作为执政党，无论是在执政的初心还是在根本的宗旨上，都强调要为人民谋幸福，为人民服务。因此，在我国这样一个由中国共产党执政的社会主义国家，对于公民的社会责任感自然有着更为迫切的要求。在 2010 年政府通过的《国家中长期教育改革和发展规划纲要（2010—2020)》中，我党提出要"着力提高学生服务国家服务人民的社会责任感"，显示出中国共产党对青少年社会责任感培养工作的重视。当然，社会责任感的培养并不仅仅局限于学校教育当中，更基础的还应该是家庭教育。在家庭教育中父母通过各种家庭活动，使孩子能够意识到自身的某些行为可能对其他人的生活产生一定的影响，而自己对他人的关注也同样能够得到其他人的认可，然后借机对孩子的思想意识进行引导，进而实现扭转孩子任性、缺乏同情心的自然本能，最终使其能够在家庭范围内养成对他人负责的意识。

（二）大学生树立正确价值观的重要性

价值观是基于人的一定的思维感官而做出的认知、理解、判断或抉择，也就是人认定事物、辨定是非的一种思维或取向，从而体现出人、事、物一定的价值或作用。这也就意味着，在人成长的过程中，价值观对人的行为和选择有着重要的调节、引导作用。同时，价值观作为一种思想意识，在形成的过程中会受到经济基础、文化传统、政治形态等因素的影响，因而不可避免地带有一定的阶级属性。当前，我国在主流意识形态中大力倡导社会主义核心价值观，因此，大学生在成长的过程中树立正确的价值观，特别是尽早地确立起社会主义核心价值观，对于自身的发展具有重大的现实意义。

第一，正确的价值观可以对大学生的成长产生积极的引领作用。经过改革开放四十余年的快速发展，我国社会发生了翻天覆地的变化，不仅经济、军事、文化实力取得了较大的进步，而且中国融入世界的程度也有了前所未有的提高。在这种情况下，一方面，中国社会在物质方面呈现出了极大的丰富，多元的文化因素也带给了人们多样化、个性化的选择，对青少年的成长产生了各种各样的诱惑。另一方面，中国社会由于受到发展水平的限制，仍然存在发展不平衡不充分的问题，有些地区甚至还没有摆脱贫困落后的状态，社会生存压力和竞争压力也随之增大。大学生处于人生的关键时期，虽然有了一定的人生阅历，但毕竟没有经过复杂社会的历练，尚未形成正确的生活态度和坚定的理想信念，由此导致大学生在面对各种困难和诱惑时，可能会产生思想上的扭曲和情绪上大的波动，甚至容易走向极端。近年来，越来越多关于大学生犯罪、自杀的案例便很好地证明了部分大学生在遭遇人生挫折时的脆弱心态。对此现象进行深入分析发现，导致大学生犯罪或是自杀的一个重要原因便是大学生在成长的过程中缺乏正确的价值观引导。从特征上讲，价值观具有相对稳定性和持久性的特点，这就意味着正确的价值观能够使大学生形成稳定的理想信念和人生态度，避免遇到困难时情绪上出现大的波动。因而利用正确的价值理念对大学生进行积极的引导，使其避免出现悲剧现象。

第二，社会主义核心价值观可以培养大学生坚定的理想信念，促进大学生在工作实践中实现自身的全面发展。随着我国改革开放程度的不断加深，以消费主义、享乐主义、拜金主义为代表的西方资本主义思想在我国主流社会价值观之外，对我国大学生群体产生了极大的影响，严重消解了新时代大学生对中国共产党和社会主义制度的共识。根据党的十九大报告，在未来三十年的时期，我国将分为两个阶段实现社会主义现代化的发展目标，"第一个阶段，从2020年到2035年，在全面建成小康社会的基础上，再奋斗十五年，基本实现社会主义现代化。第二个阶段从2035年到本世纪中叶，在基本实现现代化的基础上，再奋斗十五年，把我国建设成为富强、民主、文明、和谐、美丽的社会主义现代化强国。"❶ 在此历史进程中，大学生将成为我国现代化事业的建设主力，发挥建设的中坚力量，他们的能力和价值取向将直接关系到我国社会主义事业的建设质量。但是不容否认的情况是，由于受到各种消极价值理念的影响，部分大学生在价值观上的表现并不令人满意，甚至越来越多的大学生出

---

❶ 习近平. 决胜全面建成小康社会　夺取新时代中国特色社会主义伟大胜利［M］. 北京：人民出版社，2019：28.

现了对未来发展感到迷茫的情况。因此，无论是出于国家的实际发展需要，还是出于大学生个人价值的体现，我们都必须促使新时代大学生尽早确立社会主义核心价值观，以中国共产党宣传的主流价值观武装自己，促使自己尽快成为合格的社会主义事业接班人，以最大限度地彰显自身价值。

（三）家庭教育与社会主义核心价值观的培养

如前文所述，家庭教育在个人成长所接受的教育体系中占有重要的地位，对学校教育和社会教育具有基础性作用。社会主义核心价值观对大学生的成长又具有积极的引导作用。因此，习近平总书记明确指出："要在家庭中培育和践行社会主义核心价值观，引导家庭成员特别是下一代热爱党，热爱祖国，热爱人民，热爱中华民族。"❶ 要把社会主义核心价值观的培育全面融入家庭教育之中。

首先，家庭教育在培育社会主义核心价值观上具有特殊的优势。家庭教育的开展主要是基于家庭成员之间的血缘关系和亲情关系，这种血缘关系和亲情关系带来的密切感和依赖感是学校教育和社会教育远远无法比拟的。在一个和谐、融洽的家庭环境中，父母长辈借助亲情的纽带将社会主义核心价值观传递给子女，使得子女能够非常轻松愉快地接受，真正实现了价值观念传递效果的"润物细无声"。而且，社会主义核心价值观的培育和弘扬具有长期性和持续性的特征，要求这种培育能够真正融入百姓的日常生活当中，而家庭教育恰恰很好地满足了这一要求。因为在子女成长的过程中，家庭是孩子生活时间最长的场所，父母长辈是孩子接触最为频繁的对象，在这样一个长期具有多种家庭活动的氛围中，父母长辈可以利用各种机会向子女进行价值观的传授，并且不受形式、时间、场地的限制，父母长辈可以将社会主义核心价值观融入与孩子娱乐玩耍的过程中，有效地突破了其他教育形式面临的各种客观限制。当然，除此以外，最重要的一点是父母长辈往往在子女面前具有很高的威望和权威，这种威望和权威使子女对其形成了强大的依赖性，使得子女在很大程度上能够听从父母的要求和教育，并能够自主地对其进行模仿和学习，从而奠定了家庭教育在社会主义核心价值观培育过程中的独特优势。

其次，家庭教育在培养社会主义核心价值观的过程中也应注意一些常见的

---

❶ 习近平谈治国理政：第2卷［M］. 北京：外文出版社，2017：355.

问题。一是要避免家长本身缺乏必要的道德素质。在家庭教育中，父母是子女模仿、学习的对象，父母的言论和价值观对孩子有非常重要的影响。从社会道德建设上看，社会主义核心价值观对所有人提出了全方位立体化的要求，代表了一定的社会道德水平。因此，父母作为社会主义核心价值观的传播者，前提一定是自身已经具有了良好的示范作用，否则不仅不能使孩子得到良好的教育，反而会削弱自身在子女面前的威望。二是家庭教育要采用正确的教育方式。随着社会的发展，我国的家庭无论是在家庭关系还是家庭结构上都已经发生了明显的变化，其中两个比较突出的现象是家长与子女在关系上越来越趋向平等，以及越来越多的父母表现出了对孩子的宠爱，甚至是溺爱。由此引发了家庭教育方式的明显改变，传统社会中信奉的"棍棒之下出孝子""不打不成器"的教育理念被越来越多的人所抛弃，转而出现对孩子进行所谓"快乐教育"——顺从孩子任何需求，对其不加任何管教的趋势。但无论如何，这种教育方式也不是正确的教育方式，更无法收到良好的教育效果。为了能够有效地对社会主义核心价值观进行传递，家长一定要采用一种平等、和谐的教育方式，加强与孩子的沟通，如此方能将正确的价值观传递给子女，同时及时获知子女的真实感受，从而有效推动社会主义核心价值观在家庭教育中的培育和弘扬。

二、培育的正确理念：家国情怀

党的十八大以来，习近平总书记曾经在不同场合多次强调，要求教育工作者在青少年的意识中厚植家国情怀，在青少年的培养过程中，要将爱家和爱国结合起来，把实现个人梦想、家庭梦想融入国家梦想、民族梦想当中。基于此，家庭教育作为青少年价值观念教育体系中的重要一环，必须有意识地融入家国情怀的因素，使青少年能够在熟悉的环境中接受潜移默化的教育，无形中成长为对家庭、国家和社会都有价值的栋梁之材。

（一）家国情怀的文化意蕴

所谓家国情怀是指一个社会的个人主体对所生活的家国共同体的一种认同感，这种认同感可以促使社会中的个人为了认同的家国共同体做出必要的奉献，乃至牺牲。从家国情怀的内涵来看，中国传统文化中的家国情怀主要包括个人主体对家国共同体的情感认同，个人主体在家国共同体内形成的社会意识以及个人主体在家国共同体内对其他社会成员抱有的仁爱之情和社会责任三个层次。从其实现的路径上看，则包括个人主体的自我道德修养、家庭范围内的亲情养成以及国家天下范围内的责任意识三种途径。由于中国传统社会具有高度的家国同构色彩，因此家国情怀也成了中华传统文化的重要组成部分。家国情怀在中国的文化发展中具有悠久的历史文化传统，它起源于中国古代社会士大夫阶层社会主体意识的自觉，并伴随着家国一体社会结构的确立而渗入每一个社会细胞——家庭当中。

《孟子》曾经说过，"天下之本在国，国之本在家，家之本在身"，个人、家庭、国家在中国传统文化中是相通的，一方面家庭由每个独立的个人构成，另一方面无数个家庭又构成了国家，在这种社会结构中，士大夫阶层利用家庭伦理将个人的道德标准上升为国家的法律要求，从而为家国情怀在中国社会的落地、扎根提供了坚实的社会基础。秦汉时期，中国完成了政治上的统一，出于现实统治的需要，思想文化领域也急需完成统一。从秦始皇到汉武帝，秦汉两代帝王都曾为此做出过努力，但在汉武帝之前却无一获得成功。公元前141年，汉武帝刘彻继位，为了能够招揽天下贤士，他令各地长官向中央举荐贤良文学之士。在此次举荐当中，儒家思想家董仲舒被推举参加武帝策问，利用这次机会，董仲舒向汉武帝呈递三道策问，史称"天人三策"。在三次策问当中，董仲舒以儒家经典《春秋公羊传》为依据，将天道观、五行学说和阴阳学说等思想与儒家思想相结合，系统回答了大一统政治形势下的一系列问题，从而为汉朝及此后数千年中国的统一提供了强大的思想支撑。其中在董仲舒确立的儒家思想当中，一个核心的问题便是政治上的大一统以及伦理上的移孝进忠，也就是他利用国家强力的手段将统治阶级需要的忠君与普通民众自觉遵守的孝亲结合起来，从而真正实现了对社会结构的改造，搭建了家庭与国家间的共同结构。此后在这种社会结构中，家国情怀得到了越来越多的提倡，无论是"国破则家亡，国兴则家昌"的朴素见识，还是"亦余心之所善兮，虽九死其犹未悔"的价值追求；无论是"一家仁一国兴仁，一家让一国兴让"的人文理想，还是"先天下之忧而忧，后天下之乐而乐"的大任担当……家国情怀早已深深融入中华儿女的精神血脉之中，在家尽孝、为国尽忠成为中华民族根深蒂固的文化传统。

当然，现代意义上的家国情怀与传统社会所提倡的家国情怀并不完全一致，它确实脱胎于传统社会的家国观念，但同时又带有鲜明的时代特色。它首先源于风雨飘零的近代中国。在一个饱受外族欺压的半殖民地半封建社会的旧中国，无数仁人志士为了挽救民族危亡，不惜抛头颅、洒热血，舍小家为大家，前赴后继。而在这些革命先烈当中，最令人感到敬佩的当然是那些年轻人，他们绝对是践行家国情怀的主角。邹容十八岁在救国救民的实践中写出了《革命军》巨著，聂耳二十三岁在目睹祖国的大好河山被帝国主义残暴践踏后写出了《义勇军进行曲》，闻一多二十六岁在体会到弱国子民在列强所遭遇的无处不在的欺凌后，愤而写出了《七子之歌》，等等，除此以外，更不要说那些在十几二十几岁便奔赴战场前线最后献出宝贵生命的中国军人，以及自愿放弃学业和大好前程，转而为国奉献捐躯的大学生，中国的年轻人在风雨飘零的近代中国不仅完美地诠释了什么叫家国情怀，而且更是升华了家国情怀的内涵。在经历了近代战火的洗礼后，中华文化中的家国情怀彻底剔除了古代士大夫将其作为维护封建专制统治的狭隘性，打碎了隐藏在它背后的三纲五常和宗族伦理对个人自由的束缚，保留了被全民族共同认可的纯粹的文化内涵，因此使其具有了更加宏大的精神号召力。尤其是1921年中国共产党成立并自觉肩负起挽救民族危亡的历史使命之后，中国共产党以一种超越地域、党派、阶级的气概，将整个中华民族紧紧团结在一起，正是这种纯粹的家国情怀成为中华民族遭受苦难后的精神归宿，并且随着革命的不断胜利，最终上升为一种超越民族、超越意识形态的带有非常积极、正面引领力的精神信仰，引导着一代又一代共和国年轻人成长为保家卫国的民族栋梁。因此，在新时代青年价值观的培养中，家国情怀将是其不可缺少的一个内容。

（二）家国情怀的时代价值

家是最小国，国是千万家，这对于每一个中国人来讲都是再朴素不过的道理，中国人始终信奉，没有国家的繁荣强盛就没有千万个家庭的幸福安康，没有千万个家庭的幸福安康，也不会有国家真正的繁荣富强。家与国这种相辅相成的关系是历代中国人都能够认可的常识。正因为如此，家国情怀才能够走出历史的局限，在每一个中国人心底留下深刻的文化印记，也正因为如此，家国情怀才能够在社会主义新时代再次体现出它具有的永恒的价值。从社会关系的角度来讲，家国情怀体现的是个人与家庭、国家三者之间的关系，代表的是个人对家庭、国家的文化认同。因此，了解家国情怀所具有的时代价值，我们也可以从个人、家庭、国家三个层面入手。

首先，家国情怀的培养能够增强个人的主体意识和社会责任感。按照马克思主义哲学的观点，人是具有自然和社会双重属性的动物，而且社会属性是人区别于其他动物的根本性特征。在这种特征的作用下，人的所有价值的体现都将依赖于个人在社会中形成的人际关系和社会行为。在一个复杂的社会关系网中，想要通过正确的行为和良好的社会关系创造更高的个人价值，所有的前提在于个人自我意识的自觉以及个人对社会责任的主动承担。但是，由于人的自然属性的限制，人的社会属性的自觉是需要一定的引领的，其中教育便是最为有效的手段。从人的社会化角度进行观察，人接受教育的过程也就是一个不断树立引领信念，最终确立支撑人生信念的过程。习近平总书记曾经指出："信仰、信念、信心，任何时候都至关重要。小到一个人、一个集体，大到一个政党、一个民族、一个国家，只要有信仰、信念、信心，就会愈挫愈奋、愈战愈勇，否则就会不战自败、不打自垮。"❶ 具体到个人的社会化过程当中，就意味着人的成长以及自觉需要一定的理念给予他必要的力量，否则这个人一遇到挫折将会萎靡不振、无所事事。同时，不同的信念对于人具有不同的引领力，也会对人产生不同方向上的引导，为了使青少年能够按照社会共同认可的方向成长，教育必须向其传递能够被社会大多数人共同认可的理念，其中重要的一项便是在中华文化中占据重要地位的家国情怀。一方面，在人走向社会之前，他首先接触的便是自己的家人，家庭成员间的关系对于青少年来讲就是一个相对简单的社会关系，他可以在家庭的范围内掌握基本的社会关系处理原则；另一方面，一个人在走向社会以后，他最终会成长为一个合格的具有现代意识的国家公民，然后以一个现代公民的身份投入国家发展当中，并且在国家所需要的领域实现自身的最高价值。因此，家国情怀对于人的自我意识的自觉以及社会责任感的培养来讲，具有巨大的现实意义。

其次，家国情怀对于构建和谐的家庭关系，促进家庭生活的美满和谐也具有积极作用。古语讲"家齐而后国治""修身齐家治国平天下"，在新时代习近平总书记也提出："家庭是社会的基本细胞，是人生的第一所学校。不论时代发生多大变化，不论生活格局发生多大变化，我们都要重视家庭建设，注

---

❶ 习近平在庆祝改革开放 40 周年大会上的讲话［N］. 人民日报，2018 – 12 – 19.

重家庭、注重家教、注重家风。"❶ 可见，从古至今，家庭对于所有中国人来讲都是最重要的人生归宿，家庭生活也是唯一能够让人彻底放下所有社会压力的环境。不过，由于家庭关系涉及不同的家庭角色，不同的个人脾性，同时随着家庭范围的扩大，也会牵涉到复杂的家庭礼仪，因此，和谐的家庭氛围、融洽的家庭关系并不是轻而易举就能够形成的，它是需要每个家庭成员全心全意地去经营。如何维持家庭成员间的和谐，古代社会讲究家庭成员对家庭伦理的遵循，其中既包括"父慈子孝""兄友弟恭""举案齐眉"这些具有正面意义的要求，同时也包括"父为子纲，夫为妻纲""在家从父，出嫁从夫，夫死从子"这些带有压迫性的伦理。随着时代的进步，封建社会中带有压迫性的伦理规范已完全失去了生存的空间，并且彻底沦为现代社会批判的对象，即便是那些相对正面，甚至温情脉脉的伦理规范，也因其具有一定的不平等性而逐渐地被现代社会提倡的平等的家庭关系所取代。根据现代社会的评价标准，一个和谐家庭应该具备五项硬性指标，包括遵纪守法、遵守公德，家庭和睦、邻里团结，爱岗敬业、诚实守信，勤俭持家、节能环保，热爱科学、热心公益。其中家庭和睦一项主要体现的就是家庭成员在家庭关系上是一种民主、平等、互助的关系。在这样一种平等的家庭关系中，每个人都具有同等的家庭责任，如何践行必要的家庭责任，就需要相应的家庭情感作为支撑，因为只有具有了一定的家庭情感才会激发相应的家庭责任，因此家国情怀的培养对于家庭成员形成家庭情感，进而促使其承担家庭责任具有不可替代的作用。

最后，家国情怀对于我国培养合格的社会主义接班人具有不可替代的作用。中华民族之所以能够跨越五千年的历史始终传承不息，其中一个重要的原因就在于每一代炎黄子孙都具有强烈的家国情怀。这种情感能够促使每一个炎黄子孙在民族危难之际都能迎难而上，以一种肩负苍生、心怀天下的精神创造出一个又一个的民族奇迹。无论是古代面临少数民族的入侵，还是近代遭遇西方列强的蹂躏，无论是当年的日本侵华，还是如今的新冠肺炎疫情肆虐，心怀家国天下的中国人总能在灾难面前浴火重生、凤凰涅槃。而今，中国处在了近代以来最好的发展时期，全面建成小康社会的目标胜利在望，中华民族伟大复兴的历史使命也指日可待，即便如此，习近平总书记也以一种深刻的忧患意识提醒我们："行百里者半九十，中华民族的伟大复兴，绝不是轻轻松松、敲锣

---

❶　习近平在会见第一届全国文明家庭代表时的讲话［N］．人民日报，2016 – 12 – 16.

打鼓就能实现的。"❶ 在前进的道路上仍然面临着诸多的困难和挑战，每一个中华儿女必须付出更为艰巨、更为艰苦的努力。尤其是青少年，更是承担着未来民族复兴的大任，可以这么说，当前中国青少年的价值取向就是未来中国社会的价值取向，当前中国青少年的成长质量决定了未来中华民族复兴的实现质量。如何使现在的青少年全身心地投入中华民族伟大复兴的事业当中，并促使其自觉地承担起维护民族大义的重任，家国情怀是一种必不可少的情感支撑。只有在家国情怀的引导下，现代的年轻人才会全身心地投入学习当中，也才能抵御各种外部势力的干扰和诱惑，时刻保持学以报国的初心，从而自觉地将个人成长与国家民族发展融合在一起，把个人价值的实现与民族梦想的实现捆绑在一起，全心全意地为国家进步、民族复兴贡献自己的力量。

（三）培育青少年家国情怀的路径

在家庭教育中培养青少年的家国情怀应当从培养青少年爱的情感、责任意识和家国观念三个方面入手，遵守循序渐进的教育策略，通过各种家庭活动和父母的以身作则来正确引导孩子。

首先，以温暖的亲情为青少年植入爱的情感。从本质上讲，家国情怀仍属于一种情感，是个人主体对社会共同体的热爱之情。不过由于人在婴儿及幼年时期并不具有独立的生存能力，因此在本性上也会表现出天然的以自我为中心的特征，并没有自觉为他人着想的意识。为了使孩子日后能够逐渐摆脱自我的性格，父母及其他家庭成员必须在孩子成长的过程中使其认识到顾及他人感受、照顾他人情绪的必要性。这种替他人着想、顾及他人感受的心理的产生从根本上来讲源于小孩本身所具有的仁爱之情，因此在青少年接受教育的过程中，不论是家庭教育还是学校教育，抑或是社会教育，都应该以培养青少年的仁爱之心为出发点，以激发青少年爱的情感为主要目的。在不同阶段的教育中，由于家庭教育是在家庭成员之间展开，父母作为青少年的第一位老师，具有天然的血缘关系的优势，同时也拥有更多的相处机会以及更深的亲情促使其投入子女的教育当中，正因为如此，在家庭教育中作为老师的父母一定要以温暖的亲情为孩子注入爱的情感，使孩子真正感受到家庭的温暖，只有这样，孩

---

❶ 习近平. 决胜全面建成小康社会 夺取新时代中国特色社会主义伟大胜利［M］. 北京：人民出版社，2019：15.

子才会在成长的过程中形成完整的人格，生长出爱的情感，进而使其形成爱父母、爱家庭、爱朋友、爱社会、爱国家的意识。然后随着这种意识的不断发展，他心中爱的情感不断丰富，并最终发展为深厚的家国情怀。

其次，以身作则树立青少年的责任意识。爱的情感是培育青少年家国情怀的感情基础，责任意识便是培养青少年家国情怀的道德基础。家国情怀之所以能够促使一个人对自己的家庭和国家做出必要的奉献乃至牺牲，是因为个人觉得自身的奉献是对自己家庭和国家不可推卸的责任。但是和爱的情感一样，责任意识也不是与生俱来的，也是通过孩子成长过程中的点点滴滴逐渐培养起来的。苏联著名教育实践家和教育理论家苏霍姆林斯基曾经有过研究："世界是通过形象进入人心和意识的，儿童年龄小，他们的生活经验有限，那么生活中鲜明形象对于他们思想上的影响就越强烈。"❶ 这就是提醒我们，青少年责任意识的产生也是通过观察、模仿的方式产生的，而观察、模仿的对象自然是在他生活中接触的各种人群。由于父母与孩子相处的时间最长，形成的关系最为亲密，因此父母对于孩子的影响也最为深刻。古语讲，"其身正，不令而行，其身不正，虽令不从"，这就要求父母能够有意识地扮演好自身在孩子眼里天然的示范角色，以一种以身作则的态度给孩子做出最好的示范，而不是只会对孩子进行苍白无力的说教。具体而言，父母在日常生活中要重视培养自己的道德修养和爱国情操，以对家庭负责任的态度经营家庭，以热爱祖国的态度开展工作，真正做好孩子的表率。

最后，以丰富的家庭活动为青少年传递家国观念。在家庭教育中培养家国情怀除了要让孩子形成爱的情感和责任意识外，最终的目的是要向孩子传递正确的家国观念，引导青少年在社会中爱家庭、爱社会、爱党、爱祖国、爱人民。但是这种热爱并不是抽象的东西，它应该是体现在具体的生活当中，也应当通过丰富的活动来培养。比如对于家庭的热爱一定是源于家庭生活的温暖、亲情的体验。如何让青少年产生更丰富、更深刻的体验，最好的方法就是家人间共同参与的家庭活动，通过家庭聚会、家庭旅游、亲友聚会等方式增强青少年的感情认知，从而为其家庭责任的培养提供必要的契机。此外，对于爱国观念的培养，家长可以根据孩子的发展阶段以及孩子的兴趣，采取不同的方式方法，比如对学龄前的儿童，可以让其了解英雄模范人物和事迹，以此来激发儿

---

❶　苏霍姆林斯基. 怎样培养真正的人［M］. 北京：教育科学出版社，1992：78.

童对英雄的情感认知。对于小学阶段的少年，可以利用其课余时间带他去参观主旋律的电影，参观各地的文化馆、纪念馆、博物馆等，通过这种直接的接触增强其爱国主义精神。对于初高中的青少年，则可以为其提供各种旅游、参观或是参加文化比赛的机会，增强他的道德自觉以及对主流文化的认同感。

总之，家国情怀的培养一定是多种途径的，只有家长处处留心、事事留意，才能使青少年在家庭教育潜移默化的过程中形成深厚的家国情怀。

三、培育的环境要求：良好的家风

良好的家风熏陶是中国家庭教育中不可或缺的重要组成部分，青少年的健康成长也需要良好家风的熏陶和引导。古语有云，"清白家风不染尘，冰霜气骨玉精神"。家风作为一个家庭的精神内核，对于塑造青少年的品行，激发青少年的高尚道德情操具有巨大的精神价值。

（一）家风的内涵及其特征

家风作为一个极具中国文化特色的词语，在很大程度上反映出中国人对于家庭生活的重视以及对家庭教化功能的深刻认知。在中华文化数千年的历史传承中，家风作为一种独特的文化形态深刻地塑造了中国的家庭观念以及精神特征。

1. 家风的内涵

所谓"家风"，又可称为"门风"，指的是一个家庭或家族世代相传的风尚和生活作风，即一个家庭在生活过程中形成的有别于其他家庭的独特的家庭风气。家风既是一个家族世代传承沿袭下来能够体现家庭成员精神风貌、道德品质、审美趣味的家族文化风格，也是家族内部有意或无意给家族后人所树立的道德标准、价值追求。从家风的本质上讲，家风属于一种精神力量，它体现的是家庭成员一般的道德水平和普遍性的价值追求。一方面，家风可以促使家庭成员在和谐、文明、向上的氛围中不断进步；另一方面，家风也可以在思想道德上对家庭成员产生约束作用，从而保证家风的纯洁以及优良。

从家风的历史发展进程来看，"家风"一词最早出现于西晋文学家潘岳的作品当中。西晋时期，文学家夏侯湛补缀《诗经》中有目无文的"笙诗"六篇，以成《周诗》，并将其交付潘岳。对其作品，潘岳认为诗著不仅文风温文尔雅，而且内容很好地体现出孝悌之情，于是便附和相随，以作《家风诗》，其诗曰："缉发缉发，发亦鬓止。日祇日祇，敬亦慎止。靡专靡有，受之父母。鸣鹤匪和，析薪弗荷。隐忧孔疚，'我'堂靡构。义方既训，家道颖颖。岂敢荒宁，一日三省。"通过歌颂祖先的优良品行，赞美自己家族的门风以自我勉励，从而确立了"家风"一词的基本内涵。中古时期，世家大族成为社会的统治阶层，他们以官宦为标志，以文化为特征，有意识地通过政治上的特权树立起本家族特有的文化风格，从而使"家风"的内涵达到历史的顶峰。宋元以后，随着豪门大族的衰落以及一般地主阶层的兴起，尤其是得益于文化普及带来的文化繁荣，家风开始突破豪门大族的垄断，逐渐向社会基层下沉，而这也就在最大程度上巩固了家庭伦理，宣扬了优良的家庭风尚。

2. 家风的基本特征

如同一个民族的文化特征一样，家风在世代相袭的过程中也会形成自己独特的文化特征。从中华文化所提倡及当前流传下来的家训、家风观察，中国的家风主要具有以下几个基本特征。

第一个特征是家风具有示范性。家风作为一个能够体现家庭成员一般道德水平和普遍价值取向的精神力量，他在树立自身威望的同时必须具有较强的道德示范性。《论语》有言："君子之德风，小人之德草，草上之风，必偃。"这也就意味着一般人，尤其是青少年的道德发展具有非常强的可塑性，往往会受到权威和榜样的影响。而如前文所述，家风在本质上属于一种精神力量，能够对家庭成员产生一定的道德约束，按照中国传统文化中"正人先正己"的要求，客观规定了具有导向作用的家风必须具有强大的示范性特征，否则便无法承担起教化年轻家庭成员的重要作用，也无法使本家庭和本家族的文化突破时代的局限得到众人的认可和遵守。

第二个特征是家风具有社会性。按照费孝通在《乡土中国》中的描述，中国传统社会的结构是一种"差序格局"，就是指："每一家以自己的地位作为中心，周围划出一个圈子，这个圈子的大小要依着中心势力的厚薄而定"，"以己为中心，像石子一般投入水中，和别人所联系成的社会关系不像团体中的分子一般大家立在一个平面上的，而是像水的波纹一样，一圈圈推出去，愈推愈远，也愈推愈薄""这样一来，每个人都有一个以自己为中心的圈子，同时又从属于以优于自己的人为中心的圈子"。对此加以简单理解就是，在中国传统社会，每一个人、每一个家庭都是多种社会关系的总和，每个人、每个家庭在自己所生活的社会中都有自己明确的社会位置和社会角色，也都必须承担相应的社会活动和社会责任。正因为中国人在传统社会中具有强烈的社会性，因此在自身认同的家风上也一定要具有较强的社会性，只有如此，方能不断增强家庭成员的社会化水平，从而提高其适应社会的能力，并进而加强家庭对自己家风的认同感。

第三个特征是家风具有传承性。家风与一般的道德规范和法律规定是不同的，它不像道德规范和法律规定那样依赖于社会、国家的威权手段存在，而是依赖于自身所具有的教化功能和精神引领来实现自身的文化价值。从家风的构成来看，"世代相传"和"生活作风"是构成家风的两个基本要素，所谓家风的传承也就是指在日常的生活中实现家庭积极文化的代际传承。这样一种文化传递，按照一般的情况来看，越是无意识的越能对人产生深刻且持久的影响，因此家风对家庭成员的影响，虽然会伴随着长辈或威信人物说教的方式加以传递，但更多的仍是一种持久性的浸润，这种浸润式的影响，是家风区别于其他文化形态的重要特征。

（二）良好家风的社会意义

良好的家风是中华优秀传统文化的重要组成部分，它作为一种积极的精神引导力量，对于培养个人的道德责任感、增进家庭内部的和谐以及促进社会生活的和谐具有重要的现实意义。

第一，良好的家风可以培养人的道德责任感。在中华民族五千年的发展史上，儒家伦理道德与中国传统政治、社会、文化形成了深厚的联系，同时也深刻地塑造了中国人在为人处世中办事讲道德的文化性格。所谓道德，它既产生于中国传统社会小农经济的经济基础之上，同时对于规范农业社会中人们的行为起到了重要的约束作用。在一般情况下，对每一个社会成员来讲，自己的行为除了要符合法律规定之外，更多的还要考虑所要承担的道德责任。而且在很多情况下，道德责任对人们行为的约束程度还要高于国家法律的约束水平。因为在中国熟人的社会环境下，周围人对一个人的道德评价不仅关系到个人的利益，更会影响到家庭在当地社会的名誉声望。"春风化雨，润物无声"，个人道德的养成绝非一时之功，需要接受持久的、潜移默化的教育。所以在中国社会当中，一个人道德的养成是少不了家庭教育发挥作用的，一方面来自父母长辈耳提面命式的说教向孩子传达的明确的为人处世原则，另一方面来自家风沉浸式的熏陶给孩子道德价值取向的深刻心理引导，从而使家庭成员达到上善若水、虚怀若谷的纯粹程度，也使其养成抱诚守直、砥节奉公的清廉本色，既能向其传授精忠报国、矢志不渝的爱国热情，也能使其养成和谐谦让、无私奉献的奉献精神。高尚的道德要求在家风的传承中还能突破时代的局限，表现出永恒的精神价值。现在中国特色社会主义进入了新时代，习近平总书记也明确指出："国无德不兴，人无德不立。"这就充分反映出道德优良在一个人成长中的重要性，而青少年高尚道德情操的养成无疑来源于家庭生活以及家庭教育对他的熏陶，其中家风作为家庭文化的重要组成部分，更是发挥着重要的作用。

第二，良好的家风可以促进家庭内部的和谐。家风在本质上是家庭成员在处理各种人际关系过程中有意或无意形成的文化取向，其中也包括家庭成员对其他成员的态度和关系处理方式，按此逻辑来看，良好的家风就是家庭成员在处理家庭内部关系时形成的有效的处理方式。在传统社会，家庭成员因婚姻、血缘或过继、收养等关系确立了基本的家庭单位，同时由于整个社会比较注重孝道，因此形成了相对强烈、分明的家庭关系及家庭角色，并由此衍生出各种家庭责任。在儒家伦理规范中，极力主张的是尊卑有别、长幼有序、内外有差，具有明确的道德要求和伦理规范。在这种社会条件下，传统社会中的家庭成员只需要按照固定的等级要求完成分内的责任义务便能维持良好的家庭秩序，这种伦理规范虽然表现出了一定的压迫性，但同时由于具有较强的可操作性而得以长久维持，从而也为家风的产生和长久传承提供了可靠的社会基础。不过随着社会的发展，尤其是改革开放四十多年带来的传统社会家庭结构的解体，使得家庭成员的家庭角色开始出现了一定的错位，尤其是在经济利益的驱使下，传统社会强调的孝道和尊卑长幼逐渐被当作文化的糟粕而被抛弃，由此也带来了家风在融洽家庭关系方面作用的弱化。但这种弱化并非意味着家风失去了调节家庭关系的作用，反而从反面显示出，当前社会更需要良好的家风对恶化的家庭关系加以规范和弥补。也正因为家风承担了如此重要的时代使命，习近平总书记才会强调："家风是社会风气的重要组成部分。家庭不只是人们身体的住处，更是人们心灵的归宿。家风好，就能家道兴盛、和顺美满；家风差，难免殃及子孙、贻害社会，正所谓'积善之家，必有余庆；积不善之家，必有余殃'。"❶ 因此每一个家庭都要大力弘扬优良家风，以千千万万家庭的美好支撑起社会的好风气。

第三，良好的家风能够增进社会的和谐。中国俗语有云："家是最小国，国是千万家。"可谓是精确地表达了中国社会结构中家和国的关系。一方面，家庭是构成社会的基本单位；另一方面，社会上错综复杂的关系无非是众多家庭关系的扩大。从中国文化的特征来看，只有国家繁荣富强了，每个家庭才会有生活的美满幸福，也只有千千万万个家庭美满幸福了，社会才会实现整体上的和谐。因此，家风在作用于家庭关系的同时也深刻地影响社会的和谐。而在具体的方式上，良好的家风如何促进社会的和谐发展呢？首先，和谐社会的构建需要每个社会成员的参与，在构建和谐社会过程中，每个人都承担起自己的责任，做好本职工作，自觉遵守社会规则，只有这样，社会的和谐才能更快地实现。而如前文所说，良好的家风恰恰可以为社会培养大量的具有道德情操的独立个人，从而为整体上提高社会道德水平提供了可能。其次，良好的家风也可以实现家庭内部的和谐以及邻里之间的和睦。古语讲"远亲不如近邻"，这也就体现出在中国传统社会邻里之间具有深刻的社会联系，同时也会遭遇更为集中的社会矛盾，在处理邻里关系的过程中，良好家风一贯主张的宽容、克制、互敬不仅可以减少邻里间不必要的矛盾，而且也可以使自己赢得邻里的好感，从而为构建良好的邻里关系创造可能。

（三）良好家风与青少年社会主义核心价值观的培养

在当前中国特色社会主义事业进入新时代的大背景下，我国社会主义伟大事业对新时代的青少年提出了更高的道德要求和期望，尤其是对青少年社会主义核心价值观的培养更是提到了前所未有的高度。鉴于家风对于个人道德塑造具有不可替代的作用，因此，在培育青少年社会主义核心价值观的过程中，必须充分发挥优良家风的引导意义和教化作用，使青少年在家风的浸染中不知不觉地养成对社会主义核心价值观的认同。

首先，以丰富的家风文化涵养社会主义核心价值观。习近平总书记指出，"家风是一个家庭的精神内核，也是一个社会的价值缩影"，家风是一个家庭

---

❶ 习近平谈治国理政：第 2 卷 ［M］. 北京：外文出版社，2017：356.

的价值取向，社会主义核心价值观是一个社会的基本价值取向，二者具有实质上的相通性，因此作为组成社会的基本单位——家庭，在价值观的确立上一定要与社会主流价值观相一致。中国优秀传统文化作为社会主义核心价值观的重要源泉，家风作为中华优秀传统文化的重要组成部分，能够以自己独特的家庭文化对社会主义核心价值观起到积极的涵养作用。综观历史上传承下来的良好家风，在内容上具有无比丰富的文化资源，比如在个人道德的培养上，良好家风的核心思想便是"诚实守信、仁爱友善、积极向上"，"人而无信，不知其可也"，"己欲立而立人，己欲达而达人"，"天行健，君子以自强不息"，这些俗语警句不仅广为流传，而且作为众多家庭的家风祖训被认可。再比如在人际关系的处理上，传统良好的家风家训的核心便是尊老爱幼，内和孝亲，"老吾老以及人之老，幼吾幼以及人之幼"，"自天子至于庶人，孝无终始，而患不及者，未之有也"，这些基本的道德规范在今天仍具有永恒的时代价值。因此，在培育和弘扬社会主义核心价值观的实践当中，我们要对传统文化中丰富的家风文化加以充分利用，一方面加快挖掘、整理传统家风家训的文化成果，将其作为丰富的文化资源宝库，逐渐建立起适合时代要求的家风家训传播机制，做好良好家风家训的普及工作，使良好的家风可以在社会最大范围内得以传播并发挥价值引领作用；另一方面要注重对传统家风家训做出符合时代要求的现代化阐释，比如在传统家风当中占据重要地位的忠孝观念，在新时代的宣传中应该果断地剔除其中愚忠愚孝的观念而应以自由、平等的关系作为个人践行忠孝伦理的前提，真正实现个人、家庭、国家之间的融合。

其次，促进良好家风与青少年践行社会主义核心价值观行为的结合。《墨子·修身》有言，"士虽有学，而行为本焉"，所要表达的意思就是知识分子虽然具有很高的学识修养，但最根本的还是要将所学运用于社会实践当中。在今天的社会中，青少年大学生作为这个社会的精英阶层已经具有较高的文化知识，同时也承担了相应的社会责任。因此在进行社会主义核心价值观的过程中，必须将良好家风对自己的道德熏陶融入自己的行为之中，从而使自己的行为能够尽量展现良好家风的精髓。当然，促进家风与社会主义核心价值观践行行为的融合也包括大学生对社会现象的认知以及对社会行为的评价。在全国学校思想政治理论课教师座谈会上，习近平总书记曾经指出："青少年阶段是人生的'拔节孕穗期',最需要精心引导和栽培。"❶ 这也就意味着作为道德主体的大学生,在社会经验方面虽然相对欠缺,不能对各种复杂的社会现象应对自如,但广大学生应该通过家庭教育、家风熏陶在养成基本的道德观念的同时,养成明辨是非、对社会行为进行理性的道德判断和价值判断的能力,并能够以一定的社会责任感和使命感同社会上那些不良行为作斗争,自觉将家风的教育和熏陶运用到社会主义核心价值观的践行当中,从而真正实现道德价值与实践行为的统一。

四、培育的前提条件:民主平等的家庭关系

纵观人类社会的发展,无论在任何阶段,也无论是东方还是西方,父母都是孩子的第一任老师,同时也是孩子的终身老师,而家庭是孩子的第一所学校,同时也是孩子的终身学校。家庭教育对孩子一生的成长至关重要,俗语讲:"家长正儿女易行善,家长邪儿女易行恶,家长民主儿女生平等之心,家长独断儿女生专行之念,家长仁慈儿女博爱,家长暴戾儿女残忍。"因此,要使家庭教育在儿女的成长中发挥更好的作用,我们认为首先要做的一点便是在家庭内部建立起民主平等的家庭关系,只有在这样一种民主的氛围内和平等的关系上,家庭教育的作用才能更好地发挥。

(一) 家庭关系与家庭教育的关系

在家庭生活中,每个家庭成员都拥有不同的家庭身份和地位,而不同的身份和地位也就规定了人们在家庭生活中的权利和义务,并由此衍生出必要的家庭教育关系。家庭教育始于父母长辈的经验和认知,通过父母长辈习惯的行为方式表现出来,同时也蕴含着父母长辈所特有的家庭教育观念、基本的价值取向、文化素养、生活品位等隐性观念。

1. 家庭关系能够决定家庭教育的理念

按照一般情况来看,家庭关系是在受到家庭文化、家长自身成长经历、家

---

❶ 用新时代中国特色社会主义思想铸魂育人 贯彻党的教育方针落实立德树人根本任务 [N]. 人民日报, 2019 - 03 - 19.

长自身的受教育水平等因素影响下形成的家庭成员间的关系。在一定的家庭关系中，家长和子女将会在无形中形成明显不同的家庭权威和家庭权利，而家长所具有的家庭权利和家长权威又会通过家庭教育的行为得到相应的表现。比如在有的家庭中形成的是相对严肃，甚至尊卑等级、长幼次序较为明显的家庭关系，那相应的这种家长多具有较强的"父为子纲""棍棒下面出孝子"的教育理念，并随之产生"好孩子都是打出来的"的教育行为。再比如，有的家庭形成的是重男轻女的家庭关系，那在这种家庭中，父母长辈对于女孩子的教育投入便会少很多，甚至会无情地剥夺女孩子的受教育机会。还比如，有的家庭形成的是一种民主平等的家庭关系，那父母将会秉持一种正确开放的教育理念，时刻尊重孩子的个人选择，并给予在物质上和精神上的支持，从而使孩子的身心健康得到全面的发展。总之，父母长辈的教育理念作为一个家庭精神层面的上层建筑，它并不是凭空产生的，而一定是以现实生活中的家庭关系为基础的。虽然家庭教育仅仅是个人成长教育体系中的一部分，但是由于家庭教育处于个人教育体系的基础地位，并伴随着个人成长的终身，因此对于家庭教育来讲，正确的教育理念是必不可少的前提，而为了能够形成正确的教育理念，父母长辈作为家庭的主导者，必须正确认知自己在家庭生活中的角色，时刻注意自己的家庭行为以及对家人的态度，努力为孩子的成长创造一种良好的家庭关系，以促进孩子接受家庭教育的积极作用。

2. 家庭关系能够制约家庭教育的内容

家庭教育从本质上讲是父母长辈利用自己相对丰富的社会经验和知识储备，向孩子传授必需的知识和技能的过程。家庭教育传递的内容，可以分为道德性的教育和知识性的教育两个类型。所谓道德性的教育，就是孩子在成长的过程中应该遵守的基本道德规范和为人处世的一般原则；所谓知识性教育是指父母长辈为了孩子能够更好地适应社会需要而向其传授的特殊知识和独特技能。一般来讲道德性的教育应该在家庭教育中占据主要的地位，但知识性的教育也是家庭教育中必不可少的组成部分，而且能够直接影响孩子在同等人中的社会竞争力。当然，无论是道德性的教育内容还是知识性的教育内容都会受到家庭关系的影响，这种影响并不体现在单个家庭内部或独立的孩子自身，而是体现在与其他家庭和孩子的比较当中。比如说，一个相对保守的家庭关系往往意味着父母长辈在接受新事物上具有相对较弱的动力和较低的意愿，他们往往采取一种墨守成规的方式，以及相对保守的教育内容，并没有意愿去接受更多更新的东西传授给孩子。相反，如果在一个相对开放的家庭关系中，父母长辈往往首先具有一种开放的意识，愿意接受社会中出现的各种新鲜事物，从而建立起相对开放的家庭关系。而在这种家庭关系中，父母长辈不仅会将自身学到的新事物、新知识和自己认同的新文化价值取向传递给孩子，同时，也会以积极的态度去鼓励孩子接受更新的知识，从而使自己的家庭和孩子获得更好的发展机会。

3. 家庭关系能够影响家庭教育的效果

已有的研究表明，家庭教育具有情感性的特征，所谓情感性的特征就是指家庭教育是在亲情的基础上展开的。一方面，父母长辈对子女的教育是出于对子女的爱，因此愿意无条件地承担繁重的教育任务。另一方面，子女之所以有意愿从父母长辈那里学习为人处世的道理，也是因为在朝夕相处的生活中，子女对父母长辈形成了情感上的依赖，从而使自己能够接受父母长辈对自己的教育，古语有云，"亲其师而信其道"，虽然这句话形容的是学校教育的情况，但是将这种道理延伸至家庭教育领域当中同样适用。父母长辈作为孩子的第一任老师，虽然具有天然的亲情加持，但是仍然需要获得孩子对自己的认可。尤其是在青少年时期，孩子处于叛逆期，如果没有这种情感上的认可，那么父母长辈对孩子的家庭教育不仅不能起到积极的作用，反而会使孩子产生叛逆心理，起到相反的效果。如果父母长辈能够与孩子形成一种良好的家庭关系，孩子会因为情感上的认同而愿意将自己的思想、观点、行为，毫不保留地反馈给父母长辈，从而形成父母长辈与子女，也就是教育者和受教育者之间良好的互动，使父母长辈能够随时了解孩子的真实想法，而且还会根据孩子的接受能力以及接受自愿随时调整自己的教育方式和教育内容，从而有效地促进家庭教育的效果。

（二）民主平等家庭关系的塑造

自 1978 年党的十一届三中全会以来，中国进入改革开放的全新时期，同时，中国传统的家庭结构也经历着向现代家庭结构的急速转变。在这种转变的过程中，中国家庭如果要建立起全新的民主、平等的家庭关系，不仅要从宏观上了解当前中国家庭伦理发展的总趋势，同时也要主动转变家庭生活观念，从家人间的亲情出发，用纯粹的爱与互相的尊重营造出良好的家庭氛围，从而为构建民主平等的家庭关系提供可能。

1. 当代中国家庭伦理的发展趋势

家庭伦理是维护和处理家庭成员之间关系的基本道德规范，它既是特定历史发展时期的产物，也反映出不同社会发展阶段每一个家庭的生活状况及基本的家庭关系特征。自改革开放以来，中国社会发生了翻天覆地的变化，这种变化既带来了个人家庭观念的转变，同时也促成了家庭伦理的转变。总体来看，当代中国家庭伦理的发展趋势主要表现为两个方面：一方面，传统家庭伦理正逐渐走向衰落甚至瓦解；另一方面，现代化的家庭伦理已经开始显现，但并未完全成熟，随着今后一段时期家庭伦理转变的不断加深，一些新的特征也会显现得越来越明显。

首先是家庭伦理的价值观由家庭本位逐渐向个人本位转移，传统社会中不太关注个人发展的状况逐渐得到改善。在现代化的家庭伦理关系中，个人的感受和权利义务将成为家庭伦理持续有效运转的基石，现代家庭成员越来越难以接受以家庭利益为名对个人权益进行冒犯甚至侵害的现象，这种转变将为民主平等家庭关系的构建提供合理的观念支撑。其次是家庭伦理关系的维持逐渐由传统的重理轻情向现代化的理情并重甚至重情轻理的方向转变。传统社会在家庭关系的产生上，所依赖的多是社会普遍存在的道德规范，例如，夫妻关系的确立，讲究的是"父母之命，媒妁之言"，父母子女关系的维持依靠的是"父慈子孝""父为子纲"等道德规范，很少顾及夫妻、父子之间的情感因素。而现代社会则完全不同，男女关系的确立已经完全摒弃了父母之命、媒妁之言，而考虑更多的则是情感因素，即便有些时候可能会顾及父母的意见，但父母意见产生效果的前提一定是二人的情感因素得到了充分的照顾。最后，家庭伦理规范体系由传统封闭型向现代开放型的转变。在中国传统社会，受到自给自足自然经济的影响，中国的家庭生活相对比较封闭，因此也形成了相对封闭的家庭伦理关系，这也就是说，家庭伦理对人们行为的约束或者调解作用往往只有在很小的家庭范围内才能生效，而对于人们在陌生社会环境中的活动很难产生有益的帮助。然而随着社会的不断发展，人们的活动范围已经远远超出了传统社会人们的活动范围，在时代发展的大潮下，人们被无情地推到了全新的社会环境中，人与人之间的关系已经非常明显地突破了固有的家庭关系。在这种情况下，传统家庭伦理已经很难再发挥人们需要的调解作用，因此必须形成相对开放的家庭伦理规范，使每个家庭成员能够尽可能地获得更多的学习和接触社会的机会，从而为现代新型家庭关系的确立提出了更高的要求。

以上三个方面家庭伦理的转变趋势是在我国改革开放政策的影响下出现的不可避免的发展趋势，也是未来我国构建民主平等家庭伦理的基本出发点，只有准确把握了这些趋势，才能有机会实现家庭伦理由传统向现代的转变。

2. 转变传统家庭的生活观念，用纯粹的爱与互相的尊重做构建现代家庭伦理的情感基础

从家庭性质的角度进行观察，传统社会的家庭与现代社会的家庭有着明显的区别。在传统社会，家庭不仅是家庭成员的情感寄托，更是家庭成员的经济依靠，传统家庭对于家庭成员来讲是不可脱离的基本生产单位和生活单位。而随着社会的不断发展，尤其是随着女性社会地位的提高以及社会活动的增加，现代女性具有了更为独立的经济活动，因此现代家庭作为基本经济单位的属性逐渐降低，虽然在当前的社会中家庭成员之间仍然具有共同的家庭财产，但这并不足以剥夺家庭成员的独立性，家庭日益演化为家庭成员的情感归宿，而非经济归宿。随着家庭本质发生的改变，家庭关系也出现了明显的转变。一是亲子关系已经不再是传统社会中的传宗接代、传承家产的性质，而更多的成为父母长辈的一种情感寄托，这也就意味着传统社会中被人们特别重视的"传宗接代""养儿防老"观念逐渐被越来越多的人所抛弃。还有一点就是夫妻间的地位逐渐趋于平等，夫妻关系也变得较为宽松，传统社会一直延续的"男主外、女主内"的两性分工随着女性社会活动的增强而失去存在的空间。男女双方共同承担家庭义务，共同管理家庭事务的模式逐渐成为现代家庭的主要模式。

基于现实家庭关系的转变，家庭成员的观念也要主动做出相应的转变。在夫妻关系上，男人要尊重女人的劳动成果，给予女人应有的价值认可以及情感呵护。在亲子关系上，父母要充分爱护自己的孩子，充分尊重孩子独立的人格，主动适应因社会发展带来的家庭关系的转变。如何才能使自己的观念及时转变然后完美适应现代社会家庭的发展呢？重要的一点在于明白现代家庭的起点在于男女之间的情感交流，正是因为有了男女之间情感的交流以及彼此的欣赏，才有可能使二人组建起基本的家庭，同时也正是因为父母之间的爱情，才

可能培育出象征二人爱情结晶的儿女。因此可以说，情感上的爱是现代家庭关系最为重要的基础，同时也是现代家庭得以维护的必要因素。在这种认识的促使下，每一个现代家庭成员都必须用纯粹的爱和对彼此的尊重来处理家庭内部关系，因为只有纯粹的爱才能让每一个家庭成员全身心地投入另一个家庭成员的照顾之中，也只有互相的尊重才能让付出爱的一方得到另一方积极的反馈，从而使其获得最大的情感上的满足。

（三）民主平等家庭关系对青年价值观教育的影响

在现有研究的基础上，人们已经可以清楚地看出家庭关系与青少年价值观之间存在着非常明确的关系。一般来讲，家庭关系较为和谐、紧密的家庭，其孩子在价值取向上表现得更为积极，也更有责任意识。而家庭关系相对较为紧张、疏远的家庭，其孩子在价值取向上表现得则有些消极、狭隘。通过二者之间的对比，我们可以看到民主平等家庭关系在青少年价值观教育中发生的重要影响。

1. 民主平等的家庭关系有助于青少年树立自我意识

所谓自我意识是人的意识的一种形式，是指主体对自身的意识。它包括对自身机体及状态的意识，对自己肢体活动状态的意识，对自己的思维、情感、意志等心理活动的意识。自我意识的形成过程既是意识主体不断社会化的过程，同时也是意识主体日益认清自己在家庭关系和社会关系中地位和作用的过程。根据心理学的研究，一个人自我意识的形成一般要经历近二十年的时间，也就是要覆盖一个人的婴幼儿时期和青少年时期，在这两个时期里，意识主体首先接受了家庭教育的培养，随后又接受了学校教育的培养。其中家庭教育在整个教育体系中始终处于基础地位，并且教育效果的好坏将会明显受到家庭关系和谐程度的影响，而民主平等的家庭关系将有利于促进青少年自我意识的树立，主要原因在于在民主平等的家庭关系中，孩子可以作为一个独立的个体参与家庭事务当中，并且能够以独立的自我表达自己对相关事物的看法和建议，这种活动的参加既能锻炼青少年的表达能力，同时也能使其意识到自己在家庭中的地位和应当承担的责任，从而时刻强化他作为独立、自由个人存在的意识。

2. 民主平等的家庭关系有助于青少年健全自我人格

所谓自我人格是指个体在对人、对事、对己等方面的社会适应中行为上的内部倾向性和心理特征，表现为能力、气质、性格、需要、动机、兴趣、理想、价值观和体质等方面的整合，是具有动力一致性和连续性的自我，是个体在社会化过程中形成的独特的身心组织。整体性、稳定性、独特性和社会性是人格的基本特征。根据已有的研究成果，人的性格的形成既会受到先天遗传因素的影响，同时也会受到后天社会因素的影响，先天遗传因素的影响具有不可更改的属性，而后天社会的影响则具有可调节、可塑造的特性。在后天影响因素中，家庭、学校、社会是主要的影响因素，三者共同塑造了个人的性格特征。其中在家庭影响因素中，家庭的经济条件、政治地位、父母的文化修养、言行特征，当然也包括家庭成员间的关系都会对青少年的人格形成产生重要的塑造作用。正是基于这样一种认识，人们才主张在青少年生活的家庭关系中，一定要建立起民主平等的家庭关系，因为在民主平等的家庭关系中孩子的表达能力以及问题意识可以得到充分的尊重，同时，青少年在个人意见的表达、情绪的控制、人际关系的调节等方面的平稳性也可以得到充分的锻炼，这样的环境和生活方式对于青少年形成稳定的自我人格是至关重要的，可以使青少年在以后的人生道路上无论遇到什么样的困难和挑战都时刻保持一种平和的心态，避免情绪出现过大的波动以及意外情况的发生。

3. 民主平等的家庭关系有助于青少年提高自我认知

所谓自我认知指的是对自己的洞察和理解，包括自我观察和自我评价。自我观察是指对自己的感知、思维和意向等方面的觉察；自我评价是指对自己的想法、期望、行为及人格特征的判断与评估，这是自我调节的重要条件。个人的自我认知是一个比较复杂的过程，尤其是在发展水平如此复杂的当前社会，每个人在自我认知的过程中都可能受到来自各个方面的影响，从而使自己对自己的认知结果产生怀疑乃至动摇，但是在社会复杂程度不断加深的当前，更是需要人们具有强大的自我认知能力，因为自我认知是我们每个人进一步认识社会、走向社会、适应社会的前提，如果没有清晰的自我认知，人们是很难在社会上找到适合自己的位置的。可是该如何形成正确的自我认知呢，尤其是在自我认知受到影响的时候，青少年该如何坚定或是调整自我认知结果呢？其中重要的一点在于家庭应该给予青少年正确的引导和坚定的支撑，特别是父母长辈要在民主平等的家庭关系下充分听取青少年自己的想法以及行为意图，利用家人间稳定的亲情来赢得青少年的坦诚，从而在彼此间坦诚的交流中坚定青少年自我认知的能力。

总之，家庭关系对于青少年人格及价值观的形成具有重要的意义，为了能够使青少年形成正确的价值观，做父母长辈的必须用心创造和维护民主平等的家庭关系，以给予青少年最温馨的家庭教育氛围。

五、培育的有效方式：日常生活的价值引领

社会主义核心价值观作为中国共产党当前文化建设的重要引领力量，在人们的日常生活中拥有巨大的应用价值。因此，习近平总书记在主持第十八届中央政治局第十三次集体学习时曾经指出："培育社会主义核心价值观要切实把社会主义核心价值观贯穿于社会生活的方方面面，必须要将其融入人们的社会生活之中，让人们在实践中感知它、领悟它。"真正实现社会主义核心价值观的生活化。而家庭教育作为培育青少年社会主义核心价值观的重要场域，有必要在日常生活中融入社会主义核心价值观的内容，从而实现在日常生活中引领青少年价值观形成的效果。

（一）日常生活引领价值观的文化依据

按照一般的情况来看，任何一项政治理念和政治实践如果要在民众范围内产生广泛的影响，一定是这种政治理念和政治实践具有充分的合理性，符合一定的文化氛围和文化接受倾向。党的十八大以来，以习近平同志为核心的党中央大力倡导社会主义核心价值观，并提出推进社会主义核心价值观生活的要求，而且已经取得了较为显著的成效。这就意味着社会主义核心价值观在落小、落实、落细的生活化进程中获得了相应的文化支撑，符合中国社会的文化背景。

1. 马克思主义的生活理论

中国共产党是以马克思主义为指导思想的无产阶级政党，这就决定了中国共产党在任何时期任何领域的任何发展理念都必须以马克思主义为根本指导思

想，任何发展理念都不得与马克思主义相违背，当然也包括社会主义新时代公民在日常生活中的价值取向。生活理论是马克思主义思想的重要组成部分，马克思从自己的博士论文《德谟克利特的自然哲学与伊壁鸠鲁的自然哲学的差别》开始，就一直关注人们的生活与人的全面发展之间的关系，此后又经过《1844 年经济哲学手稿》《黑格尔法哲学批判》《德意志意识形态》《共产党宣言》以及《资本论》等著作的不断丰富，最终形成了非常完备的马克思主义生活理论。按照马克思主义的观点，一个人的生活是人类生命活动的过程和结果的统一，这也就揭示了人类生活的出发点在于现实中的人所进行的社会实践，其中现实中的人是生活的主体，人们对生活的价值取向和由价值取向带来的最终结果构成了人们生活的根本意义。所以，按照马克思主义生活理论的意义，我们可以发现，马克思主义所关注的生活包含了什么是生活、人们为了什么样的结果而进行生活，人们应该以一种什么样的态度展开生活三个层面。而且这三个层面还是相互联系、相互影响的，人们在社会中的实践决定了人们生活存在的形式，人们对生活结果的追求决定了人们生活将会产生的意义，人们对生活过程所抱的态度影响着人们生活过程的质量，不同的形式将产生不同的价值取向，并由此带来不同的生活结果。人们生活的真正意义在于用积极的态度创造有意义的社会生活，从而实现个人的全面发展以及社会的全面进步。在这样一种理论的支持下，马克思主义政党不仅强调个人的发展应该朝向自我价值的体现，而且要将个人价值取向的形成贯穿到日常的实践生活当中，用正确的生活形式培养符合社会主流意识形态的人生取向。具体到家庭教育当中，就是家庭教育的主体要运用各种方式促进社会主义核心价值观的生活化，使其真正融入家庭教育的接受者——青少年的意识当中。

2. 中华传统文化的生活哲学

儒、释、道三教构成了悠久而丰富的中华传统文化，而中华文化之所以能够穿越数千年发展不辍，一个主要的原因就在于中华文化非常成功地实现了生活化的任务，将儒家伦理、佛家教义、道教追求成功地融入百姓的日常生活当中，使中华文化成为百姓日用而不自知的生活伦理。其中，儒家伦理规定一个人的最高道德成就在于实现"内圣外王"，不过这并不是要求所有人都必须达到的境界，因为在达到最高境界的过程中，儒家思想主张的"格物致知、诚意正心、修身齐家、治国平天下"为不同水平的人设定了不同的修养境界，但无论是修养到何种境界，最终实现的途径一定是个人在现实社会中积极有为的生活态度，以及"勿以善小而不为，勿以恶小而为之"的日常行为准则，儒家始终强调要用自我在实际生活中的积极活动填满自我的人生意义。佛教作为一种外来的宗教，之所以能够在中华大地上扎下根来并获得成功的发展，是因为佛教主动适应了中国人的生活哲学，尤其是在禅宗产生以后，原本出世倾向比较强的佛教有效地缩小了自身与中国普通百姓间的距离，它所提倡的"佛法在世间，不离世间觉"的教义满足了中国民众需要在日常生活中信仰佛教的需求，同时也使佛教成为中华文化及中国民众日常生活中不可或缺的一部分。道教是产生于中国本土的宗教流派，自创立之初便与人们的日常生活保持着密切的联系，它产生于生活困苦的现实之中，给予了人们继续生活下去的希望，即便后来它的神秘色彩不断增加，但它始终未曾脱离人们的日常生活，它将巫术、鬼神、修仙等教义紧紧融入百姓的种种生活，使自己成为儒家思想一个重要的思想补充。总之，儒、释、道三教不仅构成了中华文化的文化因素，同时更将自身生活化的特征注入中华文化的精神之中，使生活化成为中华文化一个非常明显的特点。在中华文化所塑造的国人心中，生活化已经成为自身接受各种文化观念最根本的方式，这种方式不依赖于信徒在人世间的苦苦修心，也不借助于虚无缥缈的来世承诺，只是通过今生今世务实的生活体验。这也解释了无论在历史发展的何种阶段，何种政治思想、政治观念只有实现了生活化的特征才会被中国人所接受，其中也包括中国共产党在中国特色社会主义新时代大力提倡的社会主义核心价值观。

（二）日常生活引领价值观的实现路径

日常家庭生活具有丰富的生活内容和多样化的活动方式，在青少年价值观形成的过程中，不同的生活内容具有不同的引领方向，不同的生活方式也具有不同的引领效果，要实现日常生活对青少年价值观的正确引领，必须探索正确的实现路径。

1. 以积极向上的生活内容向青少年传递正确的价值取向

如前文所说，家庭生活对于青少年的个人成长具有非常重要的影响，青少年未来行为的方式在很大程度上就来源于对家长行为的观察和模仿。不过家庭成员的行为与学校、社会上的各种行为比较起来具有一定的优势，那就是家庭成员的行为可以受到家庭成员自身的主观控制，从而能够规避一些不好的言辞和行为，尤其是在孩子面前，可以有意识地控制一些负面的行为、言辞，以向孩子传递一些积极正面的信息，为孩子的成长创造良好的家庭环境氛围。但即便家庭成员在家庭内部的行为言辞可控，也并不意味着良好的家庭环境就能自然而然地形成，因为很多父母长辈并没有这方面的意识，仍然会在家庭内部，包括当着孩子的面，随心所欲地选择一些具有负面影响力的家庭行为或生活方式，在无形中给孩子做出了不好的示范。因此为了使家庭日常生活能够对青少年的价值观产生积极的引导作用，父母长辈必须有意识地规范自己的行为方式，通过积极正面的生活内容给予孩子健康向上的价值观引导。首先，必须尊重国家的法律法规。不能触碰法律法规是一个人在社会上生活的首要条件，尤其是随着当今社会法治的不断发展，法律意识更应该成为青少年必须具有的社会意识。父母长辈只有在法律法规允许的范围内行事才能给孩子树立起相应的法律法规意识，保证其不触碰法律的底线。其次，父母长辈要增进自身的道德修养，为孩子做好表率。俗语讲，父母最大的成就就在于培养的孩子超越了自己，使家庭实现了代际的发展。而自身的道德高度又是孩子进一步发展的基石，因此为了能够使孩子具有良好的发展底蕴，父母长辈必须具有深厚的道德情操，只有在这样的家庭生活中，孩子的价值观才能保持在一个较为正常的范围，而不会出现偏差或走向极端。

2. 以丰富多彩的生活方式激发青少年的生活热情

从个人成长的阶段性特征来看，青少年时期正是人生发展中的活跃阶段，无论是在思维模式还是在行为方式上，都具有无数个发展的可能，同时青少年在心理上也会有更多的对未知事物的期待。生活的热情是一个人过好一生最为关键的生活态度，它能够给予人们积极向上的生活态度和应对各种生活挫折的勇气和毅力。如何在看似平淡的家庭日常生活中为孩子创造一个又一个的生活奇迹，从而不断激发孩子的乐趣，其中一个重要的途径便是父母长辈要在自己家庭条件允许的范围内陪着孩子创造多种多样的生活方式。因为孩子对于社会的接触并不是太多，对很多领域还是一无所知，对整个社会和世界还抱有非常强烈的好奇心，同样，对于新世界、新领域的发现也更容易激发出孩子们的热情。基于此，父母长辈在日常的家庭生活中应该有意识地创新各种生活方式，为青少年提供更多了解社会未知领域的机会，从而使他们能够不断获得成长的惊喜，让他们能够一直保持对生活的热情，只有这样，青少年在未来的发展中才会成长为一个对自己负责任、对他人有爱心、对社会有同情心的人，也能够使他们对社会的主流意识获得最高的认同。

　　总之，日常家庭生活对青少年价值观的引领体现在方方面面，并没有一定之规，父母长辈根据自己家庭的特点，根据自己孩子的需求和乐趣，花费必要的精力去探索。只要父母长辈肯在青少年成长的事情上多花费些心思，孩子的价值观一定能够获得良好的培养。

第四章　重视新时代大学生社会主义核心价值观学校培育的主阵地作用

重视和充分发挥学校主阵地作用是新时代大学生社会主义核心价值观立体化培育的重中之重。大学时期是大学生价值观形成的关键阶段，要牢牢占领高校这个主阵地，把中国特色社会主义大学办成淬炼远大理想信念的熔炉、弘扬社会主义主流价值的高地、涵育中华优秀文化的家园和滋养现代文明的沃土，汇聚起社会主义核心价值观磅礴正能量，为中国特色社会主义事业培养大批合格的建设者和可靠的接班人。新时代要实现学校主阵地作用，就要切实落实中国特色社会主义大学"立德树人"的根本任务，把社会主义核心价值观融入办学治校的全过程和校园生活的方方面面，融入教材编写、融入课堂教学、融入校园文化建设、融入大学生创新创业及社会实践之中，形成合力，夯实大学生正确世界观、人生观、价值观的根基，引导其努力成长为担当民族复兴大任的时代新人。

一、切实落实"立德树人"根本任务

党的十八大报告明确提出："把立德树人作为教育的根本任务，培养德智体美全面发展的社会主义建设者和接班人。"❶ 党的十八大以来，习近平总书记多次到学校考察、与师生座谈，并出席一系列重大的教育会议，对落实"立德树人"根本任务提出殷切期望和要求。2018 年 5 月 2 日，习近平总书记考察北京大学，在与师生座谈时强调，把立德树人作为检验学校一切工作的根

---

❶　中共中央文献研究室. 十八大以来重要文献选编：上［M］. 北京：中央文献出版社，2014：27.

本标准。可见，切实落实"立德树人"是办好中国特色社会主义大学的根本要求，也是中国特色社会主义大学的崇高使命和光荣职责。

（一）准确把握"立德树人"的科学内涵

"立德"和"树人"两词古已有之，我国春秋时期的《左传·襄公二十四年》提出"大上有立德，其次有立功，其次有立言，虽久不废，此之谓不朽"❶，并把"立德"置于"三不朽"之首；《管子·权修》提出"一年之计，莫如树谷；十年之计，莫如树木；终身之计，莫如树人。一树一获者，谷也；一树十获者，木也；一树百获者，人也。"孔子提倡先立德，而后再树人。在《论语·学而》篇中，孔子提出，"弟子入则孝，出则悌，谨而信，泛爱众，而亲仁。行有余力，则以学文。"可见，"立德树人"是中华民族教育传统中优秀育人思想的凝练和精髓，体现着教育的价值追求。

"立德树人"简而言之就是树立德行，培养人才。新时代高校要想树立道德、培养人才，为社会主义造就大批的合格建设者和可靠接班人，首要任务就是要准确把握"立德树人"的科学内涵，明确立何"德"，树何"人"。

1. 社会主义核心价值观规定了新时代"德"的内涵

古人云，"德者，本也。"可见"德"对于个人、社会和国家的基础性意义。"德"是一种具体的历史的价值追求和规范，每一个时代、每一个社会都有与其经济基础相适应的占统治地位的"德"。"德"的力量广泛而深刻，不仅深刻地影响着人们的意志、行为和品格，也深刻地影响着社会的存在和发展，可以说是国无德不兴，人无德不立。特别是对于我们这样一个有着14亿人口、56个民族的大国，能否确立全国各族人民共同认同的"德"，关乎国家的命运前途、社会的和谐安定和人民的幸福安康。

社会主义核心价值观在国家、社会和个人三个层面提出了价值追求和标准，其基本内容确立了处理个人与国家、个人与社会、个人与个人之间关系的依据和规范，它既是国家、社会和个人应当崇尚追求的"德"、遵守践行的"德"，也是切实落实"立德树人"根本任务要立的"德"，事实上规定了新时代"德"的本质。正如习近平总书记所说："核心价值观，其实就是一种德，

---

❶ 左丘明. 左传·襄公 [M]. 长沙：岳麓书社，2015.

新时代大学生社会主义核心价值观立体化培育研究

既是个人的德,也是一种大德,就是国家的德、社会的德。"❶ 可见,高校立"德"就是培育和践行社会主义核心价值观。正如习近平总书记在全国高校思想政治工作会议上强调:"我们的高校是党领导下的高校,是中国特色社会主义高校。办好我们的高校,必须坚持以马克思主义为指导,全面贯彻党的教育方针……要坚持不懈培育和弘扬社会主义核心价值观,引导广大师生做社会主义核心价值观的坚定信仰者、积极传播者、模范践行者。"❷

2. 党和人民的事业明确了树"人"的方向

党的十八大明确提出,努力办好人民满意的教育。教育是民族振兴和社会进步的基石。要坚持教育优先发展,全面贯彻党的教育方针,坚持教育为社会主义现代化建设服务、为人民服务,把立德树人作为教育的根本任务,培养德智体美全面发展的社会主义建设者和接班人。这是第一次对立德树人作为我国教育发展基本方略的深刻阐释。对高等教育的功能定位,习近平总书记在全国高校思想政治工作会议上做出了全新的表述:"为人民服务,为中国共产党治国理政服务,为巩固和发展中国特色社会主义制度服务,为改革开放和社会主义现代化建设服务。"❸ 这为高校树"人"指明了具体的要求和目标,这个"人"就是有理想、有本领、有担当的时代新人,就是德智体美全面发展的社会主义建设者和接班人。

具体来讲,"有理想"表现为大学生对社会主义事业的坚定和对共产主义理想的信仰,有实现中国特色社会主义共同理想和共产主义崇高理想的决心和信念;"有本领"表现为大学生具备为全面建成小康社会、实现社会主义现代化和建成现代化强国所需要的思想素质、知识能力等多方面的过硬本领;"有担当"表现为大学生有家庭、社会、民族、国家的使命担当和责任意识,把爱国情、强国志、报国行融为一体,跟随党的政治步伐,接续奋进中华民族伟大复兴的中国梦。因此,高校所要树的"人"不仅有较高的思想素养、完备的知识技能、独立的人格和健全的社会心理,还要有深厚的爱党情怀、家国情

---

❶ 习近平谈治国理政 [M]. 北京:外文出版社,2014:168.
❷ 习近平在全国高校思想政治工作会议上强调:把思想政治工作贯穿教育教学全过程 开创我国高等教育事业发展新局面 [N]. 人民日报,2016 – 12 – 09.
❸ 习近平在全国高校思想政治工作会议上强调:把思想政治工作贯穿教育教学全过程 开创我国高等教育事业发展新局面 [N]. 人民日报,2016 – 12 – 09.

98

怀和人文情怀。

立德是育人的本质，树人是育人的根本，"立德"和"树人"本就是一个互为条件、相互统一的教育实践过程。"立德"的指向和价值是为了"树人"，而"树人"的前提和基础是要"立德"。离开"立德"去谈所谓的"树人"，就会偏离和迷失教书育人的正确方向，"树"不起来"人"；同样，离开"树人"空洞地去谈"立德"，就会流于形式，"立"不起来"德"。可见，"立德"和"树人"结合形成的育人体系不仅是对我国数千年教育传统中优秀育人思想的传扬，也是新时代办好中国特色社会主义大学的必由之路。正如习近平总书记在第二十次全国高等学校党的建设工作会议上所指出的那样："高校是教育培养青年人才的重要园地，也是用社会主义核心价值体系武装青年的重要思想阵地。"❶

"立德树人"是党在新的历史阶段对中国特色社会主义教育提出的新理念和新方略，它既是对中华传统文化精华继承的彰显，又是对社会主义教育本质要求的回应，具有特定的科学内涵和理论意蕴。准确把握"立德树人"的科学内涵是解决"培养什么人、怎样培养人、为谁培养人"这一根本教育问题的首要条件。

（二）紧紧抓住"立德树人"的中心工作

百年大计，教育为本；教育大计，德育为本。切实落实"立德树人"根本任务就要紧紧抓住培育和践行社会主义核心价值观这个中心工作，引导广大青年大学生树立正确的世界观、人生观、价值观，使之成为中国特色社会主义事业的合格建设者和可靠接班人，成为实现中华民族伟大梦想的磅礴正能量。

1. 做好理论引领，增强社会主义核心价值观的感召力

社会主义核心价值观是新时代的"德"，《礼记·大学》中云："大学之道，在明明德，在亲民，在止于至善。"那么，高校就应当成为"明明德"的主阵地、先行者和推动者。因此，深入社会主义核心价值观的理论研究、宣传和教育是办好中国特色社会主义大学的首要之"道"。当前，面对世界范围内思想文化交流、交融、交锋形势下价值观较量的新态势，面对改革开放和发展

---

❶　第二十次全国高校党建工作会议在京召开［N］. 人民日报，2012 - 01 - 05.

社会主义市场经济条件下思想意识多元、多样、多变的新特点，高校作为意识形态教育和社会价值引领的重要主体，能否做好理论引领，深入阐释社会主义核心价值观的深刻内涵和实践要求，增强感召力，对于大学生的成长、民族的命运和国家的前途，具有重要的现实意义和深远的历史影响。

做好理论引领，增强社会主义核心价值观的感召力，是高校培育和践行社会主义核心价值观的首要工作。一要发挥高校的科学研究优势。现在大多数高校都拥有一支马克思主义理论教学和研究队伍，要充分信任和发挥这些领域的专家学者的研究专长和优势，支持和引导广大专家学者深入阐释社会主义核心价值观的历史源流、时代背景、现实意义、丰富内涵和实践要求，为培育和践行社会主义核心价值观提供厚实的学理支撑。二要发挥高校的宣传教育特长。高校既有从事思想政治理论课教育教学的教师队伍，又有从事意识形态宣传教育工作的专业人才。思想政治理论课是高校培育和践行社会主义核心价值观的主要渠道和核心课程。思想政治理论课教师要精心组织、认真讲授、悉心指导，深入浅出地讲清楚社会主义核心价值观的基础理论知识，使社会主义核心价值观的基本理念入脑入心、内化于心、外化于行。高校意识形态宣传教育工作者要占领和拓展宣传教育阵地，扩大社会主义核心价值观在学校各层面、各领域的覆盖面和影响力，特别是要发挥网络新媒体的优势，让社会主义核心价值观的正能量直达学生的日常生活，引导青年学生在复杂的社会环境和多元的社会思潮中明辨是非、崇德修身。

2. 强化实践养成，着力引导社会主义核心价值观的培育和践行行动

知行统一是教育的追求，知是前提，行是关键。社会主义核心价值观作为一种社会意识，具有高度的抽象性和概括性。习近平总书记在中共中央政治局第十三次集体学习时强调："一种价值观要真正发挥作用，必须融入社会生活，让人们在实践中感知它、领悟它……在落细、落小、落实上下功夫。"❶实践是检验社会主义核心价值观培育和践行效果的唯一标尺。这也正如习近平总书记所讲："道不可坐论，德不能空谈，于实处用力，从知行合一上下功夫，核心价值观才能内化为人们的精神追求，外化为人们的自觉行动。"❷高

---

❶ 习近平谈治国理政［M］. 北京：外文出版社，2014：165.
❷ 习近平谈治国理政［M］. 北京：外文出版社，2014：173.

校在培育和践行社会主义核心价值观的过程中，要重点抓好实践养成这一关键环节。

高校要通过丰富多彩的培育活动和形式多样的实践行动，让社会主义核心价值观的价值理念日常化、具体化、形象化、生活化，使社会主义核心价值观成为青年学生日常的行为准则，进而形成自觉奉行的信念。一要把思想政治理论课内容延伸到学生的日常生活，让教育内容接地气、有生气，能够指导和帮助学生认识和解决日常生活中的疑惑和问题；二要把显性知识隐化到学生的集体活动中，有目的、有策略、有意义地设计和组织学生的集体活动，让学生通过参与集体活动受到价值观念的熏染，得到道德规范的教化；三要把理论研习拓展到校外实践课程，完善实践课程体系，开发实践活动和实践基地，让学生走出校园、进入社会，去感受和传递社会主义核心价值观的力量。

3. 开展文化熏陶，全面营造社会主义核心价值观的弘扬氛围和知行常态

大学文化在引导人、培养人、塑造人的过程中发挥着举足轻重的作用，它是引导和激励青年学生积极向上、奋发有为的一面旗帜。高校立德树人，以文化人、以文育人，要以社会主义核心价值观为灵魂和纲领，全面营造弘扬、培育和践行社会主义核心价值观的良好氛围和态势。

一要发挥校园文化的熏陶作用。把社会主义核心价值观融入校园文化建设，弘扬主旋律，传播正能量，打造校园文化品牌活动，激励学生崇德向善、见贤思齐，鼓励全校师生积善成德、明德惟馨，培育知荣辱、讲正气、作奉献、促和谐的良好风尚。

二要发挥优秀传统文化的涵育作用。中华优秀传统文化是涵养社会主义核心价值观的重要源泉。高校一方面要加强对中华优秀传统文化经典的学习、宣传和教育，另一方面也要挖掘高校自身的优良传统，利用学校历史、校训文化、大师风范来教育学生尊重历史、尊重传统、爱校爱党爱国。

三要发挥师德文化的感染作用。"老师是学生道德修养的镜子。"❶ 师德对学生道德观、价值观的形成极为重要。高校要加强师德建设，每一位教师都要

---

❶　习近平. 做党和人民满意的好老师——同北京师范大学师生代表座谈时的讲话［N］. 人民日报，2014 – 09 – 10.

做社会主义核心价值观的坚定信仰者和忠实践行者，以高尚的师德文化感染学生、教化学生。

四要发挥先进网络文化的带动作用。网络文化对当代大学生价值观的塑造有着突出的作用，高校要积极引导和管控校园网络舆论，打造传播社会主义核心价值观的网络媒体阵地，为青年学生开创清朗的网络空间，传播主流价值观。

4. 夯实制度保障，确保践履社会主义核心价值观的政策环境和制度支撑

培育和践行社会主义核心价值观，除了要发挥理论教育的涵养作用以及实践行为的塑造作用外，还需要建立健全相关制度，发挥制度机制的刚性约束作用。

一要用制度形式把培育和践行社会主义核心价值观落实到高校的发展规划中，使社会主义核心价值观成为高校改革发展必须遵循的价值理念，形成有利于弘扬、培育和践行社会主义核心价值观的导向机制、熔炼体系与工作队伍。

二要把培育和践行社会主义核心价值观作为建构高校治理模式的重要遵循，融入高校治理的制度建设和实际工作中。社会主义核心价值观要内化为高校兴教办学、治校理政的价值遵循，形成科学有效的权益保障机制、利益协调机制、矛盾调处机制，完善学校的各项规章制度，强化各级规章制度的实施力度，使符合社会主义核心价值观的行为得到鼓励、违背社会主义核心价值观的行为受到制约与惩处。

三要做好思想政治理论课落实立德树人任务、培育和践行社会主义核心价值观的制度安排。通过制度安排，积极推动社会主义核心价值观进教材、进课堂、进头脑。

四要建立社会主义核心价值观宣传教育制度。积极推动学校各级宣传部门、团学组织、社团组织、校园传播媒介等多部门、多渠道，把社会主义核心价值观融入各类实践课程、文体活动，通过精彩的故事、鲜活的语言、丰满的人物、活泼的形式传递真善美，传递积极的人生态度和高尚的道德情操，以高尚的精神塑造人，以优秀的作品鼓舞人。

5. 加强组织建设，健全培育和践行社会主义核心价值观的领导体制和工作机制

培育和践行社会主义核心价值观是强基固本的灵魂工程。高校是弘扬、培育和践行社会主义核心价值观的重要阵地，青年学生是培育和践行社会主义核心价值观的重点人群。高校理应高度重视，以久久为功的韧劲和耐心，保持这项大工程、大战略的连续性和稳定性。

一要完善领导体制和工作机制。高校党委要把社会主义核心价值观建设提上重要议事日程，纳入学校改革发展规划，深入研究中央精神，坚决落实党中央的要求，密切联系学校实际，及时解决工作困难，加强组织领导和工作指导，建立健全党委统一领导、党政分工合作、协调运行的领导体制和工作机制。

二要建立健全工作责任制。高校各相关部门和组织要履好职、尽好责，把社会主义核心价值观建设作为分内之事、分内之责，发挥各自优势，加强协调配合，形成同向、同行的强大正效应。

三要加强督促检查。高校各相关部门和组织要把社会主义核心价值观建设工作纳入工作业绩考核评价体系，建立可靠的评价体系，制定具体可行的考评办法，定期对主要责任单位和责任人进行督促检查，以保证高校培育和践行社会主义核心价值观的战略任务得到有效的贯彻落实。

（三）不断完善"立德树人"根本任务的体制机制

"立德树人"根本任务的落实是一个长期复杂的工程，落实的程度怎么样，发挥的效果怎么样，需要建设和完善科学合理的工作机制来保障。

1. 健全"三全育人"机制

高校落实"立德树人"理念，需要建立起全覆盖的育人模式，即全员育人、全方位育人、全过程育人。全员育人是指以校党委负责人为领导，思政教辅人员为核心，推动各部门各院系各班级的有效贯通和衔接，营造起全员育人氛围；全方位育人是指在教学活动、实践活动及其管理活动中，充分挖掘育人资源，全方位地提升育人效果；全过程育人是指育人工作要贯穿到学生进校入学至毕业离校的全过程，协同学校、家庭和社会，构建起三方面联动的德育机制。

2. 建立"三管理"机制

教育离不开管理，坚持管理育人，要把立德树人理念融入到管理的各个环节。一是融入对学生的行政管理中，特别是在学生的奖助金以及学生的评比奖惩中，要鼓励先进鞭策后进、带动中间、共同进步；二是融入对学生的生活管理中，通过建立良好的生活秩序，解决学生生活上的后顾之忧，引导学生自觉遵守公共生活准则，养成艰苦朴素、先公后私的好作风；三是融入学生的自我管理中，发挥学生会、公寓委员会等学生组织的桥梁和纽带作用，依据学生的需求和愿望，密切配合学校部门在自我管理中实现自我教育。

3. 完善"三评估"机制

要以实现"立德树人"根本任务为目标，规范建立高校质量评估、教师考核评估和学生反馈评估机制。高校质量评估要对整个学校教育体系中突出立德树人根本任务的导向性和影响性进行评估；教师考核评估要把道德品质作为聘用条件和职称评定的评估标准，并且定期进行督查指导，及时处理、清退师德淡漠的人员；学生反馈评估是指要发扬民主精神，通过建立学生参与评估反馈的规章制度，在建言献策中增强学生对学校的认同感、归属感，共同承担建设学校的责任。

"立德树人"就是要解决"培养什么人、怎样培养人、为谁培养人"的重大问题。而立什么"德"、树什么"人"直接关系着对这一重大问题的正确回答。办好中国特色社会主义大学，就是要立"社会主义核心价值观"、树"德智体美全面发展的社会主义建设者和接班人。"落实立德树人根本任务，必须在教书育人的全过程、全方位、各环节积极弘扬、培育和践行社会主义核心价值观。

二、充分发挥思想政治理论课主渠道作用

高校思想政治理论课是落实立德树人根本任务的关键课程，承担着对大学生进行系统的马克思主义理论教育的任务，是对大学生进行思想政治教育的主渠道。习近平总书记在全国高校思想政治工作会议上强调指出："高校思想政治工作关系高校培养什么人、如何培养人以及为谁培养人这个根本问题"，

"要用好课堂教学这个主渠道，思想政治理论课要坚持在改进中加强，提升思想政治教育亲和力和针对性，满足学生成长发展需求和期待。"❶

进入新时代，在社会思想、价值观念多元化的背景下，高校传递社会主义核心价值观和主流意识形态的任务非常艰巨。充分发挥思想政治理论课主渠道作用，是新时代增进高校思想政治工作实效性、培育和践行社会主义核心价值观的内在要求和逻辑主线。如何发挥主渠道作用、增进教学实效性是高校思想政治理论课程建设的核心问题。在全国思想政治理论课教师座谈会上，习近平总书记做出了加强和改进思想政治工作的全新论述，并明确提出了办好思想政治理论课的"六个要"和"八个相统一"。

（一）加快建设一流的马克思主义理论学科

马克思主义理论是高校思政课的核心内容和指导思想，马克思主义理论学科的建设和发展水平，直接关系到高校思政课的科学性、深刻性和解释力。高校思政课必须深深扎根于马克思主义的理论土壤之中，如果偏离了马克思主义理论，它就成了无源之水、无本之木。因此，把马克思主义理论学科放在一个优先发展的战略地位，建设一流的马克思主义理论学科，是新时代增进高校思想政治工作实效性的基础性工程，事关思想政治理论课建设的理论基础和长远发展。习近平总书记指出："始终坚持马克思主义指导地位，大力推进中国特色社会主义学科体系建设，为思政课建设提供了根本保证。"❷

在马克思主义理论学科建设过程中，要高度重视学科建设对思想政治理论课教学的支撑作用，同时也要注重思想政治理论课教学对学科建设的支撑作用，解决教学科研"两张皮"现象，使马克思主义理论学科发展和高校思想政治理论课程建设良性互动，相互支撑。既要使思想政治理论课教学的实践成为马克思主义理论学科建设的指向和动力，又要学科建设成果更好地服务于教学的现实需要和发展要求，提升教学质量，增进高校思想政治理论课的实效性。"我们对共产党执政规律、社会主义建设规律、人类社会发展规律的认识和把握不断深入，开辟了中国特色社会主义理论和实践发展新境界，中国特色

---

❶ 习近平在全国高校思想政治工作会议上强调：把思想政治工作贯穿教育教学全过程　开创我国高等教育事业发展新局面［N］. 人民日报，2016-12-09.

❷ 习近平主持召开学校思想政治理论课教师座谈会［EB/OL］. 人民日报网. 2019-03-19. http：//paper. people. cn/rmrb/html/2019-03/19/nw. D110000renmrb_20190319_2-01. htm.

社会主义取得举世瞩目的成就，中国特色社会主义道路自信、理论自信、制度自信、文化自信不断增强，为思政课建设提供了有力支撑。"❶

（二）不断提升思想政治理论课的思想性、理论性和亲和力、针对性

高校思想政治理论课教学的实效性是思想政治理论课程建设的核心问题。马克思认为，理论只要说服人，就能掌握群众；而理论只要彻底，就能说服人，思想政治理论课就是要"以理服人"，用科学理论培养人，以透彻的学理分析回应大学生，以彻底的思想理论说服大学生，直面各种错误观点和思潮，不断增强中国特色社会主义道路自信、理论自信、制度自信、文化自信。新时代充分发挥思想政治理论课主渠道作用、培育和践行社会主义核心价值观，必须坚持"政治性和学理性相统一、价值性和知识性相统一、建设性和批判性相统一、理论性和实践性相统一、统一性和多样性相统一、主导性和主体性相统一、灌输性和启发性相统一、显性教育和隐性教育相统一"，大力提升思想政治理论课教学的思想性、理论性和亲和力、针对性，用真理的强大力量引导大学生立鸿鹄志、做奋斗者，培养一代又一代的社会主义建设者和接班人。

1. 构建思想政治理论课话语体系

提升思想政治理论课教学的思想性、理论性和亲和力、针对性，增强实效性，不仅要把马克思主义的基本原理、基本方法讲清楚，把人类社会发展的历史必然性、中国特色社会主义的历史必然性讲清楚，把习近平新时代中国特色社会主义思想讲清楚，在讲透理论、展示真理的过程中实现马克思主义的科学性、实践性、人民性、革命性，还要构建思想政治理论课教学的话语体系。

构建贴近学生的思想政治理论课教学话语体系是提升思想性、理论性和亲和力、针对性的重要途径。这就要求在思想政治理论课教学过程中，要善于把教材体系转化为有效的教学体系，善于把教材中的文本话语体系转化为更加贴近学生实际的鲜活的实践性话语，要善于把比较抽象的理论转化为具体、鲜活的生活实践，紧密联系学生生活实际，用学术话语讲政治，传导主流意识形

---

❶ 习近平主持召开学校思想政治理论课教师座谈会［EB/OL］. 人民日报网. 2019 – 03 – 19. http：//paper. people. com. cn/rmrb/html/2019 – 03/19/nw. D110000renmrb_20190319_2 – 01. htm.

态，寓社会主义核心价值观引导于知识传授之中，才能将政治概念导入平实，理论阐释生动，让学生喜闻乐见，做到润物无声。

2. 抓住思想政治理论课教学的针对性和切入点

思想政治工作，从根本上说是做人的工作。坚持以学生为本，从学生出发，尊重学生的认知规律和接受特点，不断满足学生成长发展需求和期待，是做好思想政治工作的立足点和出发点。高校思想政治工作的对象和主体是大学生，其本质是对现实生活中的人的教育。因此，新时代高校思想政治理论课教学必须进一步贴近学生、贴近实际、贴近生活，注重加强学情研究，深入了解大学生的思想特点，把握大学生思想发展动态及现实需求和发展期待，积极回应大学生所关注的现实问题及社会发展过程中的重大理论和现实问题，解决思想疑惑，满足大学生成长发展的需求和期待，才能更好地找准思想政治理论课教学的针对性，增强实效性。

高校思想政治理论课教学并不是一个简单传授知识的过程，而是不断提升知识内容思想性、理论性和亲和力、针对性的过程，是一个"立德树人"的过程。这就要求发挥思想政治理论课主渠道作用，尊重学生的主体性，将学生看成是自我发展与选择的实践主体和能力主体，充分地尊重、了解、关心学生的主体地位和主体意识，在日益多样多变的时代背景和社会环境之中，抓住切入点，引导大学生发现问题、分析问题、思考问题，在不断启发中让大学生水到渠成得出结论，使之成长成才和全面发展。

新时代不断提升思想政治理论课的思想性、理论性和亲和力、针对性必须以坚持习近平总书记对思政课改革创新提出的"八个统一"作为根本遵循，以深刻透彻的思想理论说服学生，用强大的真理力量引导学生思想，以全面准确的学理分析回应学生需求，寓社会主义核心价值观于知识传授之中，不断探索思想政治理论课教学新路径、新方法、新形式和新手段，充分利用和发挥好课堂教学这个主渠道。

（三）以"六个要"标准建设师资队伍

办好思想政治理论课关键在教师，关键在发挥教师的积极性、主动性、创造性。高校思想政治理论课教师队伍是马克思主义理论的学习者、宣传者、研究者和实践者。在高校的思想政治理论课教师队伍建设过程中，一定要按照

"政治要强、情怀要深、思维要新、视野要广、自律要严、人格要正"的标准，坚持德才兼备、以德为先的人才标准，大力加强师风师德建设，提高师资人才队伍的整体素质，培养一支可信、可敬、可靠，乐为、敢为、有为的思想政治理论课教师队伍。这样的教师队伍，才能更好地坚持以高尚的人格感染学生，以丰富的学识涵养学生，以深邃的思想引领学生，更好地担起学生健康成长指导者和引路人的责任，不断增强思想政治理论课教学的实效性。

建设高水平的、有积极性主动性创造性的思想政治理论课教师队伍，是一个复杂的系统工程，必须要进一步加强资源整合，不断完善相关的体制、机制，细化各项制度和标准，构建集教学、科研、培养、管理以及服务为一体的教师队伍人才发展支持体系和建设平台。要采取多种方式、途径和手段，不断促进教师教学水平与科研能力的提高，建设优秀教学科研团队，使思想政治理论课教师工作有条件、干事有平台、发展有空间，不断增强责任感和归属感，同时还要为青年教师的成长发展创造更好的条件、空间和机会。

（四）推动思想政治理论课教学与信息技术的高度融合

随着现代信息技术的快速发展，信息技术成了推动高校思想政治工作发展变革的重要工具和手段。在信息化条件下，网络成为思想政治工作和意识形态斗争的又一个重要阵地，"谁赢得了互联网，谁就赢得了青年"。因此在新形势下，广大的思想政治理论课教师必须充分认识信息技术革命所带来的机遇和挑战，增强历史使命感、责任感和紧迫感，奋力跟上时代和技术进步的新变化，主动掌握和善于运用各种新媒体新技术，推动思想政治理论课教学工作传统优势同信息技术的高度融合，增强新时代高校思想政治理论课的时代感和吸引力。

信息技术的发展不仅使高校思想政治理论课教学获得新技术的支持，而且必将推动新的教育理念和教学模式的出现，推动思想政治理论课教学与信息技术的高度融合。思想政治理论课教师首先要深入研究和把握网络信息条件下思想政治教育教学工作的新特点、新规律，利用信息技术更好地把思想政治理论课的思想性、知识性和时代感结合起来，进一步提升思想政治理论课教学的生动性、灵活性、针对性和实效性，丰富和拓展思想政治理论课的育人空间。

青年大学生是国家的未来，其思想意识状态、价值观念倾向对国家和民族的繁荣发展具有重要影响。高校思想政治理论课在引导大学生形成主流意识形态、价值观的过程中发挥了重要作用，直接关系到培养什么人、如何培养人以及为谁培养人这个根本问题。新时代高校充分发挥思想政治理论课主渠道作用是一个系统工程，不仅需要课堂教学的守正创新，还需要健全教材、开齐课程、给足课时、配齐师生比等制度性保障，始终筑牢学校这个"主阵地"、守住课堂教学"主渠道"，真正把思想政治理论课建设成学生真心喜爱、终身受益的优秀课程和培育社会主义核心价值观的"主战场"。

三、深入挖掘课程思政的内在意蕴

新时代高校实现立德树人根本任务、培育大学生社会主义核心价值观是一项系统工程，需要多方发力、协同配合，形成立体化的育人体系。正如习近平总书记在全国高校思想政治工作会议上指出的："要用好课堂教学这个主渠道，思想政治理论课要坚持在改进中加强，提升思想政治教育亲和力和针对性，满足学生成长发展需求和期待，其他各门课都要守好一段渠、种好责任田，使各类课程与思想政治理论课同向同行，形成协同效应。"[1] 习近平总书记在全国思想政治理论课教师座谈会上进一步指出："要坚持显性教育和隐性教育相统一，挖掘其他课程和教学方式中蕴含的思想政治教育资源，实现全员全程全方位育人。"[2] 鉴于此，新时代高校要努力构建课程思政的育人大格局，在筑牢思政课程主渠道主阵地作用的基础上，推动课程思政广覆盖，挖掘专业课程中蕴含的思想政治教育资源，赋予专业课程价值引领的重任，推动思政课程与课程思政如鸟之两翼、车之双轮协调前行，增进"立德树人"的成效。

人才培养是育人和育才相统一的过程。"立德"先"树人"，"育才"先"育人"，注重传道授业解惑、育人育才的有机统一一直是我国教育的优良传统。新时代高校落实立德树人根本任务，必须将思想价值塑造、知识技能传授和素质能力培养三者融为一体，不可割裂。深入挖掘课程思政的内在意蕴就是要寓价值观引导于知识传授和能力培养之中，帮助学生塑造正确的世界观、人生观、价值观，发挥出专业课程的"育人"功效。2020 年 5 月，教育部制定

---

❶　习近平在全国高校思想政治工作会议上强调：把思想政治工作贯穿教育教学全过程　开创我国高等教育事业发展新局面［N］. 人民日报，2016 – 12 – 09.

❷　习近平主持召开学校思想政治理论课教师座谈会［EB/OL］. 人民日报网. 2019 – 03 – 19. http：//paper. people. com. cn/rmrb/html/2019 – 03/19/nw. D110000renmrb_20190319_2 – 01. htm.

和颁布了《高等学校课程思政建设指导纲要》（以下简称《纲要》），这为把思想政治教育贯穿人才培养体系、全面推进高校课程思政建设、发挥好每门课程的育人作用提供了全面的指导。

（一）深入挖掘各类课程的思想政治教育元素

课程思政是依托、借助于专业课程而进行的思想政治教育实践活动，是将思想政治教育寓于专业知识传授过程中的活动。课程思政是高校立德树人的突破口和新抓手，有助于帮助学生解答思想困惑、价值困惑、情感困惑，激发其为国家学习、为民族学习的热情和动力，帮助其在创造社会价值过程中明确自身价值和社会定位。

专业知识本身具有明显的价值倾向、家国情怀等，蕴含着丰富的思想政治教育元素。深入挖掘这些元素，并进一步拓展和开发融入课程内容，能够实现春风化雨、润物无声的效果。因此，专业课程教师应当具有正确的政治立场和坚定的政治意识，履行好教书育人的岗位初心，在知识传授中应注重主流价值观引领。主动承担起培养社会主义建设者和接班人的时代重任。

1. 抓好"课程"与"思政"的有机融入

课程思政不是简单的"课程"加"思政"，不是在专业课程中剥出几节课时讲授思政内容。"思政"与"课程"的关系，应当是"如春在花、如盐化水"，而非"眼中金屑、米中掺沙"。要避免将德育内容生硬楔入专业课程的倾向，使专业课上出"思政味"，甚至"课程思政化"，过犹不及的效果可想而知。"课程"与"思政"不应该是机械组合，而应该是有机融合、相互促进、协调发展。

意识形态教育和社会主义核心价值观培育，是课程思政最为基本的两个维度。专业课程教学过程中不宜硬性灌输，生硬地直接给出结论，而应由近及远、由表及里、引人入胜地引导学生理解人类社会发展规律、趋势和国家历史演进及取得的历史性成就，应在有说服力的历史事实、真实数据和社会调查基础上，把共产主义理想信念、家国情怀和主流价值观自然渗入课程的方方面面。

2. 明确融入"课程"的"思政"内容重点

深入挖掘各类课程的思想政治教育元素，必须把握融入"课程"的"思政"内容重点，抓住思想政治教育的主线，提升课程思政的"育人"成效。《纲要》明确提出："要紧紧围绕坚定学生理想信念，以爱党、爱国、爱社会主义、爱人民、爱集体为主线，围绕政治认同、家国情怀、文化素养、宪法法治意识、道德修养等重点优化课程思政内容供给，系统进行中国特色社会主义和中国梦教育、社会主义核心价值观教育、法治教育、劳动教育、心理健康教育、中华优秀传统文化教育。"

此外，深入挖掘各类课程的思想政治教育元素，必须坚持显性教育和隐性教育相统一，将显性的"思政课程"与隐性的"课程思政"影响结合起来，将"漫灌"与"滴灌"结合起来，实现"课程思政"和"思政课程"的有机结合，使"课程思政"以"浸润"的方式来确认、支撑和固化"思政课程"灌输的内容，实现各类课程与思想政治理论课同向同行，形成新时代高校培育和践行社会主义核心价值观的育人大格局。

（二）提升教师的课程思政意识和能力

习近平总书记指出："合格的老师首先应该是道德上的合格者，好老师首先应该是以德施教、以德立身的楷模。师者为师亦为范，学高为师，德高为范。老师是学生道德修养的镜子。"❶《纲要》指出："全面推进课程思政建设，教师是关键。"教师的课程思政意识和能力直接关系人才培养的质量和效果。

课程思政意识是指教师在各专业教学活动中应主动关注思想政治教育资源，把握思想政治教育时机，塑造大学生政治信仰、培育大学生社会主义核心价值观的意识。教师是课程的实施者，是教学实践的主体。专业教师是否具有并践行课程思政的新理念，适应新时代课程思政的新要求，是能否构建高校育人大格局的关键。提升教师的课程思政意识，就是要紧紧抓住教师队伍"主力军"、课堂教学"主渠道"，实现"育人"与"育才"的统一，提升专业课教师承担好育人责任，守好一段渠、种好责任田的意识，摒弃对育人"事不关己"的态度。

课程思政能力是指专业课教师在培养学生思想政治的过程中应具备的技能。教师的工作不仅是传播知识、传播思想、传播真理，更重要的是塑造灵

---

❶ 习近平. 做党和人民满意的好老师——同北京师范大学师生代表座谈时的讲话［N］. 人民日报，2014 – 09 – 10.

魂、塑造品行、塑造人格。在当今的社会环境和复杂的国际形势下，提升教师的课程思政能力，就是要求专业课教师要针对青年大学生成长特点，聚焦大学生思想关切，着眼于大学生马克思主义信仰的熏陶濡染和社会主义核心价值观的培育，加强正面引导、深入解疑释惑，努力把思想性、理论性、知识性与教学方式上的可接受性有机结合起来，不断增强课程思政的亲和力、感染力。

提升教师的课程思政意识和能力，不仅要依靠专业课教师的自我修炼和提升，也离不开系统的专题培训。对此，《纲要》提出："依托高校教师网络培训中心、教师教学发展中心等，深入开展马克思主义政治经济学、马克思主义新闻观、中国特色社会主义法治理论、法律职业伦理、工程伦理、医学人文教育等专题培训。支持高校将课程思政纳入教师岗前培训、在岗培训和师德师风、教学能力专题培训等。"

同时，课程思政意识和能力的提升，不能简单地理解为针对的是各专业课教师，它同样也适用于思想政治理论课教师，要促使课程思政的理念形成广泛共识。因此，思想政治理论课教师要积极与专业课教师合作教学教研，形成良性互动，营造课程思政的良好氛围和实施环境，筑牢社会主义核心价值观的"主阵地"，发挥出"主渠道"作用。

（三）改进课程思政的评价机制

课程思政要构建的是这样一个人才培养蓝图，通过深化课程目标、内容、结构、模式等方面的改革，把政治认同、国家意识、文化自信、人格养成等思想政治教育导向与各类课程固有的知识、技能传授有机融合，实现显性与隐性教育的有机结合，促进学生的自由全面发展，充分发挥人才培养的作用。因此，人才培养效果是课程思政评价的首要标准。

《纲要》提出：建立健全多维度的课程思政建设成效考核评价体系和监督检查机制，在各类考核评估评价工作和深化高校教育教学改革中落细落实。充分发挥各级各类教学指导委员会、学科评议组、专业学位教育指导委员会、行业职业教育教学指导委员会等专家组织作用，研究制订科学多元的课程思政评价标准。把课程思政建设成效作为"双一流"建设监测与成效评价、学科评估、本科教学评估、一流专业和一流课程建设、专业认证、"双高计划"评价、高校或院系教学绩效考核等的重要内容。把教师参与课程思政建设情况和教学效果作为教师考核评价、岗位聘用、评优奖励、选拔培训的重要内容。在教学成果奖、教材奖等各类成果的表彰奖励工作中，突出课程思政要求，加大对课程思政建设优秀成果的支持力度。

由于长期以来唯数量化的评价导向，对专业课程的评价主要侧重于采用调查问卷、统计分析等方法，就专业论专业，评价标准单一。这种简单单一的评价机制对于当前课程思政过于狭隘，难以激发专业课教师的积极性、主动性和创造性。就课程思政评价的本身而言，需要将学生的认知、情感、价值观等内容纳入其中，体现评价的人文性、多元性。为此，应逐步将客观量化评价与主观效度检验结合起来，综合采用结果评价、过程评价、动态评价等方式，制定出更为精细和系统的评价指标，充分及时反映学生成长成才情况，反映课程中知识传授与价值引领的结合程度，用多元评价体现课程效果，以科学评价提升教学效果。因此，要认真贯彻落实《纲要》各项要求，回归教育的本质和初心，为推进课程思政营造良好的制度环境。

（四）加强课程思政的科学规划和支撑保障

课程思政强调将思想政治工作贯穿学科体系、专业体系、教材体系、管理机制体系之中，在传授课程知识的基础上引导学生将所学到的知识和技能转化为内在德性和素养，注重将学生个人发展与社会发展、国家发展结合起来。因此，要加强顶层设计、全面规划、循序渐进、以点带面，不断提高教学效果。

高校课程思政要融入课堂教学建设，作为课程设置、教学大纲核准和教案评价的重要内容，落实到课程目标设计、教学大纲修订、教材编审选用、教案课件编写各方面，贯穿课堂授课、教学研讨、实验实训、作业论文各环节。要讲好用好"马工程"重点教材，推进教材内容进人才培养方案、进教案课件、进考试。要创新课堂教学模式，推进现代信息技术在课程思政教学中的应用，激发学生学习兴趣，引导学生深入思考。要健全高校课堂教学管理体系，改进课堂教学过程管理，提高课程思政内涵融入课堂教学的水平。

课程思政的提出是时代发展的要求，是推进高校"大思政"建设、提升"立德树人"成效的重点，其意义是显而易见的。作为一项宏大的系统工程。课程思政涉及高等教育的各主体和全过程，特别是在对高校人才培养提出更高要求的同时，也需要加强对其的支持保障，实现育人成效。《纲要》指出：各地教育部门要加强政策协调配套，统筹地方财政高等教育资金和中央支持地方高校改革发展资金，支持高校推进课程思政建设。中央部门所属高校要统筹利用中央高校教育教学改革专项等中央高校预算拨款和其他各类资源，结合学校实际，支持课程思政建设工作。地方高校要根据自身建设计划，统筹各类资源，加大对课程思政建设的投入力度。

深入挖掘课程思政的内在意蕴，就是要不断挖掘各类课程和教学方式中蕴含的思想政治教育资源，使各类课程与思政课程同向同行，形成协同效应，构建全员全程全方位育人大格局，营造培育和践行社会主义核心价值观的良好氛围，全面提高人才培养质量，引导广大青年大学生成长为德智体美劳全面发展的社会主义建设者和接班人。

四、真正实现校园文化的价值导向功能

高校是青年大学生学习和生活的重要场所，是培育和践行社会主义核心价值观的主要基地和核心场域。新时代高校构建全员全程全方位的育人大格局，实现大学生社会主义核心价值观培育的立体化，必须要高度重视和加强校园文化的价值导向功能，推进校园文化建设，习近平总书记在全国高校思想政治工作会议上指出："要更加注重以文化人、以文育人，广泛开展文明校园创建，开展形式多样、健康向上、格调高雅的校园文化活动，广泛开展各类社会实践。"❶ 践行以文化人、以文育人，实现校园文化的价值导向功能必须要坚持社会主义核心价值观的统领与结合、挖掘开发校园文化资源、创新丰富校园文化活动、加强提升校园网络文化建设。

（一）坚持社会主义核心价值观的统领与结合

文化是一定社会的经济和政治在观念形态上的反映，是人类社会历史发展的积淀和产物，它既是一种社会生活方式，又是一种精神价值体系，它既包括世界观、人生观、价值观等具有意识形态性质的部分，又包括自然科学和技术、语言和文字等非意识形态的部分。其中，价值观本质上是文化的灵魂和核心，深藏于文化之中，决定着文化的基质和底色。文化是价值观的外在表现形式和传播载体。可见，文化为人们的行动提供方向和可供选择的方式。通过文

---

❶ 习近平在全国高校思想政治工作会议上强调：把思想政治工作贯穿教育教学全过程 开创我国高等教育事业发展新局面 [N]. 人民日报，2016 – 12 – 09.

化共享，人们可以评判自己的何种行为在对方或社会看来是有价值的、可以引起积极回应的，并倾向于选择有效的行动，这就是文化的价值导向作用。

进入新时代，世情、国情、社情都发生了复杂的变化，环境更加复杂。特别是社会思想呈现出多样化的发展，大学生的价值观也呈现出多元化、复杂化、世俗化等特点。因此，牢牢把握校园文化正确方向，以积极向上的校园文化来引领、规范大学生的日常行为，在当前有很大的指导作用和现实意义。

1. 社会主义核心价值观是校园文化价值追求的"最大公约数"

社会主义核心价值观凝结着全体人民共同的价值追求，体现了各民族、各地区的文化的内在要求，是中华民族赖以维系的精神纽带，是我们共同的思想道德基础。社会主义核心价值观能够匡正人们价值观和思想的偏差，能够在复杂的环境中、多元文化发展中指引前进的道路，在实践和认知中提升人们的认知能力和精神境界。这也决定了校园文化建设需要社会主义核心价值观的引导。

当今社会传统与现代、东方与西方的思想、文化、价值激烈碰撞，而高校是各类思想文化碰撞的激烈地带。我国是转型中的发展中国家，话语权主要掌握在西方发达国家手中，西方的价值观、思想文化不断渗入我国，不可避免地会冲击到高校教育工作者和大学生的马克思主义信仰。可见，社会主义核心价值观是办好新时代社会主义大学的思想保障，这也进一步凸显出校园文化建设价值导向的必要性和紧迫性。

校园文化是拓展和延伸教育教学成果的有效手段，是实现以德树人教育功能的重要载体，是潜移默化的隐性教育资源。社会主义核心价值观是国家、社会和个人价值的"最大公约数"，和校园文化价值导向作用的目标是一致的。因此，用社会主义核心价值观统领高校校园文化，构建一种集合道德、知识、体育、技能、美育、情商等多重教育功能于一体的校园文化，对大学生的成长成才具有十分重要的现实意义。

2. 社会主义核心价值观需要借助校园文化传播

社会主义核心价值观是中国特色社会主义发展到一定阶段凝练出来的，高校校园文化是社会亚文化。二者相互依存、共同发展。社会主义核心价值观的高度凝练性和引领性决定了其能够统领高校校园文化的发展，而高校校园文化的生动性、丰富性决定了其能够丰富和发展社会主义核心价值观。所以，社会主义核心价值观需要借助高校校园文化，才能有效传播，实现对大学生润物无声的隐性教育，引导大学生确立正确的世界观、人生观、价值观。

社会主义核心价值观与高校校园文化建设之间具有天然的契合性，两者的结合既能够让社会主义核心价值观有效地传播，又能够完善高校校园文化建设，让高校校园文化更具内涵，更具育人功用。

（二）挖掘开发校园文化资源

坚持社会主义核心价值观对校园文化的统领与融入是实现校园文化价值导向功能的基本条件，但真正让大学生感到如沐春风的校园文化，不是社会主义核心价值观简单的统领、生硬的融入，而是要结合高校自身的文化资源，形成具有自身特色的、让大学生倍感亲切、真心接受、喜爱的校园文化，这样，才能更好地实现其价值导向功能。

1. 深入挖掘高校自身优良文化

从其定义来讲，校园文化是指一所学校经过长期发展积淀而形成共识的一种价值体系，即价值观念、办学思想、群体意识、行为规范等。一般来说，校园文化包含学校观念文化、学校制度文化、学校行为文化、学校环境文化四个层面。这也要求校园文化在社会主义核心价值观统领的同时，要深入挖掘自身优良文化。而不是为追赶时髦、迎接检查而开展的，否则，只能是事倍功半，甚至会引起大学生的抵触反感。所以，高校要结合自身实际，继承宣扬"校训"、倡导发扬"校风"、强化塑造"学风"、打造典型"班风"，并赋予校园文化时代的创新气息，更加贴近大学生生活实际。这样，校园文化才能在大学生爱校爱师爱学的引领中，把培育和践行社会主义核心价值观落实落细落小，真正实现校园文化的价值导向功能。

2. 充分开发高校自身的文化环境

校园文化是一所学校的办学精神与环境氛围的集中体现，一定程度上，可以说是学校软件硬件的结合。可见，实现校园文化的价值导向功能同样离不开校园物质环境的帮衬，因此，高校要结合自身实际，将社会主义核心价值观融入物质环境建设中，让一草一木、一砖一瓦都蕴含着核心价值观的内涵，让大学生在耳濡目染中感受核心价值观的熏陶和启迪，提升对真善美及学术知识的崇尚敬仰，提升对良好品德的追求。

（三）创新丰富校园文化活动

校园文化活动是校园文化中非常突出、活跃的因子，它能够充分发挥大学生的积极性、主动性和创造性，让大学生在组织生活和人际交往中践行社会主义核心价值观，可以说是大学生社会主义核心价值观实践转化的重要平台。因此，新时代高校要创新性地开展全方位、多层次的校园文化活动，提高社会主义核心价值观教育的实效性和针对性。

1. 全方位创新校园文化活动

校园文化活动的开展要有吸引力，重点要实现内容创新，既要继承传统，又要与时俱进，要注重将优秀的民族传统文化与现代社会主义先进文明融会贯通，培育富有时代感的校园文化，打造具有自身特色的品牌文化活动，形成品牌效应。

高校校园文化活动要实现主体的创新。维护大学生在校园文化活动中的主体权利，激发大学生在校园文化建设中的创新意识，因此，高校应充分调动大学生对校园文化活动的关注度与参与度，鼓励大学生积极参与校园文化活动的策划环节，在大学生自我管理和自我服务中完善校园文化活动，提升活动质量和效果，使大学生在活动中锻炼自我，实现校园文化活动的教育目的。

2. 丰富校园文化活动的载体形式

丰富校园文化活动的载体形式要打好传统媒介和网络媒体两张牌。对于传统媒介来说，在大学生广泛参与的重大事件、传统节庆日等活动中，高校要充分运用校报、校内广播以及学校出版社等各种媒介进行社会主义核心价值观的弘扬。重视现代网络媒体对青年学生的影响和吸引，如今互联网、微博、微信等网络工具已成流行应用趋势，要充分利用网络媒体的优势，健全校园网络建设，提高校园网络的组织性和规范性，通过建立校园资讯平台、网络图书馆和校园微信公众平台，提高校园网络的吸引力，努力让校园网成为大学生生活的重要组成部分，并通过校园网络无形地向大学生输送社会主义核心价值观。

（四） 加强提升校园网络文化建设

网络媒体传播具有及时性、超时空性和丰富性等特征，是现代人生活的重要组成部分。大学生是网络媒体使用的重要群体，网络媒体为大学生学习、交流、表达思想、娱乐、消费和创业等提供了便捷平台，深受大学生喜爱。在当今网络时代，网络展现出了巨大的传播影响力。网络上充斥的垃圾内容给大学生带来严重的不良影响，成为影响大学生健康成长的最重要因素。同时，网络也是传递社会主义核心价值观的重要平台。

新时代高校要正确认知网络文化对校园文化的双重影响，突破传统校园文化的局限，加强提升校园网络文化建设，使网络文化对校园文化活动发挥积极作用。一方面要制定刚性的制度，规范大学生的网络行为；另一方面要加强网络法治、网络道德教育，引导大学生自觉抵制网络中的多元和低品质信息，在纷繁复杂的网络环境中坚守信念，积极弘扬主旋律，传播正能量。

培育和践行社会主义核心价值观是校园文化的根本所在，也是办好社会主义大学的基本标准。校园文化是一个复杂系统，其工作涵盖内容多，影响面广，是一项涉及学校各部门、各院（系）的系统工程，因此，要把校园文化建设纳入落实立德树人和学校发展的总体规划中，举全校之力，同心协作，营造具有时代特征和学校特色的良好校园风气，形成育人大格局，才能真正实现校园文化的价值导向功能。

五、不断凸显大学生创新创业教育的价值追求

大学生创新创业教育是高校教学和实践体系中的重要一环，是新时代落实"立德树人"根本任务的客观要求。开展大学生创新创业教育，培养大学生的创新精神、创业意识和创业能力，不仅是新时代高校积极响应国家政策服务经济社会发展需要的重要举措，更是进一步落实高等教育"立德树人"根本任务、促进大学生成长成才、提升高校人才培养质量的关键。可见，大学生创新创业教育要紧紧围绕着人的价值、社会价值与国家价值，弘扬改革创新的时代精神，以正确的价值观引导大学生的创新创业行为，培养社会主义合格建设者和可靠接班人。

（一）大学生创新创业教育的价值

我国大学生创新创业教育可追溯于到 20 世纪 90 年代初，随着高新技术产业区的起步与发展，部分高校基于服务高新技术创新创业的需要，在课程中讲授与创新创业相关的内容。❶ 紧随其后，一部分大学开始设置创业类课程。进入新世纪以来，教育部开始在部分高校开展创新创业教育试点，全国及省市大学生创新创业大赛如雨后春笋，迅速发展起来。

伴随经济和社会的发展，供给侧结构性改革、产业升级，企业提质增效，特别是新发展理念引领下带来市场对创新型人才的渴求，创业成为越来越多大学生的就业选择。在此背景下，我国对创新创业教育更为重视，提升至国家战略需要的高度。在这个过程中，国家印发了一系列文件促进大学生创新创业，如 2015 年 5 月，国务院办公厅印发《关于深化高等学校创新创业教育改革的实施意见》，明确提出，大学生创新创业教育是推动"以大众创业、万众创新拓展就业空间"的重要举措；2019 年 7 月，教育部印发《国家级大学生创新创业训练计划管理办法》的通知，在通知中提出，请各地各高校秉承"兴趣驱动、自主实践、重在过程"的原则，深化高校创新创业教育教学改革，加强大学生创新创业能力培养，全面提高人才培养质量。这体现出创新创业教育已成为高校教学和实践环节中必不可少的环节，培养出优秀的创新创业人才，直接关系到高校培养社会主义建设者和接班人根本任务的落实，也直接关系到社会主义现代化强国的建设。

1. 个人价值：全面发展

教育的根本目是实现人的全面发展和全面成才。大学生创新创业教育是以培养大学生创新精神、创业意识和创新创业能力来促进大学生全面发展和全面成才的。创新创业意识与能力是人的全面发展的重要内容，也是社会主义合格建设者和可靠接班人基本素质的重要组成部分，体现着社会财富创造与大学生自我价值实现的高度统一。大学生创新创业教育虽然并非要求每一个大学生都成为创业者，但也不是对大学生中少数人的教育，因此，创新创业教育要着眼于大学生的全面发展和全面成才，将其真正作为促进大学生素质全面提高的助推器。

---

❶ 雷家啸. 我国大学创业教育现状及应做的调整［J］. 青年探索，2011（1）.

创新创业意识与能力的形成是一个长期培养、熏陶和积淀的过程，创新创业教育与实践均是培养大学生创新精神、创业意识和创新创业能力的重要环节和有效途径。高校大学生创新创业教育要结合学校实际和专业特点，瞄准学生成长和发展需要，充分利用现代教育技术手段，使课上课下、线上线下、理论和实际紧密结合，使认知、体验、思考和感悟相统一，使创新创业教育惠及每一名学生，在推进大学生创新创业实践的进程中，帮助、指导学生正确分析创新创业环境，结合学生自身特点和意愿，有针对性地给予教育、帮助和服务。对于自身确实不具有或者尚不具有创新创业条件和意愿的学生，不能不加分析、不加选择地引导、要求其进入到创新创业实践的队伍中来。对于适于创业实践的学生，要有效教育、引领，切实给予创业实践所需要的帮助和服务，使其努力在创新创业实践中有所作为。

2. 社会价值：生产发展

人是生产力中最活跃的因素，而创新又是引领发展的第一动力。大学生创新创业是培育与催生经济社会发展的重要动力，是发展的动力之源和推动经济结构调整的新引擎。人作为生产力中最为活跃的因素，是生产力的构成主体。当人具有积极性和创造性时，能够积极投入提升生产力的实践过程。大学生创新创业教育注重培养大学生的创新精神、创业意识及能力，可以有效推动"大众创业、万众创新"的深入发展，产生推动经济发展最直接的动力。

大学生创新创业教育可以充分鼓励大学生弘扬改革创新的时代精神，挖掘其自身潜力，同时又促进其个性的健康发展。在一定程度上，可以改变大学生传统固有思维方式下的择业观，真正独立思考适合自己兴趣、能力、价值观的未来职业发展方式，增强社会的活力。当然，并不是每个大学生毕业后都要去创办自己的企业，但大学生创新创业能力的培养可以帮助他们更好地就业，可以使他们在今后的职业生涯中取得更大的成功，从而提升社会资源的利用效率，促进经济社会健康持续发展。

大学生就业率的稳定与增长对促进社会生产发展及稳定有重大意义，当前，大学生就业难已经引起学校、家庭、政府等多方面的重视。开展大学生创新创业研究和教育可以以创业促就业，减轻大学生就业问题对社会的压力。但是，如果仅仅将缓解就业压力、提升就业率作为对大学生进行创新创业教育的目标，简单地将创业教育理解为教育大学生创业是替代求职就业、人人都可以开办企业成为企业家，是曲解了大学生创新创业教育的应有之义。

3. 国家价值：创新强国

改革开放以来，我国的经济、社会发展取得了举世瞩目的成绩，在经济实力和综合国力上都处于世界前列，在诸多方面和发达国家的差距已越来越小，在部分技术领域已达到世界领先水平。无可讳言，这和我国对发达国家先进的科学技术和管理经验的学习和吸收是分不开的。但我们要建成社会主义现代化强国，实现中华民族伟大复兴，则不能一味地学习、吸收、引进，而要更多地依靠我们的自主创新，特别是在一些关键技术领域，我们还处在被"卡脖子"的地位。

我国要清醒地认识到这一点，对此，党和政府提出了建设创新型国家的战略决策，并把它作为我们的基本国策，实施创新驱动战略。建设创新型国家、实施创新驱动战略都离不开创新型人才的培养。可见，大学生创新创业教育绝不是权宜之计，也绝不是锦上添花之举。有效开展大学生创新创业教育是建设创新型国家、国家创新驱动发展战略落地的基础性环节，因此，新时代高校要从国家可持续发展的角度、从推动中国梦实现的高度认识大学生创新创业教育的重要性和迫切性。

（二）加强大学生创新创业的价值引领

作为能够担当民族复兴大任的时代新人，大学生应当牢固树立中国特色社会主义理想，确立正确的世界观、人生观、价值观，并以正确的价值引领在服务社会的过程中实现人生价值。育人为本、德育为先，立德树人是教育的根本任务和对教育的必然要求。大学生创新创业教育是培养社会主义建设者和接班人的有效途径，更应凸显大学生对创新创业的价值认知和追求。全程融入思想政治教育，培育大学生社会主义核心价值观，加强大学生创新创业的价值引领。

1. 以社会主义核心价值观引领大学生创新创业目标

高校大学生创新创业教育过程中，加强价值观教育与引导就是其中的重要一环。大学生创新创业过程在很大程度上是在理念中接受新鲜事物的过程，是在激烈的竞争中力求脱颖而出的过程，在这个过程中，容易被形形色色、来自各种渠道的信息所影响，甚至产生理想缺失、道德迷茫的情况。高校要以社会主义核心价值观引领新时代大学生创新创业的目标，教育大学生以奉献社会、服务人民为出发点和落脚点；引导大学生心中怀有强国梦，以建设富强、民主、文明、和谐的社会主义现代化国家为己任；教育大学生担当起作为一名合格社会成员的社会责任，以自身实际行动推动社会的自由、平等、公正、法治氛围的形成；引领大学生不断提升自身职业素养，在创新创业过程中真正践行爱国、敬业、诚信、友善的社会主义核心价值观个人层面的倡导及要求。

今日之中国经济飞速发展、社会迅速转型的同时，人们以往所恪守的价值准则会受到巨大冲击，导致价值观趋向多元化。因此，思想政治教育要通过培育和践行社会主义核心价值观，传导正向的社会政治理念、价值准则、行为规范，使大学生对社会主义核心价值观产生认同，实际解决受教育者在思想认知领域的问题，在全社会形成共同的指导思想，才能深入推进大学生创新创业教育，激发起大学生勇于挑战新事物的潜能，增强不断改革创新的能力和本领，培养一批又一批担当民族复兴大任的时代新人。

2. 塑造大学生理想信念、培养法治意识与道德观念

思想政治教育立足于塑造人的理想信念，有助于将个人的创新热情、创业理性与远大的理想结合起来，在实现社会价值的同时实现个人价值。创新精神所需要的是坚定的理想信念，这种理想信念并非仅仅是对于创新创业行动的自信和对创新创业目标的追求，更应将其上升为爱国热情和社会责任。大学生创新创业教育的成效不能简单地用创新创业指标、经济指标去衡量，如果单纯追求物质财富，就会将创新创业行动物质庸俗化、功利化；如果将财富多寡、利润高低作为评判自我价值、职业价值、成功与否的唯一标准，就会影响创业过程和人生选择中的决策，将创新创业行动引向歧路。爱国主义、正确的义利观、强烈的责任感和担当精神、诚信意识是理想信念的重要组成部分，坚定的理想信念是创新精神的导向。

因此，新时代高校应以思想政治教育为纲，在创新创业教育的课堂中融入思想政治教育，从心理学、组织行为学、管理学的视角，使大学生树立坚定的理想信念、塑造健康的心理素质和为社会承担责任的公民意识，将创新创业的个体目标与建设伟大富强的祖国、实现中华民族伟大复兴的中国梦密切结合起来，使大学生形成积极的世界观、人生观、价值观，真正认识到自己是伟大时

代的开拓者和建设者，认识到自己所肩负的历史使命，成长为担当民族复兴大任的时代新人。

创新创业行动需要在社会大环境中逐步展开，良好的道德观念和职业操守是稳定、促进社会发展的重要基础，诚实守信、承担应有责任、公平竞争等，是应当遵守的公序良俗和道德原则。因此，创新创业教育要融入思想政治教育，塑造大学生的道德力量。道德是激发人的积极性、创造性的重要因素。在没有市场调节、没有政府调节的时候，道德力量是唯一的调节式；有了市场调节和政府调节，同样需要道德力量的调节。市场调节下，没有道德力量做支撑，整个市场调节是乱的；政府调节下，如果没有道德力量做支撑，政府调节是低效率的。可见，大学生创新创业教育中的思想政治教育，有助于塑造受教育者完整、健康的人格，产生推动经济发展最直接的动力。

大学生创新创业行动应在法治环境下约束自己，在遭遇侵权时懂得运用法治手段而非其他手段维护合法权益。思想政治教育在大学生创新创业教育中具有规范认知、态度、行为的作用，通过价值引领，使大学生的认知、态度与行为内化为符合社会要求的、创新创业所必需的价值追求、法治意识与道德观念，将更好地实现创新创业教育的目标，培养出具有坚定理想信念、强烈法治意识、高尚品德的创新型人才。

3. 增强大学生职业素养和心理素质

职业素养与强大的心理素质，是成功的创业者所必备的心理要素。在经济飞速发展带来竞争日趋激烈、青年大学生的个人价值观尚未完全成熟的背景下，部分大学生在具备较强进取精神、竞争意识的同时，又有受到外界影响而功利化、责任意识相对较弱的特点。

良好的职业素养是思想道德素质的重要组成部分，人的一生，大部分时间与其从事的劳动，即与职业相伴度过。当从事一个行业、一项职业时，必须要遵守该领域的职业操守，以公平竞争作为准则，承担职业所赋予的社会责任。良好的职业素养是一个长期培养的过程，也是思想政治教育所要实现的目标。

创新创业教育的广泛性与持续性决定了现阶段创新创业教育的核心是创新精神的培养。创业精神包括创业需求、冲动、冒险、耐性、抗挫折等心理素质。但创新创业的过程需要根据实际所处的环境与条件的变化不断调适心理素质，需要创业者具备自信、合作、坚忍不拔的毅力，积极进取、敢于拼搏的精神。思想道德教育要从正向、积极的角度激励人的精神力量，建构、巩固人的思想，对个人心理素质的增强产生明显的效果。这种精神力量有助于大学生根据现实情况不断增强心理素质，学会承受压力、接受失败、调整步伐，积极应对可能出现的变化，不因失败而一蹶不振，为实现目标找到灵活的路径，为成功做好积极的准备。

同时，思想政治教育融入创新创业的时代元素，激发大学生的创造力和主观能动性。将这种精神力量辐射至受教育者的家庭，使受教育者的父母家人成为创新创业教育的理解者、支持者和鼓励者，通过各方的共同努力，建立有利于创新创业的社会环境，将更好地促进创新创业教育达成实效。

综上所述，大学生创新创业教育是将个人价值、社会价值和国家价值有机统一的育人过程，这与社会主义核心价值观相辅相成，可见，大学生创新创业教育价值追求的不断凸显，是培育大学生社会主义核心价值观的助推器。

六、进一步深化大学生社会实践的践履意义

大学生社会实践是指大学生在高等学校结合其培养目标的引导下以大学为依托，以社会为舞台，开展的接触社会、了解社会、服务社会，并从中接受教育、培养综合素质的一系列有组织、有计划活动的总称。2012 年印发的《教育部等部门关于进一步加强高校实践育人工作的若干意见》文件，指出："党和国家历来高度重视实践育人工作……进一步加强高校实践育人工作，对于不断增强学生服务国、家服务人民的社会责任感、勇于探索的创新精神、善于解决问题的实践能力，具有不可替代的重要作用……"

大学生社会实践是高校教学工作的重要组成部分，是深化课堂教学的重要环节，是获取、掌握知识的重要途径，是每个大学生必须要上的一门课程。高校大学生思想政治教育中社会实践的应用就是通过学生的课余时间组织学生全面开展社会调查工作，在与人交流中可以增进学生与劳动人民的感情，同时社会实践的应用能够培养学生适应社会的能力，增加自身社会责任感，还能够引导学生树立正确的人生观与价值观。

社会实践与理论教学相比，直接生动的教学模式能将课堂无法达到的效果实现，而思想政治教育工作与生活息息相关，如果不进行实践工作只是一味向大学生传授理论知识，就会造成大学生不理解思想政治的意义，从而形成错误

的价值观。社会实践能让大学生亲身感悟思想政治教育的内容，明白思想政治在生活中存在的价值和给人们的生活面貌带来的变化，只有切实感受到才能激发大学生学习的热情，促使他们可以从心底接受思想政治教育的学习，从而形成正确的世界观、人生观和价值观。

为学之实，固在践履。大学生社会实践就是促进高校思想政治教育中理论与实践相互结合，实现从理论到实践的"二次飞跃"，不断提高大学生对思想政治理论课的获得感，提升大学生理论联系实际的实践能力，引导大学生树立正确的世界观、人生观、价值观，成长为德智体美劳全面发展的中国特色社会主义合格建设者和可靠接班人。

（一）构建全方位实践育人体系

大学生社会实践是"全员全程全方位"育人大格局中的一个复杂系统，要按照自身特点，建设一个包括思想政治教育、职业生涯规划教育、科学研究、社会责任教育相结合的全方位实践育人体系，培养学生的社会责任感、创新能力、组织能力以及学习能力等，加深学生的社会化，为以后走入社会打下坚实基础。建立完善的督导、培训以及奖惩机制，拓展社会实践育人平台多元化，优化社会实践的运行机制，并发挥先进典型的示范作用。

1. 提升大学生社会实践的质量

高质量的社会实践活动对于大学生的成长成才具有重要意义。因此，高校要按照学生所学课程的整体要求，结合高校学生社会实践的客观实际情况，统筹和了解大学生参与社会实践的基本意愿来完善高校现有社会实践的组织和开展，为高校大学生的社会实践活动提供良好的学习和实践环境，促进高校社会实践"回归"理论课堂教学活动的开展和高校大学生的成长和发展。

高校在开展社会实践活动之前，要尽量与用人单位进行及时的沟通与交流，保证社会实践活动的质量与水平。在组织开展社会实践活动的过程中要不断提高不同专业大学生社会实践活动的针对性和规范性，从而确保其学以致用能力的提高，增强大学生对于本专业的了解程度，提升其职业道德素养，促进高校大学生的成长和发展。

2. 优化和创新大学生社会实践的内容和形式

高校组织的社会实践活动具有灵活统一的优点，在社会实践中将理论教学的难点进行解决使大学生的受益面得到扩展，在深入基层实践中可以让大学生了解社会的需要，真正实现理论与实践相结合的理论学习。因此，要充分鼓励学生积极融入社会实践中，如果参加的学生数量较少，教育就会被限制，从而无法发挥出社会实践的真正意义，所以，要优化和创新大学生社会实践的内容和形式，充分鼓励大学生参与其中，切实满足广大学生的精神需求。

高校要为学生开展勤工俭学的通道，在规范化管理制度的创立中能够给勤工俭学的大学生提供最基础的保障。教师应鼓励大学生在完成学业之后积极参加学校的勤工俭学工作，尤其是家庭较为困难的学生，高校应与各级政府配合为其提供合理的资金收入。在勤工俭学中，大学生不仅可以为自身带来一定的经济收入，还可以增加阅历。同时，高校要加强对校外勤工俭学活动的管理工作，以防止出现大学生付出时间与精力却得不到经济保障的问题，以维护大学生合法经济权益，保证学生付出与收入成正比。

积极鼓励学生广泛开展社会服务劳动与生产工作劳动，在劳动中培养大学生职业道德感，同时高校要倡导大学生多参加志愿类型的活动，与普通活动不同的是，志愿型活动既包括了协助清洁工叔叔阿姨工作、为年龄较大的长辈尽自己一份力，还包括特殊学校与大学生交流沟通等工作。志愿活动的应用能够促使大学生学会奉献于社会，培养其为人民服务的思想观念，在活动中可以充分见识社会中的生活百态，明确自身在社会中存在的意义，从而激发自身志愿服务的热情并促使学生能够带领更多大学生积极参加志愿服务，既可以培养自身价值观念还可以增加生活经验。

3. 优化评价激励体制

开展好大学生社会实践活动，必须要有科学的评价激励机制，才能激发大学生及指导教师的积极性主动性创造性。因此，无论是对大学生还是指导教师的评价，都要科学合理。

在大学生评价激励方面，高校要将道德评价结果纳入学生综合测评成绩中。已有高校推进"第二课堂"并执行学分制，通过丰富多彩的社会实践活动在量上达到对学生加强思想教育的目的，同时可以采取指导老师、社会实践单位、大众评审等多元评价的方式倒逼学生从质上真正提高自身思想道德修养。

在指导教师评价激励方面，应制定相应的指导教师激励措施。将学生的社会实践成果和道德评定结果与该教师的职称评定、评优、工作绩效挂钩，提高指导教师的工作积极性，引起教师主体对社会实践活动中的思想政治教育工作的重视。

大学生社会实践活动最离不开的就是社会的支持，构建全方位实践育人体系同样需要社会各级政府、机构及企业等方面的支持与帮助，与学校合作建立可以接纳大学生社会实践的基地，在大学生社会实践中推动培育和践行社会主义核心价值观，引导大学生确立正确的价值观念，帮助其成长为担当民族复兴大任的时代新人。

（二）培育建立高水平的社会实践团队

今天我们面临的是前所未有的新时代，是中国特色社会主义建设的关键时代，强化社会实践活动中的思想政治教育功能需要学校、老师、学生、社会多方共同的努力。因此，进一步深化大学生社会实践的践履意义必须要建立一支高水平的社会实践团队，更好地促进大学生社会实践活动，实现实践育人。

1. 思想政治教育指导团队

从思想政治指导工作上看，应实行思政指导工作责任制。把大学生社会实践活动中的思想政治教育工作责任到人，解决思政工作指导混乱、缺失的问题。同时指导老师还要从思想上认识到，在实践活动中思想教育的必要性和意义，并在实践指导中将专业指导与思想指导并行。针对实践活动中大学生普遍关心的社会热点，如脱贫攻坚、环境治理、官僚腐败等一系列问题，组织学生进行相互交流或小组讨论，做出合理解释与客观评价，破除思想上的错误认知，加强社会主流价值观的引领，提高他们的心理素质和明辨是非的能力，正确认识我国国情和社会发展状况，准确理解党的思想路线、方针政策，推动更多的大学生投身到社会建设、服务人民的工作中去。

2. 指导教师团队

从指导老师团队构成上看，要重视高校辅导员和思政教师在大学生社会实践中发挥的思想指导作用。当前，高校大学生的班级管理主要实行的是辅导员负责制。思想政治教育是辅导员工作的根本任务，也是辅导员工作的重中之重。辅导员要做好大学生的领路人，首先要加强自身理论知识的学习，利用多种途径有计划、有针对性地将思想政治教育融入到社会实践中，用学生易于接受的形式和方法对学生进行思想指导。另外还应该把思政课教师融入进来。让这部分在大学生社会实践活动中被闲置的思政课教师，实地参与到大学社会实践活动中去，或利用现代网络通信工具（QQ、微信、博客等）对学生进行远程全方位的思政教育指导，以便及时解决学生在社会实践中产生的思想冲突，让学生以积极昂扬的精神面貌对待学习和生活。

3. 大学生社会实践团队

从学生主体构成上看，要重视学生党员先锋模范作用的发挥，推动社会实践团队学生主体的多元化。大学生党员是青年精英，是学生群体中的优秀榜样，相对于其他同学有更高的思想觉悟和更强的工作能力，能够在社会实践活动中起到良好的表率作用。而且学生党员与普通同学的年龄、阅历、行为模式比较相似，有利于平等交流和学习，在相互激励的群体氛围中使思想政治教育于无形中深入人心。

（三）加强大学生社会实践的宣传教育工作

加强社会实践活动前的宣传教育工作，树立正确的实践动机。通过实践前的思想政治教育宣传工作，使学生明白参与社会实践的真正目的和重大意义，认识到参与社会实践对提高个人思想道德修养和国家发展、社会建设的重要性。

通过社会实践中进行的情感、态度、价值观教育，不断端正实践动机。比如通过参观红色实践教育基地等方式，培养大学生的爱国精神和服务社会的意识，破除享乐主义、拜金主义、利己主义的错误认知，树立远大理想，把个人的小我融入祖国的大我中去，为国家发展社会进步做出自己的贡献。

在社会实践活动后的宣传交流中，坚定正确的实践动机。社会实践后的交流总结有利于让学生认识到参与社会实践的真正目的不在于活动评选，而是要通过社会实践深化自身对国情和社会发展状况的认识，深刻意识到自身的缺点与不足，以时不我待的危机意识将自身发展与祖国命运结合起来，坚定不移地投身于社会主义现代化建设和民族复兴的伟大事业中去。

此外，评选出优秀大学生社会实践团队后，应该继续加强各学院学生向优秀典型学习的力度。通过典型示范，扩大思政教育的覆盖范围，让经历不同社会实践和思想教育的大学生聚集在一起相互交流，碰撞火花，将思想政治教育辐射到更多大学生，在潜移默化中增强育人的效果。加强对思想政治教育工作的顶层设计。运用系统论的方法，从全局出发，把社会实践活动中的思想政治教育纳入思政教学体系中去。针对社会实践活动中的思政教育进行课程设置、教材研发和教学内容上的统筹规划，高效快捷地实现思政教育目标。

综上，大学生社会实践是培养学生正确的品德思想的重要手段，是增强大学生思想政治理论课获得感的有效途径。因此，要想切实将培育和践行社会主义核心价值观落在实处，就必须重视大学生社会实践的践履意义。因为在社会实践教学中，大学生可以在亲身经历的帮助下深化自身对社会主义核心价值观的理解，在贴近生活中真正从内心接受社会主义核心价值观的意义，激发大学生践行社会主义核心价值观的热情，从而使大学生不断完善自我，在实践中增强为人民服务的本领的同时，增强立志成为社会主义建设者和接班人的自觉。

新时代学校充分发挥大学生社会主义核心价值观培育的主阵地作用，是落实"立德树人"根本任务的必然要求，也是办好社会主义大学的根本所在。作为大学生社会主义核心价值观培育工程体系中的一个重要子系统，高校要切实落实"立德树人"的根本任务，确立"立德树人"的根本标准，利用好思想政治理论课这个"主渠道"，强化课程思政的协同效应，增进校园文化的价值导向功能，突出创新创业教育的价值引领，提升大学生社会实践的践履成效，真正把"主阵地"建成培育和践行社会主义核心价值观的"主战场"，形成体系完备、协调配合、有机统一的育人大格局。

第五章 创建新时代大学生社会主义核心价值观社会培育的良好环境

马克思说："人创造环境，同样环境也创造人。"良好的社会环境对人的成长发展起着重要的潜移默化的作用，是一种无声无形的教育形式与教育资源。基于大学生正处于世界观、人生观与价值观形成的关键时期，大学生的思想观念与行为养成很容易受到外界社会环境因素的影响，将社会环境作为新时代大学生社会主义核心价值观培育的重要影响因素之一，创建良好的社会环境是新时代大学生社会主义核心价值观培育的题中之义与内在要求。良好的社会环境是新时代大学生社会主义核心价值观培育的重要社会保障、内在培育要求与客观必要条件，因此要优化社会培育环境、加大社会治理力度、创设有利于社会主义核心价值观培育的社会环境。面对新时代下情况复杂多样且矛盾问题凸显的社会环境，迫切需要构建适宜大学生社会主义核心价值观培育的良好社会环境。社会培育环境作为一种社会公共力量，需要各方面的社会资源协助才能真正发挥其社会效力。结合新时代社会环境的现实状况与突出问题，通过营造风清气正的社会风气、守住公正法治社会底线、弘扬中国特色社会主义文化、倡导公民道德规范落实、发挥榜样教育力量来创造新时代大学生社会主义核心价值观社会培育的良好环境，以良好的社会培育环境熏陶新时代大学生更好地认知与践行社会主义核心价值观。

一、营造风清气正的社会风气

社会风气作为一个社会的整体气候氛围，是与人的社会化进程息息相关的，可以说，社会风气是社会公民文明程度与国家文明程度的重要体现。国家制度的不同、人民信仰的差异等都会对社会风气造成一定程度的影响。而改善与净化社会风气，更是离不开对不良社会风气的严厉打击，离不开国家执政党的大力支持，离不开主流价值观的正确引导。大学生社会主义核心价值观的培育离不开稳定和谐的社会外部环境，而营造风清气正的社会风气更是构建稳定和谐的社会外部环境的关键。因此，严厉打击社会不良风气，推进党的作风建设步伐，加强主流价值观的引导都是为新时代大学生社会主义核心价值观培育营造良好社会风气的正确举措。

（一）严厉打击不良社会风气

在全面推进改革开放发展步调的今天，我国人民在享受改革开放所取得的丰厚物质成果的同时，也在经受着改革开放所带来的某些不良社会风气的负面影响。这些负面影响给我国社会主义核心价值观的培育造成了一定的负面效应，尤其是对青年大学生群体正确价值观的养成具有一定的阻碍作用。社会风气与大学生社会主义核心价值观的培育具有正向相关性，良好的社会风气会促进大学生社会主义核心价值观的培育，反之会阻碍大学生社会主义核心价值观的培育与践行。因此，严厉打击不良社会风气，营造良好社会生态环境是为新时代大学生社会主义核心观培育提供外部保障。通过治理市场经济发展所带来的不良风气、引导人们理性对待多元价值取向、肃清网络虚拟空间不良文化来严厉打击不良社会风气的滋生与蔓延。

1. 治理市场经济不良风气

市场经济的蓬勃发展虽然给人们带来了丰厚的物质享受，但也带来了一定的不良思想的影响，极大地增强了人们的金钱意识与竞争意识。但是由此引发的"拜金主义""享乐主义""自由主义""功利主义"等不良社会风气，对于整个社会环境形成了一种思想冲击。大学生思想观念尚不成熟，容易跟风模仿，因此，如不加以严格监控与打击会严重腐蚀世界观、人生观和价值观尚未完全形成的新时代大学生价值取向的正向发展。首先，对市场经济所引发的"金钱至上"拜金主义错误思想的及时纠正。伴随市场经济所带来的良好经济效益，人民生活水平得到显著提高，拜金主义逐渐发展成为一股不良社会风气，"一切向钱看"的拜金主义思想逐渐消解着大学生崇高的理性信念与价值追求。对此，高校应加强对大学生的思想政治教育，帮助大学生树立正确的消费观与金钱观。高校辅导员与教师应加强对学生日常生活消费的关注度，引导学生要传承与发扬"勤劳致富、勤俭节约、艰苦朴素"的良好生活作风，以身作则地养成勤俭节约习惯，为大学生树立良好的榜样。其次，对市场经济所引发的功利化倾向的正确引导。市场经济的日益发展加重了人们的价值观功利化倾向，对大学生社会主义核心价值观的培育造成了一定的负面效应。大学生功利化倾向主要表现为学习功利化倾向严重与就业功利化倾向明显。因此，预防此种不良社会风气对大学生价值观的侵蚀，高校应加强对大学生的义利观教育，引导大学生树立正确的义利观，有效化解市场经济所带来的功利主义对于新时代大学生社会主义核心价值观培育的不良影响。最后，对市场经济所引发的社会道德缺失问题的积极治理。在市场经济条件下，人们的竞争与博弈意识越来越强烈，诚信危机是市场经济发展下人们所面临的一大道德问题。假冒伪劣产品、粗制滥造产品、网络营销诈骗等失信行为泛滥于人们的日常生活。这些市场经济不良发展后果对社会主义核心价值观的培育产生了严重的阻碍。因此，对于市场经济所引发的社会道德缺失问题应加大依法治国治理力度，以法律法规制度作为社会行为规范的硬性稳定手段。此外，大力加强社会道德建设，引导人们正确对待市场经济中的竞争行为，将道德成为约束人们的行为准绳。大学生作为未来市场经济的重要参与者，应树立道德规范意识来促进市场经济的正面发展，为社会主义核心价值观的培育与弘扬提供良好的市场经济环境。

2. 理性对待多元价值取向

面对国外诸多社会思潮的不断涌入，多元化的价值取向与价值选择逐渐充斥人们的眼球与大脑，而这些多元价值取向大多是与社会主义核心价值观理念相悖的，因而坚持社会主义核心价值观"一元"指导理论是至关重要的。多元价值取向的社会思潮影响和渗透是新时代大学生社会主义核心价值观培育不可避免而且必须面对的主要挑战，新时代大学生社会主义核心价值观培育面临着各种各样的西方不良社会思潮，如历史虚无主义、普世价值观与新自由主义等，这些不良社会思潮在某种程度上会混淆一些大学生的思想认识，不可忽视的是其深层的主要目的就是消解社会主义思想、消解共产主义思想。如果不对这些多元的价值取向进行及时治理，就会动摇大学生的价值信仰、影响大学生的价值选择。因此，必须理性对待多元价值取向，对大学生进行科学的价值引领。首先，高校教师自身要树立正确的价值观。高校教师承担着教书育人的重要任务，无论是高校思想政治理论课教师还是高校专业课教师都应当以身作则树立正确的价值观，以社会主义核心价值观来规范自身的行为，在教育教学和社会生活以及人际交往等各个方面率先垂范。教师作为大学生的学习榜样与效仿对象，要在日常生活中时时刻刻以社会主义核心价值观来要求自己，"以师带生"共同营造清朗的校园空间，为大学生社会主义核心价值观培育构建良好培育环境与培育氛围。其次，高校教师要加深大学生对社会主义核心价值观的理论认知。高校教师要不断地通过理论讲解与实际行动向大学生证明，只有社会主义核心价值观才是大学生最应该培育与践行的，对于西方价值观也不应回避，而是正确地向大学生深度剖析多元价值取向的实质，积极引导学生去鉴别与比较，加强大学生自觉培育与践行社会主义核心价值观的理论底气。大学生们只有从心底真正认同与领会了社会主义核心价值观的合理性与前瞻性，从本质上认识到西方不良社会思潮的真正目的，才会主动摒弃不良的价值取向，自觉培育社会主义核心价值观。最后，高校要加强对于社会主义核心价值观"一元"价值观的宣传教育。面对社会生活中多元价值取向的充斥，大学生由于其身心发展的不成熟，在世界观、人生观和价值观形成过程中很容易受到不良价值观的蛊惑，因此高校作为大学生社会主义核心价值观培育的主阵地要占据先机，将社会主义核心价值观这一正确思想行为价值取向灌输给大学生。大学生在接受了正确价值观的教育后，自然具有了抵抗不良价值取向的定力与能力。

3. 肃清网络空间不良文化

伴随网络信息技术的发展，网络空间逐渐成了人们真实社会空间之外的另一个虚拟社会空间。网络空间在给人们提供海量信息与诸多便利的同时也存在若干消极因素，而新时代大学生作为一个大规模网络使用群体则更容易受到网络负面效应的腐蚀与侵害。由于大学生世界观、人生观、价值观还未完全成熟，对于事物是非曲直的判断容易受煽动，在价值取向与行为选择面前缺乏坚定立场，网络空间中的负面因素与不良文化对新时代大学生社会主义核心价值观的培育会起到相当大的阻碍作用，因此，进一步肃清网络空间的负面因素与不良文化，为大学生营造一个健康清朗的网络空间是至关重要的。首先，政府加强对网络空间的监管力度。网络虚拟空间纷繁复杂的信息层出不穷，政府应协同各相关部门加大对网络空间文化的监管力度，建立网络空间监管机制，及时将网络不良信息的传播扼杀在源头。网络空间作为虚拟空间的存在，可以说是另一个"看得见却摸不着"的世界，然而新时代大学生作为网络使用庞大群体，更是不得不重视虚拟世界对大学生思想状况的影响，为新时代大学生社会主义核心价值观的培育肃清不良网络文化。其次，完善健全网络文化法律法规。针对当下网络空间存在的各种不良文化与社会思潮，法律部门应结合网络空间现实情境、网民的社会心理及时健全与完善网络文化相关法律法规。依靠法律手段、发挥法律效力来营造清朗健康的网络空间，严厉打击网络空间不良文化的传播。最后，加大社会主义核心价值观在网络空间的宣传力度。网络空间需要正能量文化来不断地填充与占领，以社会主义核心价值观引领网络健康生态空间构建，以多种网络媒介为载体加大对社会主义核心价值观的宣传，弱化不良价值取向的传播力量，加强主流价值取向的正面引导，让大学生在网络空间能够充分感受到社会主义核心价值观的正能量，提高自身积极培育与践行社会主义核心价值观的主动性与积极性。

（二）推进党的作风建设步伐

党作为社会物质文明与精神文明建设的主要抓手，是社会领导力量与社会治理力量的核心，因而是社会不良风气治理的关键力量。从党自身入手，加大力度并持续推进党的作风建设步伐是营造风清气正社会风气的重要保障。古语有云，官风正则民风淳。因此，加强党的作风建设是社会风气治理的重要内容，党的作风建设与社会风气之间是密切相关的，治理社会风气必须加强党的作风建设。只有切实认识到"端正党风是端正社会风气的关键"，做到以优良党风引领良好社会风气才能真正实现严党风、淳民风。如果不时刻加紧推进党的作风建设步伐，不良党风就会侵入到党的内部，影响到党的执政地位、破坏到党的威信力和影响力、严重影响到党群关系，对良好社会风气的营造更是造成极大的负面影响。新时代下，党的"作风问题核心是密切与人民群众的血肉联系"，良好的党风建设之于社会主义核心价值观的培育是必不可少的。党风建设与社会主义核心价值观的培育呈现出正向相关性，党风建设的越好就越能促进社会主义核心价值观的培育。社会主义核心价值观是时代发展对国家、社会、人民所做出的新要求，而党的作风建设则是时代发展对执政党做出的价值取向新要求，二者都是新时代的新课题，是相辅相成且不能割断的。通过党风建设带动营造良好社会风气，为大学生社会主义核心价值观培育营造良好氛围；完善优化党风体制机制建设，为大学生社会主义核心价值观的培育提供重要保障；加强党员干部反腐倡廉工作，为大学生社会主义核心价值观的培育树立良好榜样等措施，来帮助大学生社会主义核心价值观培育营造良好的社会环境。

1. 以党风建设营造良好社会风气，为大学生社会主义核心价值观培育营造良好氛围

第一，以优良党风带动社会风气向好发展。以优良党风带动政风民风向利好方面发展、凝聚党心民心是党的作风建设的内在要求，也是社会主义核心价值观培育的客观条件。优良党风能够引领良好社会风气的营造，促进对新时代大学生社会主义核心价值观的培育。党优良的作风建设是国家优良政风、优良社会风气的重要保障。因此要不断加强党的作风建设步伐，发挥优良党风的引领示范作用，促进良好社会风气的形成，进而提高新时代大学生社会主义核心价值观的培育实效性。第二，良好党风为社会主义核心价值观的培育增强了说服力。党的作风问题关系到党在人民群众心中的核心地位是否牢固，关系到党大政方针政策实施的顺利与否。中国共产党作为执政党，是国家大政方针的制定者与决策者，如果党自身没有良好的党风建设，社会主义核心价值观就无法在人民群众心中产生影响力与说服力，以至于无法发挥其真正的效力。党的作风建设不仅关系到国家大政方针的执行与落实，更是关系到党自身的生死存亡。因此，良好党风建设是社会主义核心价值观能够为全民培育与践行的重要保障，必须大力推进党风建设，为新时代大学生社会主义核心价值观的培育增强说服力。第三，优良党风建设是良好社会风气的基本条件。中国共产党作为执政党，党内的政治生态环境决定着整个社会环境的走势，党内的政治生态绿色纯洁是为广大人民群众服务的良好表现，能够激励与促使广大人民群众不断为美好生活奋斗，自觉培育与践行社会主义核心价值观，进而形成和谐与稳定的社会环境，形成良好社会环境与社会主义核心价值观践行相互促进的良性循环。

2. 完善优化党风体制机制建设，为大学生社会主义核心价值观培育提供重要保障

党内作风清正廉洁是社会主义核心价值观得以顺利推行与发展的重要保障，通过党内党风体制机制的建立来净化党内环境，为社会主义核心价值观的培育创造条件与环境。第一，建立党的作风建设常态化机制。党的作风建设不是一朝一夕就能完成的，推进党的作风建设只有"进行时"，没有"完成时"，党风建设任务具有长期性、艰巨性与反复性等多重特点，因此必须建立党的作风建设常态化机制。党风建设常态化机制要建立健全党风廉政建设监督机制，让法律法规与制度体系能够真正发挥其效力。完善民意表达渠道，让人民监督党的领导干部，以听取民意来监督党内不良作风。监督党员干部的权力运行与使用，提高党员干部权力运行的透明度，进一步完善党员干部权力公开制度，让权力运行在阳光下。第二，建立党的作风建设制度化机制。党的作风建设需要良好的制度化建设作保障，党内法律法规制度是保障党内党风纯洁、治理党内不良作风的"硬手段"。正如习近平总书记所强调的"法规制度带有根本性、全局性、稳定性、长期性"，以更加完备的制度化体系管理党内人士、维护党内生态，才能始终保持党的纯洁性、先进性。建立党风制度化机制需要做到对党员干部加强制度化的管理，需要不断根据实际来与时俱进地健全制度化机制。第三，成立党的作风建设长效性机制。历史证明，党的作风建设要经常抓、长期抓，要建立党的作风建设长效性机制。党风建设长效机制是与党员干部直接挂钩的，要从党员干部的作风建设入手。加强对党员干部党风教育的长效机制，定期长期地开展对党员干部的理论教育，党员干部要定期长期地深入群众密切与群众的联系，以党风建设制度化机制的建立长期地监督与促进党员干部的作风建设。

3. 加强党员干部反腐倡廉工作，为大学生社会主义核心价值观培育树立良好榜样

党员干部作为人民群众中的积极分子，是人民群众身边的学习榜样，要以身作则积极培育和践行社会主义核心价值观，为全民培育与践行社会主义核心价值观树立典范。而对于党员干部这一"关键的少数"来说，应该做到以党风廉政建设工作推进为重点，切实抓好党员干部的防腐拒变工作。作为联系执

政党与人民群众的重要纽带，党员干部的形象就代表着党的形象，因此要加强党风廉政建设，确保党员干部代表党服务于人民群众，确保党员干部能够一心为党、一心为人民。第一，坚持党管干部的基本原则。对党员干部的选拔与任用要遵循政治意识要强、工作态度要诚、能力作风要硬的标准，以德才兼备作为党员干部的重要任用准则，确保让业务能力强、品德情操高的干部真正为人民服务。加强对党员干部党性修养的培育，引领党员对思想政治理论知识点的学习。引领党员弘扬党的优良作风，传递社会正能量。增强党员干部的工作效率，强化为人民群众的服务本领。党要加强党员干部对社会主义核心价值观的培育与践行，引导党员干部将社会主义核心价值观"内化于心、外化于行"，在社会上形成示范效应进而带动大学生群体积极培育与践行社会主义核心价值观。第二，加强对党员干部的监督制约。党员干部的作风建设不但要依靠"自律"能力，外界"他律"因素也必不可少。党要加强对党员干部的纪律监督，以相关制度法规制约党员干部的权力行使，以刚性纪律来规范党员干部的思想与行为，从党内和党外两种环境强化对党员干部的监督制约。第三，重视党员干部的日常作风建设。党员干部应以社会主义核心价值观为日常行为指导，将"爱国、敬业、诚信、友善"四个要求落实到日常行为习惯中，注重良好家风传承与良好家风建设。党员干部在日常生活中，要自觉向榜样典范学习，保持良好健康的生活方式。

（三）以良好家风促进社会风气

习近平总书记曾这样强调家风的重要性，他指出，"千千万万个家庭的家风好，子女教育得好，社会风气好才有基础。"❶ 由此可见，社会风气的建设离不开家风的促成作用。而家风作为中华优秀传统文化的重要载体，是中华道德文明得以传递下来的有效形式，以家风建设促社风建设是新时代大学生社会主义核心价值观培育的必经之路。通过剖析家风建设与社风建设之间的内在联系、家风建设的有效途径能够促进良好社会风气的形成与发展，因而以家风建设为切入点来增强社风建设是必要途径，进而能够进一步提高新时代大学生社会主义核心价值观的培育成效。

---

❶ 习近平同全国妇联新一届领导班子集体谈话［N］. 人民日报，2013－11－01.

1. 家风建设与社风建设的内在联系

第一，家风是社风的重要组成部分。❶ 正所谓"家是最小国，国是千万家"说的就是家与国之间的密切关系，预示了家风建设与社风建设之间的内在联系。一个个家庭是构成社会的小分子，营造良好社风需以营造良好家风为基础。家风建设作为社风建设的一个重要分支，其蕴含着与社风建设相一致的本质内涵。第二，家风建设与社风建设是正相关的。家风建设与社风建设是紧密联系在一起的，没有良好的家风就不会形成良好的社风，双方是相互影响与相互渗透的。良好的社会风气可以引领优良家风的形成，而优良家风可以进一步促进优良社会风气的散播。可以说二者彼此成就、相互促成。因此家风建设的好坏是直接或间接地影响到社风建设的成效的。第三，家风建设是促进社风建设的有效载体。家风建设可以说是社风建设的一个重要微观化表现，是影响社风建设的重要因素，以家风建设为载体可以促进社风建设的良好发展。

2. 以家风建设促社风建设的有效途径

第一，领导干部的家风建设。习近平总书记曾对广大领导干部提出，"每一位领导干部都要把家风建设摆在重要位置，廉洁修身、廉洁齐家，在管好自己的同时，严格要求配偶、子女和身边工作人员。"❷ 党员领导干部要积极继承与发扬老一辈革命家的优秀家风，以身作则地形成示范效应，以家风建设促进社风建设。第二，扩大家风建设宣传力度。加强新时代家风建设、扩大家风建设宣传力度是以家风建设促社风建设的重要途径。在全社会中形成一股家风传承与家风弘扬的社会风气，带动每一个人、每一个家庭都能积极地传承优良家风。通过这种方式促进良好社风的形成与发展。第三，以习近平总书记的家风论述为重要指导。习近平总书记对于新时代家风建设、中华民族家庭美德优秀传统文化非常重视，多次在讲话与会议中提到良好家风传承与弘扬，并以自身亲身经历讲述家庭美德的传承与优良家风的弘扬。应主动自觉地以习近平总书记的相关家风建设论述为思想与行为指导，形成在社会中人人学习、人人效仿的和谐社会氛围。

---

❶ 孙兰英. 家风是社会风气的重要组成部分 [J]. 党建, 2019 (8): 16.
❷ 习近平. 在第十八届中央纪律检查委员会第六次全体会议上的讲话 [N]. 人民日报, 2016 – 05 – 03.

二、守住公正法治的社会底线

公正与法治在社会主义核心价值观的培育中发挥着至关重要的作用，是新时代大学生社会主义核心价值观培育的重要社会因素，因此，守住公正法治的社会底线是新时代大学生社会主义核心价值观培育的必要条件。公正法治的社会环境是社会主义核心价值观培育与践行的重要基础，为大学生社会主义核心价值观的培育与践行提供外部环境保障。中共中央办公厅印发的《关于培育和践行社会主义核心价值观的意见》明确提出："法律法规是推广社会主流价值的重要保证。要把社会主义核心价值观贯彻到依法治国、依法执政、依法行政实践中，落实到立法、执法、司法、普法和依法治理各个方面，用法律的权威来增强人们培育和践行社会主义核心价值观的自觉性。厉行法治，严格执法，公正司法，捍卫宪法和法律尊严，维护社会公平正义。"由此可以得出，社会主义核心价值观的培育与践行离不开公正法治的社会底线，必须用铁腕法律法规制度来捍卫社会主义核心价值观培育的良好环境。此外，公正与法治的社会环境因素在新时代大学生社会主义核心价值观培育中的地位愈发地凸显出来，是新时代大学生社会主义核心价值观培育过程中不容忽视的重要力量。因此，守住公正法治的社会底线、营造公正法治的社会环境、创建公正法治的社会氛围是新时代大学生社会主义核心价值观培育的重点内容。以守住公正法治底线来营造良好社会环境，为新时代大学生社会主义核心价值观培育提供良好外部保障环境，剖析公正法治的社会环境与新时代大学生社会主义核心价值观培育之间的关系，以及如何培育公正法治社会环境，这些对于新时代大学生社会主义核心价值观培育意义非凡。

（一）公正法治的社会环境是大学生社会主义核心价值观培育的社会基础

公正法治的社会环境为大学生社会主义核心价值观的培育与践行提供重要的环境保障，是社会主义核心价值观培育与践行的重要社会基础。首先，实现社会主义核心价值观国家层面的"富强、民主、文明、和谐"价值要求需要公正法治的社会环境。公正法治的治理理念是贯穿社会主义国家治理的一条主线，是实现国家更高发展目标的基础条件。公正法治与社会主义核心价值观中国家层面的要求具有内在一致性，是国家宏观建设、中观调控与微观治理所不可或缺的，公正法治的社会底线构建为国家经济发展、政治稳定、文化繁荣提供了重要的外部环境保障，保障社会主义核心价值观在国家层面的价值要求能够有序推进。其次，实现社会主义核心价值观中社会层面的"自由、平等、公正、法治"价值要求需要公正法治的社会环境。公正法治与社会主义核心价值观中社会层面的价值要求相吻合，可以看出，公正法治在社会主义核心价值观中所占分量之大。"自由、平等、公正、法治"是社会层面的四个价值要求，其背后都蕴含着"维稳因素"，公正与法治作为社会层面具有铁腕治理的特殊因素，是维持社会正常运转的必要条件，是人民美好社会生活的重要保障因素，为大学生社会主义核心价值观培育提供最基本的社会保障。最后，实现社会主义核心价值观中个人层面的"爱国、敬业、诚信、友善"价值要求需要公正法治的社会环境。社会主义核心价值观中个人层面的要求主要是针对公民个人的价值追求与道德规范所提出的，是新时代大学生个人行为准则的践行标准。公正与法治更多强调的是发挥"法"的效力来营造稳定的社会环境，而社会主义核心价值观层面更多强调的是从人"德"的角度来构建和谐的人类社会，"德"作为柔性力量离不开"法"的铁腕力量，"法"要为"德"做支撑与后盾。大学生作为社会主义国家的公民，在社会主义核心价值观公民层面的价值要求离不开公正法治的社会底线。

（二）守住公正法治社会底线是培育社会主义核心价值观的内在要求

社会主义核心价值观从国家、社会与个人这"三个倡导"层面来阐述价值标准，而公正与法治属于社会层面的价值标准要求，守住公正法治的社会底线关系到新时代大学生社会主义核心价值观培育中的国家层面与个人层面的要求。❶ 第一，守住公正法治社会底线是社会主义核心价值观国家层面的核心价值体现。社会主义核心价值观中国家层面的价值准则定义为"富强、民主、文明、和谐"，而建立社会主义现代化强国要将公正法治发展到相当高的程度，这是现代化国家建设中的核心价值体现。新时代大学生作为国家发展的建

---

❶ 韩笑. 论社会主义核心价值观视角下的公正与法治［J］. 齐齐哈尔大学学报（哲学社会科学版），2020（1）：67－69.

设者与接班人，在社会主义现代化国家的建设中要自觉守住公正法治的社会底线。第二，守住公正法治社会底线是社会主义核心价值观社会层面的根本价值目标。社会主义核心价值观中社会层面的价值标准定义为"自由、平等、公正、法治"，由此可见，公正法治直接表现为社会层面的根本价值目标，体现了公正法治在维护社会秩序、保障社会环境安全建设中的重要性。新时代大学生作为社会中的一分子，要贡献自己的一份力量来维持社会生态环境，将公正法治作为自身的行为规范要求。第三，守住公正法治社会底线是社会主义核心价值观个人层面的基本价值要求。社会主义核心价值观中个人层面的价值要求定义为"爱国、敬业、诚信、友善"，明确了对公民个人行为规范与道德准则的基本要求，而守住公正与法治社会底线是公民对社会环境的内在追求，是公民个人价值要求得以实现的重要保障，同时也是公民个人对于社会生活的基本价值需求。

（三）建构公平正义社会环境与守住公平正义社会底线的举措

公平与正义的社会是人民幸福生活的基本社会保障。古往今来，公正与法治都是国家在社会治理领域中的重要价值追求，社会主义核心价值观是具有中国优秀传统文化、社会主义先进文化的深厚底蕴的，将这一社会治理理念传承下来，更是在社会层面直接表明了公正与法治的价值目标。因此，应采取多种措施来维护社会公平正义。学者李林认为应通过法治来实现公平正义，他主张通过以严格执法、公正司法、自觉守法来实现社会公平正义。❶ 蹄疾步稳地推进新时代全面依法治国基本方略。依法治国基本方略是维护社会公正法治底线的政策制度保障，新时代背景下，依据时代特征与现实发展推进全面依法治国基本方略是新时代社会主义核心价值观培育的法治保障。新时代下，我们要继续坚定不移地推进依法治国基本方略不动摇，并根据时代发展特征不断地完善与健全制度法规等相关的硬性措施，打造一支精英的政法工作队伍，正确认知法治与德治之间的关系，在法治基础之上发挥德治的重要作用，构建良好的法治环境与营造优质的法治氛围，以法治建设的发展与推进来守住社会公平正义的底线。

---

❶ 李林. 通过法治实现公平正义 [J]. 北京联合大学学报（人文社会科学版），2014，12（3）：5－16.

三、弘扬中国特色社会主义文化

文化是涵养价值观、培育价值观的重要教育载体。加强中国特色社会主义的文化熏陶，是利用隐形教育资源来培育新时代大学生社会主义核心价值观的有效方式。文化作为无形的教育力量，具有强大的思想凝聚力与行为指引力，对个体的价值观形成具有很强的潜移默化教育作用。"发掘优秀传统文化，滋养核心价值观之根；继承红色文化传统，传承核心价值观之脉；加强先进精神引领，凝聚核心价值观之魂。"❶ 中华优秀传统文化、中国红色革命文化、社会主义先进文化是培育新时代大学生社会主义核心价值观的隐形文化力量，利用中国特色社会主义文化的熏陶功能创建社会主义核心价值观培育环境是新时代大学生社会主义核心价值观培育的必经之路。

（一）以中华优秀传统文化营造和谐社会环境

中国优秀传统文化与社会主义核心价值观具有内在一致性，均是伟大的中国人民实践与智慧的结晶，都凝聚着中国人民的勤劳智慧与对美好生活的向往，可以说中华优秀传统文化是社会主义核心价值观的理论根基与思想源泉。习近平总书记相当重视中华优秀传统文化的弘扬与发展，他指出："中华优秀传统文化已经成为中华民族的基因，植根在中国人内心，潜移默化影响着中国人的思想方式和行为方式。"以中华优秀传统文化来营造培育新时代大学生社会主义核心价值观的社会环境是对历史文化的重要传承，是契合时代发展的现实需要。中华优秀传统文化中凝聚着中华民族与生俱来的优良品质、中华民族世世代代的价值认同、中华民族一以贯之的思想品德与中华儿女生生不息的伟大精神。新时代下，如何将中华优秀传统文化进行创造性转化和创新性发展进而营造培育大学生社会主义核心价值观的社会环境与良好氛围是时代抛给我们的新问题。

1. 正确认识中华优秀传统文化与社会主义核心价值观的辩证关系

社会主义核心价值观是以中华优秀传统文化为理论根基的，代表了中国特

---

❶ 教育部思想政治工作司组织编写. 高校培育和践行社会主义核心价值观创新案例［M］. 北京：知识产权出版社，2015：4.

色社会主义先进文化的前进方向。社会主义核心价值观"富强、民主、文明、和谐、自由、平等、公正、法治、爱国、敬业、诚信、友善"这 24 个字深深蕴含了中国优秀传统文化的价值理念与信仰追求。高校要引导与教育大学生正确认识中国优秀传统文化与社会主义核心价值观之间的关系，能够帮助大学生加强对中国优秀传统文化的重视学习，助力大学生社会主义核心价值观的培育。第一，社会主义核心价值观是立足于中华优秀传统文化而作出的凝练总结。中国优秀传统文化具有五千多年的发展历史，文化底蕴深厚而长远，具有无比丰富的文化内涵，涉及内容广泛而多样，而社会主义核心价值观是将中华优秀传统文化进行了提炼与总结，是中国共产党以中华优秀传统文化为理论根基并结合时代发展特征而作出的重要理论创新，社会主义核心价值观将博大精深的优秀传统文化提炼成符合时代发展的 24 个字来服务于人民与社会，使得优秀传统文化随时代发展而绽放出强大的生命力。第二，社会主义核心价值观是立足于中华优秀传统文化的传承创新。社会主义核心价值观是以优秀传统文化为理论根基的，而新时代发展所呈现出的时代新特征、社会新情况却要求对中国优秀传统文化进行创作性转化与创新性发展，而社会主义核心价值观就是结合时代新特点对传统文化所做出的创新与发展。因而可以看出，社会主义核心价值观与中华优秀传统文化是相互交融在一起的，二者具有继承与发展的内在联系，不可分裂对待。

2. 运用中华优秀传统文化培育新时代大学生社会主义核心价值观

中华优秀传统文化是社会主义核心价值观的"根与魂"，社会主义核心价值观是根植于中国优秀传统文化的。习近平总书记指出："培育和弘扬社会主义核心价值观必须立足中华优秀传统文化。牢固的核心价值观，都有其固有的根本。抛弃传统、丢掉根本，就等于割断了自己的精神命脉。"❶ 由此可见，中国优秀传统文化对于社会主义核心价值观培育的重要性。《完善中华优秀传统文化教育指导纲要》中指出："加强中华优秀传统文化教育，是培育和践行社会主义核心价值观，落实立德树人根本任务的重要基础。"❷ 首先，挖掘中

---

❶ 习近平. 青年要自觉践行社会主义核心价值观：在北京大学师生座谈会上的讲话［N］. 人民日报，2014 – 05 – 05.

❷ 教育部. 完善中华优秀传统文化教育指导纲要［EB/OL］. 教育部网站. 2014 – 03 – 26. http：//old. moe. gov. cn/publicfiles/business/htmlfiles/moe/s7061/201404/166543. html.

华优秀传统文化的社会主义核心价值观教育资源，整合中华优秀传统文化教育资源作为新时代大学生社会主义核心价值观培育的重要资源。高校要积极发挥自身科研优势并依托学校所在地，对地方优秀传统文化进行整合与利用，巧妙地将各种地方优秀传统文化转化为思想政治教育资源，增强大学生对社会主义核心价值观的认知度与践行度。其次，将优秀传统文化资源不断网络化与信息化，形成大学生接受度强的教育模式，加速优秀传统文化资源的网络化发展。优秀传统文化融入大学生社会主义核心价值观培育成效较差的一个重要原因就是优秀传统文化资源网络化程度较低。当下以中华优秀传统文化培育大学生社会主义核心价值观的教学模式主要局限于课堂理论教学与社会实践等，网络媒体资源利用率较低，因此在优秀传统文化融入大学生社会主义核心价值观的培育中应积极利用网络新媒体平台。最后，以中华优秀传统文化引导社会公德、社会美德，为社会主义核心价值观培育增强文化底蕴。社会主义核心价值观是来自社会并服务于社会的，以中华优秀传统文化为社会公德和社会美德提供价值指导和文化指引有助于社会和谐氛围的构建。大学生作为生活在社会当中的公民，要能够以自觉践行社会道德与社会美德来增强社会主义核心价值观的培育，在以优秀传统文化为指引而形成的良好社会氛围中将社会主义核心价值观的践行日常化并生活化。❶

3. 加强中华优秀传统文化在社会主义核心价值观培育中的教育比重

社会主义核心价值观是结合时代发展特征，在吸取中华优秀传统文化的精髓本质上建构起来的。社会主义核心价值观的核心基础是中华优秀传统文化的精髓所在，可以说是集儒家、道家等多家之学的精华而形成的，具有非常深厚的文化底蕴。第一，加强大学生对中华优秀传统文化理论层面的认知，以此来深化对于社会主义核心价值观的深层次理解。高校思想政治理论课是大学生社会主义核心价值观培育的主要阵地，高校思政课教师在教学过程中应旁征博引中华优秀传统文化作为社会主义核心价值观培育的理论素材，通过对中华优秀传统文化作为大学生社会主义核心价值观培育的宝贵教学资源。中华优秀传统文化是中华民族的"根"与"魂"，以优秀传统文化来唤起大学生们的爱国情

---

❶ 焦连志. 社会主义核心价值观与中华优秀传统文化教育协同机制研究［J］. 中国高等教育，2020（6）：34-36.

与强国志，与社会主义核心价值观的本质要求是相契合的。因此，深挖中华优秀传统文化的理论教育资源，增强大学生对于优秀传统文化的理论知识储备，能够进一步强化大学生社会主义核心价值观培育的信心与践行社会主义核心价值观的能力。第二，以中华优秀传统文化为教育载体，培育新时代大学生社会主义核心价值观。将中华优秀传统文化融入高校思想政治理论课教育教学中。对于大学生群体来说，高校思想政治理论课仍旧是社会主义核心价值观培育的主要渠道。将中华优秀传统文化融入到高校思想政治理论的课堂教学中，能够增强社会主义核心价值观课堂教学的实效性，增强大学生对于社会主义核心价值观的理论认同，为社会主义核心价值观理论讲解提供了更加有力的理论支撑力与理论说服力。以中华优秀传统文化为课堂讲解理论材料是提升大学生对于社会主义核心价值观理论认同的重要方式，在学习理解中华优秀传统文化的同时，继承与发扬中华优秀传统文化美德，进而推动对社会主义核心价值观的理解与践行。第三，依托中国优秀传统文化，开展丰富多彩的校园文化活动。深入挖掘中国优秀传统文化的教育资源，组织大学生开展丰富多彩的校园文化活动。充分利用学生的课余时间、学生社团组织，积极开展以弘扬中华优秀传统文化为主题的校园文化活动，通过激发大学生学习中国优秀传统文化的热情来培育大学生社会主义核心价值观。将中华优秀传统文化作为校园文化建设的重点内容。大学校园是大学生日常学习与生活的主要场所，将中华优秀传统文化作为校园文化建设的重点内容，可以更好地通过中华优秀传统文化完善与丰富校园文化建设，可以为大学生社会主义核心价值观的培育提供良好的校园培育环境。

（二）以红色革命文化营造良好社会氛围

红色革命文化是建构新时代大学生社会主义核心价值观培育良好社会氛围的重要文化资源。红色革命文化具有正确的价值导向、科学的价值取向以及一元的价值构成，对红色革命文化的传承与弘扬能够增强和平年代人民的理想信念与价值信仰。对红色革命文化的借鉴与吸收能够为新时代大学生社会主义核心价值观的培养营造红色的社会氛围。

1. 正确认知红色革命文化的社会价值

红色革命文化是革命先辈在正确价值观的指引下，依据时代使命进行社会实践进而形成的宝贵物质财富与精神财富。首先，红色革命文化丰富了新时代大学生社会主义核心价值观培育的多重教育方式。红色革命文化是作为一种历史文化而存在的文化形式，蕴含丰富的革命英雄事迹、革命历史遗迹、红色革命歌曲等内容，是新时代大学生重温历史、牢记历史的重要素材。这些丰富的历史教育素材为新时代大学生社会主义核心价值观的培育提供了多种教育模式，新时代大学生可以通过课堂演绎革命英雄事迹、参观革命历史遗迹、演唱红色革命歌曲等多种形式感知革命年代革命先辈们伟大的对党忠诚精神、为民服务精神、无私奉献精神、艰苦奋斗精神与崇高理想信念等。红色革命文化因其内涵与形式的丰富性可以促使大学生真切感受到其文化中所蕴含的正确价值取向，使得大学生能够更加清晰地认知当下社会主义核心价值观的核心内涵与内在价值，进而促进新时代大学生践行社会主义核心价值观的积极性与主动性。其次，红色革命文化指明了新时代大学生社会主义核心价值观培育的价值导向。红色革命文化具有丰富与鲜明的文化内涵，蕴含着中国共产党领导下的无数革命先辈以及广大人民群众的爱国主义情怀、共产主义信仰、坚定革命理想等正向价值取向与价值追求，是新时代大学生社会主义核心价值观培育的重要精神指引。崇高的共产主义理想信仰是无数革命先烈无私奉献、勇于牺牲的最高指引，实现广大人民群众根本利益是无数革命先烈为民奋斗、克服困难的现实指引。在革命年代艰苦卓绝的岁月中，坚定的共产主义理想信仰、为民服务的初心使命激励鼓舞着革命先辈们战胜各种艰难险阻，最终赢得无产阶级解放的胜利。时代在前进，信仰却不变。新时代大学生要在红色文化的指引下培育与践行社会主义核心价值观，从社会主义核心价值观中的"国家、社会、公民"三个层面严格要求自己，为实现新时代的目标使命而接力奋斗。最后，红色革命文化蕴含了新时代大学生社会主义核心价值观培育的教育资源。红色革命文化因其自身内涵的丰富性与多样性，具有多重维度的教育性，红色革命文化是多种伟大精神与崇高思想的凝聚体，其中具有马克思主义共产主义理想与实现"人的自由全面发展"的伟大追求，伟大的爱国情操、革命理想信念等多重红色革命精神文化，另外红色文化还蕴含了丰富的体现英雄人物革命事迹的革命历史遗址与革命年代物件等红色革命物质文化，这些都为新时代大学生社会主义核心价值观的培育提供了丰富的教育资源。

2. 拓宽运用红色革命文化的多元渠道

通过对红色革命文化的社会价值剖析，可以得知红色革命文化蕴含着丰富的教育资源，是大学生思想政治教育资源的重要来源，那如何开发与利用红色资源就成为高校大学生社会主义核心价值观培育的一个重要问题。首先，挖掘与整理红色革命文化中的教育资源。构建红色革命文化科研机构与科研平台是红色革命文化能够全面、长久传承下去的重要保障。进一步挖掘整理红色文化资源能够更好地服务于新时代大学生社会主义核心价值观的培育，红色革命文化科研平台与科研机构的建立需要多方协作完成，需要政府部门、科研机构、地方高校三方协力创建。政府部门负责红色革命文化遗址的发现与开采，动员红色基地的人力与物力协助红色革命文化的挖掘与开发。科研机构运用自身的科研优势对红色革命文化进行专业化研究，对红色革命文化进行专业化梳理与建构。处于红色革命地区的地方高校应结合区域优势并组织科研力量对红色文化资源进行宣传与弘扬。此外，对于红色革命文化完整的教育内容体系构建也是至关重要的。梳理红色革命文化的精神教育内容，遵循时间节点将红色革命文化中的时代精神汇聚一起，形成大学生社会主义核心价值观培育的精神教育资源；整理红色革命文化的物质教育内容，按照空间位置集中整理红色革命文化的遗留物质资源，建构大学生社会主义核心价值观培育的物质教育内容；创新红色革命文化的新时代作品，依据时代新特点来创新红色革命文化时代作品，搭建大学生社会主义核心价值观培育的时代教育作品。其次，将红色文化融汇于课堂教学与实践教学。将红色文化融汇于课堂教学是高校课程建设的重要内容。高校思想政治理论课是高校对大学生进行社会主义核心价值观培育的主体课堂，将红色革命文化融入高校思想政治理论课是多年以来我国高校思政课程建设的亮点与难点。如何更好地发挥红色革命文化的积极作用，进一步增强高校思政课程的说服力，是当下红色文化与高校课程建设的重点突破口，是高校培育大学生社会主义核心价值观的主要侧重点。此外，高校开展红色革命文化实践课程，以红色文化为主题开展实践活动来培育新时代大学生社会主义核心价值观。根据大学生的思想认知特点，单纯地对大学生进行社会主义核心价值观的理论灌输是远远不能达到教育效果的，而将红色文化运用到大学生的实践活动中无疑是培育大学生社会主义核心价值观的直接有效举措，让大学生依据红色革命优良传统来开展社会实践活动，做到真正的"知行合一"。最后，构建红色革命文化教育展馆与文化基地。红色革命文化教育展馆是对红色革命文化传承的重要方式，红色革命文化教育展馆可以系统化地展示红色革命文化精神与物质内容，为新时代大学生营造出光荣、奉献与伟大的教育场域，有利于新时代大学生对社会主义核心价值观的深层次理解与增强对社会主义核心价值观的践行信心。构建红色革命文化基地可以为大学生社会主义核心价值观的培育提供更多的实践场地。将红色革命文化基地作为爱国主义教育基地，为大学生社会主义实践活动开展提供便利条件与实践平台。

（三）以社会主义先进文化营造正向社会价值

1. 社会主义先进文化与社会主义核心价值观具有内在一致性

社会主义核心价值观代表"社会主义先进文化的前进方向"，是社会主义先进文化的精神向往与价值追求。党的十九大报告指出："必须坚持马克思主义，牢固树立共产主义远大理想和中国特色社会主义共同理想，培育和践行社会主义核心价值观，不断增强意识形态领域主导权和话语权，推动中华优秀传统文化创造性转化、创新性发展，继承革命文化，发展社会主义先进文化，不忘本来、吸收外来、面向未来，更好构筑中国精神、中国价值、中国力量，为人民提供精神指引。"

社会主义先进文化与社会主义核心价值观在根本立场、价值追求、教育功能、发展前景等方面具有内在一致性，要推动社会主义先进文化与社会主义核心价值观的协调共进发展。首先，社会主义先进文化与社会主义核心价值观都是马克思主义中国化的重要成果。社会主义先进文化与社会主义核心价值观都是以马克思主义科学理论为根本指导的，都是马克思主义在中国本土的重大科学理论创新发展成果。因而，新时代大学生要努力学习马克思主义理论知识，积极培育马克思主义理论素养，为社会主义先进文化的学习与社会主义核心价值观的培育打下良好理论基础与基本理论素养。其次，社会主义先进文化与社会主义核心价值观的价值取向与教育功能具有内在一致性。社会主义先进文化与社会主义核心价值观都是以服务人民为根本价值取向的，都是为广大人民群众的利益而作出的重要思想理论指导。最后，社会主义先进文化与社会主义核心价值观双方要协调共进发展。各种文化冲突的背后隐含的是核心价值观的博弈，因此在发展社会主义先进文化的过程中，要始终坚守社会主义核心价值观的引领作用，在社会主义核心价值观的培育过程中，要始终以社会主义先进文化为理论指导。新时代大学生要自觉将社会主义先进文化的学习与社会主义核心价值观的培育联结在一起，通过深入学习社会主义先进文化理论知识、把握社会主义先进文化要领精髓来培育社会主义核心价值观。同时，要以社会主义核心价值观根本价值导向来学习与弘扬社会主义先进文化，以社会主义核心价值观的基本价值要求来创新与发展社会主义先进文化。

2. 社会主义核心价值观的培育必须发展社会主义先进文化

习近平总书记强调："坚守我们的价值体系，坚守我们的核心价值观，必须发挥文化的作用。"第一，社会主义先进文化为抵御外来不良思想提供了有力的思想武器，是大学生社会主义核心价值观培育的思想支撑。外来不良思想是影响大学生社会主义核心价值观培育的负面因素，对于大学生社会主义核心价值观的培育与养成具有严重阻碍作用。而社会主义先进文化正是防御与抵抗外来不良思想与不良文化的思想武器与理论铠甲。社会主义先进文化是对外来不良思想与消极文化的正确回应，是应对质疑与挑战的有力回答。因而大学生要认真学习与应用社会主义先进文化来促进自身对社会主义核心价值观的深层理解与培育践行。第二，社会主义先进文化为增强价值认同提供了可靠的理论素材，是大学生社会主义核心价值观培育的理论支持。社会主义核心价值观并不是空中楼阁，社会主义核心价值观是以社会主义先进文化为重要理论基础的。社会主义先进文化蕴含着正确的社会价值取向与崇高的目标追求，为新时代大学生社会主义核心价值观的价值认同提供了理论支撑与正确引导。高校要深挖社会主义先进文化的根本价值取向，引导大学生学习社会主义先进文化，以此建立对社会主义核心价值观的价值观认同，进一步促进新时代大学生社会主义核心价值观的培育。

3. 以习近平总书记对于社会主义核心价值观的重要论述为教育指引

习近平总书记强调："要加强理论武装，推动新时代中国特色社会主义思想深入人心。"社会主义核心价值观的培育离不开扎实的理论武装，因此大学生社会主义核心价值观的培育要以习近平新时代中国特色社会主义思想为根本指引。高校要运用新时代中国特色社会主义思想铸魂育人，以习近平新时代中国特色社会主义思想所蕴含的正确价值取向来引导大学生正确认知社会主义核心价值观。第一，将培养时代新人作为社会主义核心价值观培养的着眼点。青年大学生作为时代新人的构成主体，是国家的未来和民族的希望。习近平总书记鼓励大学生自觉培育和践行社会主义核心价值观，树立共产主义远大理想，实现中国梦需要青年大学生富有责任且勇于担当，广大青年大学生要以社会主义核心价值观为思想指引，为实现中华民族伟大复兴中国梦而奋斗，以社会主义核心价值观中"爱岗、敬业、诚信、友善"作为自己的日常行为指引，在社会中形成强烈的示范效应，带动更多的人投入到对社会主义核心价值观的培育与践行中，以小群体带动大群体，以小范围影响大范围，形成社会主义全民培育与践行社会主义核心价值观的良好社会风气。第二，注重新时代大学生社会主义核心价值观的教育方式。习近平总书记为社会主义核心价值观的培育指明了多重路径遵循与培育方案。社会主义核心价值观的培育与践行要注重教育引导、实践养成与制度保障，同时要注重总揽全局与抓住关键部分，进一步探索社会主义核心价值观培育的多重路径。从思想到行动、从理论到实践、从环境熏陶到制度保证多角度与全方位地培育和践行社会主义核心价值观。❶ 第三，深度挖掘习近平新时代中国特色社会主义思想中的青年价值观教育思想，以青年价值观的培育增强社会主义核心价值观的培育实效性。习近平总书记指出："青年一代有理想、有本领、有担当，国家就有前途，民族就有希望。"❷ 可见，习近平总书记将青年的发展置于国家重大发展战略之中。而对于青年核心价值观的培育，他提出要"勤学、修德、明辨、笃实"，并强调了知识对于青年社会主义核心价值观培育的重要性。❸ 因此，高校在培育大学生社会主义核心价值观的过程中，要严格遵循习近平总书记有关青年价值观教育的重要论述，增强大学生社会主义核心价值观培育的实效性。

四、倡导社会主义公民道德规范

积极倡导社会主义公民道德规范，推动社会主义道德文明建设。倡导社会主义公民道德规范是从公民主体道德视角来推进社会主义精神文明建设，是提高国家治理水平、增强人民幸福感的重要举措，为新时代大学生社会主义核心价值观的培育提供了良好社会秩序与社会氛围。习近平总书记高度重视公民道

---

❶ 王易，田雨晴. 习近平对培育和践行社会主义核心价值观的新贡献 [J]. 马克思主义研究，2019（11）：40-47+1.

❷ 中国共产党第十九次全国代表大会文件汇编 [M]. 北京：人民出版社，2017.

❸ 肖永辉，李雁冰. 习近平新时代中国特色社会主义思想中的青年价值观教育思想探析 [J]. 东北师大学报（哲学社会科学版），2019（5）：152-157.

德建设，将公民道德建设作为社会软实力构建的重点内容，并出台一系列关于社会公民道德规范建设的重大决策与部署战略，为新时代中国特色社会主义发展营造了良好的社会环境与社会氛围。新时代下，我国公民道德建设呈现出一片勃勃生机的良好发展势头，为人民幸福生活营造出稳定与和谐的社会环境与社会秩序，为新时代大学生社会主义核心价值观的培育提供了良好培育空间与重要培育契机。新时代大学生社会主义核心价值观的培育离不开公民道德规范，要依靠公民道德规范来营造良好社会氛围，因此应重视社会主义公民道德规范对社会环境的塑造作用，对大学生社会主义核心价值观培育的引导作用，将社会主义公民道德规范建设列为重点关注方面与重点教育内容。

（一）正确认知社会主义公民道德规范建设与社会主义核心价值观培育的关系

习近平总书记提出，"明大德、守公德、严私德"，公民道德规范建设要求与社会主义核心价值观中国家、社会与个人三个层面的要求具有内在契合性，以社会主义公民道德规范建设要求来促进社会主义核心价值观的培育与践行是社会主义精神文明建设的题中之义与必然要求。社会主义核心价值观具有深厚的道德底蕴，展现着丰富的道德价值。以社会主义公民道德规范建设促进大学生社会主义核心价值观培育具有内在根据性与外在必要性。王荣发教授从三个层面阐述了公民道德建设与社会主义核心价值观之间的关系，公民道德建设是社会主义核心价值观培育的理想土壤，公民道德建设是社会主义核心价值观践行的根本手段，公民道德建设是社会主义核心价值观发挥引领作用的基础工程。[1] 社会主义公民道德规范建设与社会主义核心价值观培育要形成"你中有我，我中有你"的双维互动、协调发展体系。新时代公民道德建设需要社会主义核心价值观的引领，相应地，培育社会主义核心价值观也应贯穿在新时代社会主义公民道德规范建设中，二者要在相互促进中共同发展，共同营造和谐美好的社会环境与社会氛围。

1. 以社会主义公民道德规范推动社会主义核心价值观的培育

第一，高校应以社会主义公民道德规范作为社会主义核心价值观培育的辅

---

[1] 赵琦. "社会主义核心价值观与公民道德建设" 学术研讨会简讯 [EB/OL]. 中国社会科学网. 2014－12－24. http：//www. cssn. cn/skyskl/201412/t20141224_1454929_1. shtml.

助教育资源。社会主义公民道德规范内容与社会主义核心价值观内涵具有共同的价值指向，蕴含内容具有本质一致性。因此，以社会主义公民道德规范内容来辅助大学生社会主义核心价值观培育是必不可少的。高校教师应深度挖掘社会主义公民道德规范的教育内容作为大学生社会主义核心价值观的培育资料。高校在对大学生进行社会主义核心价值观理论灌输的同时，应以社会主义公民道德规范作为辅助教育资源。以《新时代公民道德建设实施纲要》作为大学生公民道德规范学习的范本，思想政治理论课教师要主动承担起此项教学任务，落实大学生对公民道德建设具体内容的学习，以此来树立大学生正确的价值观和价值取向，为大学生社会主义核心价值观的培育提供重要的理论学习素材。第二，高校应以社会主义公民道德规范的践行带动社会主义核心价值观的践行。相较于社会主义核心价值观的内涵内容，社会主义公民道德规范的内容会更加结合大学生日常实际生活，规则行为指向会更加的明确而具体，因此，高校应从社会主义公民道德规范的践行切入来带动大学生对社会主义核心价值观的培育与践行。高校应结合本校实际发展情况，基于大学生的心理发展特点引领大学生开展以社会主义公民道德建设为主题的社会实践活动，在具体的社会实践过程中以公民道德规范作为具体思想与行为指引，能够帮助大学生对社会主义核心价值观的认知，促进大学生对社会主义核心价值观的践行。

2. 以社会主义核心价值观引领社会主义公民道德建设

《新时代公民道德建设实施纲要》中明确强调："坚持以社会主义核心价值观为引领，将国家、社会、个人层面的价值要求贯穿到道德建设各方面，以主流价值建构道德规范、强化道德认同、指引道德实践，引导人们明大德、守公德、严私德。"❶ 因而可以看出社会主义核心价值观对社会主义公民道德建设具有普遍指导性，是社会主义公民道德建设的总纲领与总规范。以社会主义核心价值观为总引领，深化与细化落实社会主义公民道德建设。公民道德规范的实施是一个微观细化的系统工程，必须要以社会主义核心价值观这一总纲进行引领。以社会主义核心价值观引领大学生公民道德建设，有助于为大学生社会公民责任践行提供强有力的思想基础，有利于进一步推进社会治理现代化进程。一方面，在公民道德建设过程中坚定对社会主义核心价值观的理念信服；

---

❶ 新时代公民道德建设实施纲要 [N]. 人民日报，2019 – 10 – 28.

另一方面，在社会主义核心价值观培育过程中增强自身责任的践履，因而以社会主义核心价值观引领社会主义公民道德建设是非常必要的。第一，以社会主义核心价值观国家层面价值要求引领社会主义公民道德建设。"富强、民主、文明、和谐"是社会主义核心价值观对国家层面提出的价值要求，为广大人民群众勾勒出了未来国家的发展前进方向。社会主义公民道德建设的宏伟目标就是实现国家层面的强大发展。大学生作为国家发展的精英力量，是国家发展与民主振兴建设的中流砥柱。大学生应树立远大理想、奋发学习科学知识，自觉树立"大德"，为国家的强大而贡献自己的一份力量。第二，以社会主义核心价值观社会层面价值要求引领社会主义公民道德建设。"自由、平等、公正、法治"是社会主义核心价值观对社会层面提出的价值要求，是为广大人民群众营造良好社会环境与美好生活氛围。社会主义核心价值观的目标指向就是通过对人们思想的教育，以正确的行为规范来约束人们的行为，帮助人们养成良好的行为习惯。社会主义核心价值观社会层面的要求为大学生们营造"什么样的社会环境、怎样营造社会环境"提供了目标指向，使大学生公民道德建设在社会层面的践行具有更加鲜明的指向性。大学生应以社会主义核心价值观中社会层面的价值要求为指导，在社会生活中养成良好的社会公德与社会美德，为构建和谐美好的社会发挥自己的光与热。第三，以社会主义核心价值观个人层面价值要求引领社会主义公民道德建设。社会主义核心价值观公民个人层面价值要求是"爱国、敬业、诚信、友善"，对公民树立正确的价值取向，做出正确的行为选择具有指导性意义。高校应引导大学生自觉以社会主义核心价值观公民层面价值要求来深入理解公民道德规范，作为大学生在公民道德规范学习与践行过程中的基本引领。

3. 社会主义公民道德规范与社会主义核心价值观培育应协同发展

社会主义核心价值观的培育与社会主义公民道德建设二者之间是相辅相成、不可分割的。二者应相互促进并共同发展。可以说，社会主义核心价值观是宏观化的公民道德规范，公民道德规范是微观化的社会主义核心价值观。以大学生群体为教育主体，将社会主义核心价值观与社会主义公民道德规范共同培育、协同培育。第一，社会主义公民道德规范的内容学习与社会主义核心价值观内容培育要共同推进。高校要将大学生进行公民道德规范教育与社会主义核心价值观培育融为一体，二者共同推进。高校教师要灌输对大学生的公民道德规范内容的理论教育，深化学生对公民道德规范的认知与理解，引导大学生在日常生活中以公民道德规范为思想与行为准则，在教学过程中推进大学生公民道德教育与社会主义核心价值观培育的共同进行。第二，社会主义公民道德规范的实践与社会主义核心价值观的践行要协同推进。理论只有转化为实践才会切实地转化为社会力量，促进公民道德规范的实践与社会主义核心价值观的践行才会真正地发挥起社会治理功能，而社会主义公民道德规范与社会主义核心价值观又具有内在一致性和相同育人属性，因而高校要将大学生公民道德规范的实践与社会主义核心价值观的践行协同推进。第三，社会主义公民道德规范与社会主义核心价值观应统一到立德树人教育全过程。社会主义公民道德规范与社会主义核心价值观都是大学生思想政治教育的重点教育素材，基于二者立德树人的相同育人功能，应结合大学生的群体特征，充分挖掘社会主义公民道德规范与社会主义核心价值观的结合点，并一以贯之于高校立德树人教育全过程。

（二）以社会主义公民道德规范为载体培育大学生社会主义核心价值观

新时代大学生作为社会的公民，更是未来中国特色社会主义的建设者与接班人。因此既要将大学生作为学生角色进行系统的传道授业教育工作，又要将大学生作为公民角色开展公民道德教育工作。公民道德规范作为社会公民在社会生活中的生活规则与行为规范，是大学生公民道德规范教育的"教科书"，将公民道德规范列为大学生的重点学习内容，将其作为思想政治教育的重要教学资源，加强大学生社会主义公民道德规范教育。公民道德规范是将社会主义核心价值观日常化与生活化的重要载体，因此应以社会主义公民道德规范为载体培育大学生的社会主义核心价值观。

1. 要深化大学生对社会主义公民道德规范的理论认知

深化大学生对社会主义公民道德规范的理论认知，增强大学生对社会主义公民道德规范的理论认同。《公民道德建设实施纲要》是党专门部署加强道德建设的重要文件，是指导公民道德行为规范的行动纲领与行动指南。因此应将《公民道德建设实施纲要》充分合理地贯彻到大学生社会主义核心价值观的培育过程当中去，以大学生践行社会主义公民道德规范为实践指导来培育大学生社会主义核心价值观。第一，要重视新时代大学生对于公民道德规范内容的学习。由于部分大学生缺乏对于公民道德规范学习的自觉性与自制力，要从思想认识上高度重视并积极引导大学生自觉自愿地学习公民道德规范的具体内容。第二，将公民道德规范内容纳入教育系统当中，并贯穿于学校教育教学全过程。思想政治教育是大学生德育教育的主阵地与主渠道，将公民道德规范内容作为大学生思想政治教育的重点内容，加强对大学生的教育渗透，能够进一步让大学生在潜移默化中自觉受到公民道德教育。要增加对公民道德规范理论知识的灌输。使大学生深入了解并真正掌握社会公德、家庭美德、职业道德和个人品德的具体规范要求，并在实际学习生活当中对照标准严格要求自己。要不断加强对大学生的公民道德规范理论知识灌输，使大学生深刻认识到自身作为公民身份的应有责任和应尽义务，进而深化对社会主义核心价值观公民个人层面价值标准的深刻理解。第二，要经常组织大学生开展公民道德规范有关活动。公民道德规范教育不能单单地局限于理论知识的灌输，开展针对性的教育实践活动是其价值目标实现的重要途径和方式。可以以大学生公民道德规范培育为主题，开展一系列演讲比赛、交流会、辩论会等教学活动，充分调动大学生对社会主义公民道德规范学习的积极性，进一步增强大学生对社会主义核心价值观的培育与践行。

2. 要加强大学生对社会主义公民道德规范的实际践行

社会主义公民道德规范不仅要内化于心，更要外化于行。要做到道德教育与道德实践相结合，在道德教育过程中完善加强大学生对社会主义公民道德规范的实际践行。习近平总书记提出，"要注意把社会主义核心价值观日常化、具体化、形象化、生活化，使每个人都能感知它、领悟它"，❶ 而社会主义公民道德规范就是根据公民的日常行为所做出的具体行为规范纲领指南，因此，大学生加强对社会主义公民道德规范的日常践行就是培育社会主义核心价值观的过程。第一，要引导大学生依托校园场地来加强对公民道德规范的践行。大学生对公民道德规范了解得越多就越能促进社会主义核心价值观的培育。校园作为大学生学习与生活的主要场所，引导大学生在校内开展与公民道德规范学

---

❶ 申孟哲. "习近平谈核心价值观" ——凝神聚气 强基固本 [EB/OL]. 人民网. 2014 - 08 - 07. http：//cpc. people. com. cn/n/2014/0807/c64094 - 25418503 - 2. html.

习的相关活动是对大学生公民道德规范教育的重要实践方式。积极创造条件组织公民道德规范的知识问答竞赛、社会模范道德事迹演讲比赛等。第二，要支持大学生依托社会环境来强化对公民道德规范的实践。根据社会发展的现实需要不断开展必要的、适量的社会实践对大学生公民道德规范的养成意义非凡。在社会大环境下，大学生就成为真正的公民角色，社会大环境既是大学生社会主义公民道德规范付诸实践的大环境，又是大学生社会主义公民道德规范学习成果的检验炉。大学生群体应定期地组织相应的社会志愿服务活动，以社会实践活动来增强大学生公民道德素养，落实大学生社会主义核心价值观培育。

3. 要利用网络媒体加强大学生对公民道德规范的认知理解

近些年，网络媒体已然成为生活中不可或缺的教育资源与教育载体，因而运用网络媒体引导大学生加强对社会主义公民道德规范的认知践行是符合时代发展潮流与社会发展趋势的。公民道德规范教育要主动积极登上网络媒体的"快车"，进一步提升大学生群体社会主义公民道德规范的认知与践行，为大学生社会主义核心价值观的培育与践行打下良好基础。第一，利用网络媒体加强对公民道德规范的大力宣传。大力发挥网络媒体对于公民道德规范践行的宣传是公民道德建设的时代发展要求，也是更好地利用网络媒体载体提高公民道德建设实效性的主要方式。广泛利用各大媒体网站增强对公民道德规范的宣传，加强大学生对公民道德规范的认知与实践。第二，利用网络媒体创新拓展公民道德规范教育途径。应加强对大学生公民道德规范的各种网络载体创新，以社会主义公民道德规范为主题开设各种对应大学生公民道德规范教育的网络媒体公众号、短视频等多种媒体载体，以这些媒体载体为主要渠道来及时推送关于公民社会主义道德规范建设的相关内容，引导大学生认识自身的公民身份，加深对公民道德规范的理解程度，以此来深化大学生对社会主义核心价值观的培育与践行。

五、发挥榜样的引领示范作用

中国共产党一直将榜样教育作为国民素质教育的重要方式，并将榜样教育作为社会主义核心价值观培育的重要教育手段，同时榜样教育也是高校对大学生开展思想政治教育的重要教育方式。榜样是联结社会主义核心价值观理论与社会主义核心价值观实践的关键桥梁，宣传榜样先进事迹、弘扬榜样崇高精神、构建效仿榜样的社会氛围，通过发挥红色英雄人物、社会先进模范等榜样标杆，建构全社会学习榜样的良好社会氛围。榜样教育作为培育与弘扬社会主义核心价值观的重要教育形式。因此，要积极发挥榜样的引领示范作用来培育新时代大学生社会主义核心价值观良好社会环境，建构一个人人崇尚榜样的新时代、人人争当榜样的社会环境。

（一）发现榜样模范并学习效仿

榜样作为新时代大学生社会主义核心价值观培育的重要教育载体，要积极发现身边榜样并引导大学生学习效仿，构建良好社会培育氛围。榜样模范是在正确价值观的指引下坚持正确价值取向做出有益于人民、有益于社会的社会行为，具有催人奋进、引人效仿的无穷精神力量。因此要发掘大学生身边的榜样并引导大学生积极学习、努力效仿，形成全民践行社会主义核心价值观的良好氛围。

1. 以历史英雄人物为榜样，增强新时代大学生的国家责任感

历史英雄人物是我国优秀历史文化的重要部分，无数的历史英雄人物赋予悠久历史以鲜活的生命力和感染力。历史是一个民族的记忆，面对历史我们不能忘记，面对英雄人物我们更应该尊崇。对于今天的榜样教育，应充分利用历史英雄人物这一宝贵资源作为教育载体，作为培育新时代大学生社会主义核心价值观的教育资源。第一，深入挖掘历史英雄人物的榜样素材，作为大学生社会主义核心价值观培育的教育资源。历史英雄人物作为一个个具有伟大精神的鲜活人物，是大学生社会主义核心价值观培育的重要榜样资源与教育素材。围绕历史英雄人物的国家责任感分层次、分阶段地挖掘并归纳历史英雄人物的伟大精神，对大学生进行灌输教育以更好地培育社会主义核心价值观。第二，引导大学生深入理解历史英雄人物精神，作为大学生社会主义核心价值观培育的理论支撑。社会主义核心价值观是以中华优秀传统文化为重要理论根基的，深刻地蕴含了历史英雄人物的核心价值观，为社会主义核心价值观提供丰厚的理论依据，因此引导大学生深入理解历史英雄人物的伟大精神与英雄行为，能够增强大学生培育与践行社会主义核心价值观的说服力与教育力。第三，开展与历史英雄人物相关的实践活动，作为大学生社会主义核心价值观培育的实践题

材。仅仅是单纯的理论学习是远远不能达到榜样教育的效果的，高校开展重温历史英雄的课外活动能够进一步加强大学生对历史英雄人物伟大精神与正确价值取向的领会。应通过课堂角色扮演、话剧表演、主题演讲活动等来让大学生亲身重温，增强榜样教育实效性，进而深化大学生对社会主义核心价值观的理解。

2. 以社会先进模范为榜样，提高新时代大学生的社会责任感

国家与政府高度重视榜样教育之于国民教育的重要性，在社会生活中大力弘扬榜样模范事迹。近些年，"感动中国"节目又唤起了人们对于英雄、对于模范的重新认知。社会先进人物是时代下的先锋人物，是群众学习的榜样楷模，是新时代培育大学生社会主义核心价值观的重要榜样教育资源。首先，依据时代发展特征精选善选先进模范。对于社会先进模范的选择要秉持扎根群众生活、具有群众亲和力、群众认同性强的先进典型。要顺应时代发展潮流，选取具有时代气息、突出时代特色并引领时代发展的先进典型人物。其次，科学宣传社会先进模范。对于社会先进模范应采取科学合理的宣传模式，科学宣传能够促使先进模范典型真正地使广大人民群众接受并认可进而积极效仿。科学宣传，创新宣传方式方法，发扬创新精神，抓住科学宣传的精髓。依据先进典型的真实故事、遵循科学宣传规律、顺应大学生心理发展情况，对社会先进典型人物正确宣传、科学宣传。最后，高校作为大学生社会主义核心价值观培育的主要场所，应充分发挥出教育主场作用，成立学习先进模范小组，以所处地区为实践场地积极开展一系列的学习典型社会实践活动。

3. 以朋辈优秀学生为榜样，提升新时代大学生的个人责任感

高度重视朋辈教育，引导大学生以身边的优秀学生为学习榜样，提升新时代大学生的个人责任感，带动大学生增强践行社会主义核心价值观"爱国、敬业、诚信、友善"个人层面要求的积极性。首先，发挥大学生党员的先锋模范作用。大学生党员作为大学生朋辈中的优秀分子，是大学生身边的榜样模范，在校园日常学习生活中，大学生党员都是冲锋在前并起到模范带头作用的。以大学生党员这一优秀学生群体为榜样示范来宣传和弘扬社会主义核心价值观，起到一定的引领效应，带动更多的大学生来培育与践行社会主义核心价值观。其次，开展优秀大学生座谈会与交流会。学校或院系组织召开优秀大学

生榜样模范座谈会或交流会能够促进朋辈大学生之间的沟通交流，进一步深化朋辈教育的推动作用。组织优秀大学生参与座谈会与交流会能够更深入地了解优秀大学生的思想品德与优秀事迹，以优秀大学生的"学生身份"来讲述对社会主义核心价值观怎样理解与如何践行，做到现身说法激励大学生们践行社会主义核心价值，切实增强践行社会主义核心价值观的信心与能力。最后，建立大学生评先评优制度。建立大学生评优评先制度是将大学生榜样教育制度化与体系化的手段，是调动大学生们争当榜样、不断进取、践行社会主义核心价值观实现个人价值的重要方式。高校要建立科学的评价机制，做到评价方案科学化，建构立体且多元的评价方案。对于大学生不仅仅是以学习成绩作为唯一评价标准，而应分层次、全方位的评价学生，将思想道德标准列为评价内容，增强社会主义核心价值观培育的实效性。

（二）建构榜样学习的教育机制

建构榜样学习的教育机制是专门针对高校大学生这一群体将榜样教育专业化、正规化的教学方式，是高校思想政治理论教育的重要教育机制。建构榜样学习的教育机制可以进一步提高高校思想政治教育实效性，是高校对新时代大学生社会主义核心价值观培育的正确路径。

1. 建立学生榜样学习的长效工作机制

建立学生榜样学习的长效工作机制是保障学生榜样学习能够持续化推进的重要教育机制。长效工作机制是将榜样学习教育机制进一步专业化、正规化的分支教育机制，能够协助榜样学习的总教育机制更好地发挥作用。建立学生榜样学习的长效工作机制要遵循以下几点。首先，建立学生榜样学习的长效工作机制要抓住学生榜样学习的主要特点。新时代学生榜样学习的"榜样人物主体"呈现出时代性鲜明、主体性多元、层次性丰富等诸多特点，而学生作为榜样学习的"学习主体"却具有学习自主性弱、自觉性差、开放性强等特点，要建立学生榜样学习的长效工作机制就要基于"榜样人物主体""学生学习主体"这两大主体特点来建立榜样学习的长效机制。建立学生榜样学习的长效工作机制要根据"榜样人物主体"的特征系统划分出不同领域、不同时代、不同类型的榜样人物来专门性地开展对大学生的榜样教育，以不同榜样人物为实例来讲述他们对于社会主义核心价值观的践行。针对"学生学习主体"的学习特点设立独立的课程或多样的活动来增强大学生榜样学习的深度，形成榜样学习常态化机制，引领大学生在榜样学习中增强自身社会主义核心价值观培育与践行的自主性与自觉性。其次，建立学生榜样学习的长效工作机制要遵循学生榜样学习的基本规律。新时代大学生由于其群体的特殊性，在开展榜样学习的教育过程中要遵循学生的心理发展规律与行为养成规律。大学生由于心理发展尚不成熟，是非分辨能力较差，看待事物较为片面，因此高校对于学生榜样学习要起到引领带头作用，在日常学习生活中加强大学生对榜样学习的引导教育，在全民推进"思政课程"与"课程思政"的新理念灌输下，以榜样模范为切入点来灌输社会主义核心价值观的科学理念。根据大学生的行为养成规律，高校教师在推进大学生榜样学习的理论教育常态化下，结合"知行合一"教育原理推进大学生立足实践并践行责任的实践常态化行为教育，加深大学生对社会主义核心价值观的理论认知，促进大学生对社会主义核心价值观的实际践行。最后，建立学生榜样学习的长效工作机制要立足高校榜样教育的实际情况。可以看出，当下高校对大学生开展榜样教育虽然取得了一定的成效，但是仍旧面临诸多困难与挑战，导致榜样教育推进缓慢。高校要立足学生、定位实际、发现问题、剖析矛盾，不断地根据实际情况来增强榜样教育教学的实效性。

2. 建立榜样学习的常态工作机制

建立高校榜样教育与学生榜样学习的常态工作机制是实现榜样学习和榜样教育日常化的重要保障机制。大学生社会主义核心价值观的培育要落实到大学生日常学习生活的点点滴滴中，让社会主义核心价值观能够成为榜样为大学生社会主义核心价值观的培育提供良好的氛围与环境，进一步提升大学生培育与践行社会主义核心价值观的实效性，因而建立榜样学习的常态化教育工作机制是十分必要的。榜样学习的常态工作机制就是将榜样学习渗透到大学生的日常学习生活中，让榜样教育时时刻刻围绕在大学生的周围，营造生活中榜样学习的有效氛围。

3. 建立榜样学习的实践工作机制

搭建榜样示范的实践平台。大学生社会主义核心价值观的培育离不开"知行合一"这一永恒教育理念，榜样给人带来的不仅是正确的价值取向、无私的奉献精神、崇高的理想信念等精神层面的启示，更重要的是榜样具有催人效仿、催人践行的带动力量，而搭建榜样示范的实践平台为大学生提供了参与社会实践、效仿心中榜样的践行机会，为新时代大学生培育社会主义核心价值观提供了良好的实践环境。第一，基于校园领域，搭建校园实践基地。高校校园作为大学生学习与生活的主要场域，应在校园内开展学习榜样人物的文化活动，在校园中为大学生参与校园内志愿服务搭建平台。例如，以志愿协会名义开展学习榜样人物精神，在校园内开展一系列的志愿服务活动等，以此来增强大学生对榜样精神的领悟。第二，基于社区范围，构建社区实践平台。服务社区工作、搭建社区实践平台是新时代大学生培育与践行社会主义核心价值观的重要途径。大学生走出校园学习场域并走进社区工作场域，大学生身处场域的变化是实现大学生由学生向公民社会角色转变的条件。基于社区范围，可以让大学生更加清晰自身作为社会公民应该具备哪些社会责任与社会义务，有利于大学生更好地践行社会主义核心价值观公民层面的具体要求。

（三）创新榜样教育的内容方法

新时代是一个需要榜样的时代，新时代也是一个不缺乏榜样的时代。新时代下我国一直通过各种传播形式大力提倡榜样教育，高校也一直将榜样教育作为思想政治教育的重要教学方式。但是榜样教育的实效性却比较低，学习与效仿的影响力也并不广泛，因此创新榜样教育内容与教育方式在新时代大学生社会主义核心价值观的培育中是十分必要的，做到以创新榜样教育来提升新时代大学生社会主义核心价值观培育的实效性，做到以社会主义核心价值观为引领，创新榜样教育的内容与方法。

1. 创新榜样教育的教育内容，加深大学生对社会主义核心价值观的认同理解

当前我国榜样教育的内容较为固化，不能跟上时代发展潮流，不能满足学生发展需求，因此亟须创新榜样教育的教育内容。榜样教育内容作为榜样教育的灵魂所在，是榜样教育成功的关键环节。优化榜样教育的教育形式、创新教学模式是新时代大学生社会主义核心价值观培育的主要出路。首先，根据时代发展潮流创新榜样教育内容。立足新时代下的时代发展特征，深入挖掘新时代新精神、新时代新典型，不断甄选新时代下各行各业的先进典型人物，榜样教

育要跟进时代发展潮流，促进榜样教育与时代精神的结合。其次，聆听学生意见建议，丰富榜样教育的教育内容。榜样教育内容可以说是榜样教育的核心，在"内容为王"的榜样教育中，教育内容决定着榜样教育成功的关键。大学生是榜样教育的受众，应尽可能多地聆听大学生们的意见建议，加强对榜样教育受众大学生群体的需求了解及大学生的最新思想动态了解，以此来创新与丰富大学生社会主义核心价值观榜样教育的内容，提高榜样教育的实效性。最后，依靠校园文化载体丰富高校榜样教育的教育内容。校园文化作为学校所特有的精神场域与文化氛围，是新时代大学生社会主义核心价值观培育的重要载体，为新时代大学生社会主义核心价值观培育的重要环境氛围。当下，高校校园文化中存在榜样教育内容较为缺乏、榜样教育内容比重较低的现状，因此，丰富校园文化中的榜样教育内容是增强校园文化教育作用、提升大学生社会主义核心价值观培育实效性的重要方式。

2. 创新榜样教育的教育方法，优化大学生社会主义核心价值观的践行方式

首先，摆脱榜样教育形式注重理论灌输的固化性，秉承"知行合一"的教育理念。榜样教育作为思想政治教育的传统方式，也是对大学生进行社会主义核心价值观培育的有效方式。要想使榜样教育真正地发挥作用，就要采取适合新时代大学生特点和需求的具有新颖性和实效性的教育形式和方法。因此，高校要根据时代发展潮流与秉承教育"知行合一"的理念，在对学生进行理论灌输的同时增强教育实践性引领，提高榜样教育方式方法的吸引力，做到榜样教育理论灌输与社会实践相结合。其次，摆脱榜样教育形式的单一性，丰富榜样教育形式的多元化。榜样教育形式的单一性是制约大学生社会主义核心价值观培育成效的重要影响因素，丰富榜样教育形式的多元化是提升榜样教育功能、培育大学生社会主义核心价值观的必然要求。对于榜样典型人物进行鲜活宣传教育，采用视频、文字、图像等多种形式来充分展示榜样人物的伟大事迹，采用校园文化宣传、网络媒体宣传等多种宣传形式。最后，开展学习榜样模范的主题教育活动。应以时代典型人物的先进事迹开展一系列主题教育活动，以主题教育活动激发大学生学习榜样人物的热情，引导大学生在学习榜样人物的过程中培育与践行社会主义核心价值观。筹划与组织榜样模范精神学习，在学习榜样人物精神的过程中认知与理解社会主义核心价值观，营造出学

习榜样人物的良好氛围，为大学生社会主义核心价值观的培育提供有利空间。

3. 依托互联网媒体创新榜样教育，提升大学生社会主义核心价值观的培育效果

互联网媒体的发展为榜样教育提供了多种渠道和多种模式，以网络虚拟空间作为大学生社会主义核心价值观培育的第二基地是时代发展潮流的趋势，更契合新时代大学生的成长发展规律。新媒体时代的到来为榜样教育带来了创新契机，利用各种新媒体作为榜样教育载体，进一步提高新时代大学生社会主义核心价值观培育实效性。第一，利用网络平台完善与优化榜样教育内容。充分利用网络平台实现榜样教育资源共享、高校榜样教育经验交流、高校榜样教育方法探讨等，高度利用网络平台来深化对大学生的榜样教育，更好地利用榜样教育来助力于新时代大学生社会主义核心价值观的培育。第二，利用新媒体丰富与创新榜样教育载体。新媒体为大学生榜样教育提供了多重路径与新型教育载体，而榜样教育是大学生社会主义核心价值观培育的重要教育载体，因此利用新媒体丰富与创新榜样教育载体至关重要。利用微信、微博公众号来增强榜样模范的宣传；利用快手、抖音短视频推送榜样光辉事迹；利用图片、音频、视频等丰富素材强化榜样教育的丰富性。第三，提升网络榜样教育的吸引力。榜样教育内容要富有吸引力，榜样教育是以"故事为王"的思想政治教育的重要载体，因此网络榜样教育要极为注重内容建设。要深度挖掘榜样精神，不断根据时代发展与时俱进地丰富榜样教育内容。榜样教育形式要具备吸引力。对于榜样教育人物的宣传与事迹的弘扬，形式要新颖独特，可采用吸引大学生眼球的图片、漫画、短视频等多种形式来提高榜样教育的吸引力与关注度。

第六章 净化新时代大学生社会主义核心价值观培育的网络新空间

2019 年 1 月 25 日，习近平总书记在十九届中央政治局第十二次集体学习时指出："人在哪儿，宣传思想工作的重点就在哪儿，网络空间已经成为人们生产生活的新空间，那就也应该成为我们党凝聚共识的新空间。"❶ 新时代背景下，网络新空间作为立体化培育大学生社会主义核心价值观的重要领域，亟须顺应全媒体时代发展，加速推进传统媒体和新兴媒体全面优势融合，形成新时代大学生社会主义核心价值观网上网下培育的同心圆，使新时代大学生真正将社会主义核心价值观内化于心外化于行，唱响社会主义核心价值观的主旋律。

一、全媒体时代的内涵及特点

全媒体时代的到来为培育新时代大学生社会主义核心价值观带来了新的机遇，但同时也对新时代大学生社会主义核心价值观的培育带来了一定程度上的挑战，使新时代大学生社会主义核心价值观的培育和践行面临着诸多困难和阻碍。因此，只有清楚了解全媒体时代的定义、内涵及特征，把握全媒体时代下新时代大学生的行为特征及对其价值观的影响，认识到全媒体时代对大学生社会主义核心价值观培育的重要作用，才能有效应对全媒体时代大学生社会主义核心价值观培育面临的挑战，探索出全媒体时代进行大学生社会主义核心价值

---

❶ 卿志军. 打造凝聚共识的新空间［EB/OL］. 光明网. 2020 – 05 – 14. http：//theory. gmw. cn/2020 –05/14/content_33828768. htm.

观培育的有效途径。

（一）全媒体时代的定义

媒体融合是时代所向，大势所趋。在国内，"全媒体"一词最早正式出现在 2006 年发布的《国家"十一五"时期文化发展规划纲要》中，是作为国家文化发展战略被提出来的。此后，伴随着媒体传播形态的不断丰富和发展，传统媒体和新兴媒体在传播内容、传播渠道和传播功能等方面进行了全方位优势的融合，全媒体作为跨媒体之后出现的媒体融合进阶概念，开始被人们广泛使用。

全媒体是综合运用多种媒介表现形式，如文、图、声、光、电等，全方位、立体化地展示传播内容，同时通过文字、声像、网络、通信等传播手段来传输的一种新的传播形态。● 全媒体的"全"主要体现在两个方面：一是全媒体拥有最全的媒体传播形态，是媒体最大化的集成者。全媒体涵盖了社会中的全部媒体形态，不仅包括报刊、户外、广播、电视等传统媒体形态，还包括互联网、数字、通信等先进信息技术支撑下出现的数字报纸、数字电视、手机短信等新兴媒体形态。新时代大学生可以自由按照个人喜好和需求选择一种乃至多种媒体传播形态获取社会主义核心价值观学习资源，比如新时代大学生不仅可以在宽敞明亮的图书馆里阅读纸质版的社会主义核心价值观权威书籍、报刊，还可以借助手机、电脑、电视等终端，通过网络新媒体、移动新媒体、数字新媒体融合接收社会主义核心价值观的丰富内涵和实践要求。二是全媒体拥有最全的媒体表现形式，全媒体强大的传播功能和多样的传播渠道使得全媒体的传播内容十分丰富。就培育新时代大学生社会主义核心价值观来说，全媒体时代下的网络新空间，不仅有传统文字形式的社会主义核心价值观宣传内容，而且还有诸多新颖的宣传图片、音频和网页。大学生可以主动通过多种多样的渠道，如登录微信、微博、学习强国等，即时高效地获取和分享社会主义核心价值观相关资料。由此可见，全媒体不同于跨媒体之间的简单连接，它是根据用户需求和偏好综合运用各种媒体传播形态和媒体表现形式，为用户提供最佳的感官体验。总之，全媒体是各类传统媒体和新兴媒体在传播内容、传播渠道和传播功能等方面的全面互动、优势互补和深度融合。

● 新华社新闻研究所课题组. 中国传媒全媒体发展研究报告［J］. 科技传播，2010（2）.

（二）全媒体时代的内涵

2019 年 1 月 25 日，习近平总书记在十九届中共中央政治局第十二次集体学习时指出："全媒体不断发展，出现了全程媒体、全息媒体、全员媒体、全效媒体，信息无处不在、无所不及、无人不用，导致舆论生态、媒体格局、传播方式发生深刻变化，新闻舆论工作面临新的挑战。"❶ 这是对全媒体时代的全新、全面、科学、正确的论述。由此可见，伴随着媒体技术和信息技术的迭代升级，媒体融合已经进入了纵深发展的阶段，在新时代全媒体正以"全程、全息、全员、全效"的媒体特征融入新时代大学生社会主义核心价值观培育的方方面面，助力中国特色社会主义伟大事业建设者和接班人的成长成才。

1. "全程"是对全媒体在时间维度上特点的阐述

全媒体时代下，伴随着 5G、物联网、人工智能等信息技术的不断革新发展，信息传播打破了以往时间和空间的限制，基本上可以对事件从开始到结束的全过程进行同步记录、存储和传播，真正实现了信息随时随地几乎零时差传播。在过去以传统媒体为主的时代，人们只能通过报刊、户外、广播、电视等较为单一的传统媒体渠道传播和获取信息，并且受媒体技术和信息技术不发达等原因的影响，信息传播不仅内容形式单一，还十分缺乏时效性。信息从产生到被媒体接收，再经过媒体工作者人为筛选、加工和传播，一系列流程走下来需要很长的一段时间周期，所以在过去人们常常无法及时地获得所需要的信息。同时，过去人们所获得的信息都是经过加工处理后才传播出来的，这就导致一些原始信息会被掩盖。然而在全媒体时代，媒体的传播功能十分强大，克服了以往时间和空间的阻碍，媒体传播速度之快、承载内容之多、覆盖范围之广，不仅极大地提高了信息传播的时效性，还使信息从产生到被用户获取都可以被媒体记录、存储和传播，人们都可以通过媒体获得所需的第一手信息，这也极大丰富了人们日益增长的多样化信息需求。在新时代大学生社会主义核心价值观的培育过程中，全程媒体可以帮助新时代大学生随时随地获取社会主义核心价值观从提出到不断完善发展至今的诸多相关资料，帮助新时代大学生进

---

❶ 习近平. 推动媒体融合向纵深发展巩固全党全国人民共同思想基础［EB/OL］. 新华网. 2019 - 01 - 25. http：//www. xinhuanet. com/politics/leaders/2019 - 01/25/c_1124044208. htm.

一步完整地学习和理解社会主义核心价值观的概念内涵、发展历程、价值意义以及践行路径，进而提高新时代大学生社会主义核心价值观的知识素养。

2. "全息"是对全媒体在空间维度上特点的阐述

全媒体时代下，伴随着物联网、大数据、多维成像等先进信息技术的发展，信息传播突破了物理尺度，万事万物在空间存在的全部信息都可以通过媒体和网络以数据的形式多角度、全方位地展示给用户，以充分调动用户的所有感官，为用户提供最佳的感官体验。传统媒体的信息传播具有单媒体、单平台和单形态的特点，然而在全媒体时代，全息媒体的出现使信息传播呈现出多媒体、多平台和多形态的特点，所以全息媒体传播的信息内容具有多样性的特点。在新时代大学生社会主义核心价值观的培育过程中，全息媒体为新时代大学生提供了技术先进的传播和交流平台。新时代大学生可以通过纸质版的图书、报刊阅读静态的社会主义核心价值观文字、图片；也可以利用互联网通过电视、手机、电脑等信息接收终端，观看动态的社会主义核心价值观图片和视频，参观学习 3D 版的社会主义核心价值观宣传展览馆；还可以通过相关社会主义核心价值观网络直播课，与一线名师在网上面对面交流关于社会主义核心价值观的学习心得和体会。全息媒体的出现极大丰富了新时代大学生学习和践行社会主义核心价值观的途径，使新时代大学生随时随地都能以各种形式接受到社会主义核心价值观的熏陶，极大地提高了新时代大学生社会主义核心价值观培育的实效性。

3. "全员"是对全媒体在主体维度上特点的阐述

全媒体时代下，伴随着手机、平板、电脑等智能终端的普及应用，无论是个人用户还是机构集体都可以通过不同的方式参与到社会信息的交互过程中。全员媒体的出现突破了媒体的主体尺度，从传统媒体的一对多传播，变成了全员媒体的多对多传播，通过全员媒体，每个人的声音都可以被世界听到，这就意味着每个人都可以自由地参与到信息传播的全程中，直接与一个乃至多个信息生产者进行互动交流。在全媒体时代，信息传播过程具有明显的双向互动性，每个人既是信息的传播者也是信息的制造者。随着互联网技术和媒体技术的不断发展，信息传播媒体及平台层出不穷，每个人都可以按照自己的需求选择喜欢的媒体和平台获取信息，同时每个人也都可以利用网络和各个媒体平台分享信息和发表言论。就全员媒体而言，只要具备相应的媒体条件和网络条件，每个人都能够随时随地通过 QQ、微信等即时通信媒体，在网络上晒出自己的喜闻乐见，表达自己的所悟所感，通过点赞、评论、语音、视频等方式同他人进行互动和交流。全员媒体下"人人都有麦克风"，人人都是自媒体，特别是一些知名自媒体在网络新空间中有着不容小觑的影响力，他们或在自己擅长的专业领域分享专业知识，或通过媒体发声表达自己对人与事的看法，发挥着意见领袖的作用。自媒体的产生更加充分地体现了全媒体时代的"全员"特点。在新时代大学生社会主义核心价值观的培育过程中，每个新时代大学生都可以通过全员媒体浏览新浪、搜狐、腾讯等网站获取最新的社会主义核心价值观时事资讯，并可以在网上主动就自己感兴趣的问题发表观点和看法。除此之外，每个新时代大学生还可以积极主动地参与到宣传社会主义核心价值观的过程中，借助全员媒体为弘扬社会主义核心价值观献计献力。

4. "全效"是对全媒体在效能维度上特点的阐述

全媒体时代下，伴随着各类传统媒体和新兴媒体在传播功能上的全面互补和优势融合，使得各种各样的应用软件在网络新空间汇聚，媒体传播功能空前强大，在新时代全效媒体集信息传播、网络社交、电子商务、政务服务等各种功能为一体，突破了媒体的功能尺度，并以其强大的传播效能全方位地覆盖到人们衣食住行的方方面面。在信息传播方面，全效媒体可以综合运用文字、图片、视频等信息表现形式为用户提供更加全面立体的传播内容；在网络社交方面，全效媒体可以帮助相隔万里的两个人实现即时的文字、语音、视频交流；在电子商务方面，全效媒体推动了传统商业活动电子化和网络化的发展，在网络新空间下人们几乎凭借着一部手机就能够搞定一切，电子货币的广泛使用和全效媒体的强大功能，使得人们能够高效便捷地获得衣食住行等各方面的所需。比如通过全效媒体，人们不仅可以足不出户在网上购买食品、衣物、书籍、用具等各种商品，还可以在网上为出行预定好交通工具和食宿酒店。在政务服务方面，借助全效媒体，政府有关部门在网上开通了问政于民的政务服务网，以充分发挥人民群众的主人翁意识，确保权力在阳光下运行。由此可见，全效媒体极大丰富和方便了人们的生活，提高了人们的生活效率和生活质量。在新时代大学生社会主义核心价值观的培育过程中，全效媒体以其强大的传播功能不仅为新时代大学生提供了纷繁多样的社会主义核心价值观学习资源，还为新时代大学生学习、探讨和弘扬社会主义核心价值观提供了众多的宣传平台和行动路径，提升了新时代大学生社会主义核心价值观的体验感和获得感。

（三）全媒体时代的特点

新时代背景下，互联网技术得到大规模应用，以网络媒体为代表的新兴媒体蓬勃发展，与此同时，新媒体与传统媒体不断顺应时代发展进行媒体融合实践，因此全媒体时代顺势而生，并表现出了与新时代相互呼应的新特点。

1. 传播媒介融合化

传播媒介融合化是全媒体时代的第一个特点。全媒体时代信息传播媒体种类齐全，涵盖了所有的传统媒体和新兴媒体，伴随着媒体技术和信息技术的不断革新，各类媒体不断发展、相互借鉴，在全媒体时代形成你中有我、我中有你的媒介融合特点。全媒体时代下，传统媒体和新媒体之间不是取代关系，而是迭代关系；不是谁主谁次，而是此长彼长；不是谁强谁弱，而是优势互补。❶ 虽然新兴媒体在很大程度上打破了信息传播的时间和空间限制，在传播速度、传播内容、传播范围等方面都凸显出了很大的优势，但是传统媒体作为全媒体的重要组成部分，依旧在全媒体时代不断发挥着不可替代的作用。在全媒体传播体系中，许多传统媒体通过不断融合互联网、数字、通信等先进信息技术实现了向新兴媒体的转化和发展。比如，数字报纸、数字广播、数字电视等数字化传统媒体的出现，不仅极大丰富了新时代大学生获取信息的渠道、内容和形式，更充分体现了全媒体时代媒介融合的传播特点。

2. 传播速度即时化

传播速度即时化是全媒体时代的第二个特点。伴随着数字、互联网、移动通信等先进信息技术的普及和应用，全媒体时代信息的传播速度和时效性都得到了极大的提高。全媒体时代实现了传统媒体和新兴媒体的全面互动、优势互补和深度融合，其媒体传播体系融合运用了各类信息传播的媒介形式，不仅利用了先进的互联网和数字技术对传统媒体进行了改造升级，还不断开发新兴媒体的传播功能和传播形式，数字化传统媒体以及即时网络视频直播新兴媒体的

---

❶ 习近平. 加快推动媒体融合发展 构建全媒体传播格局 ［J］. 新湘评论，2019（5）.

出现，都极大提高了全媒体时代信息的传播速度和时效性，实现了所见即所得。同时，全媒体时代的不断发展也不断推动海量信息资源通过网络直播、新闻播报、电子报刊等各类媒体源源不断地传播开来。因此，培育新时代大学生社会主义核心价值观，要好好利用全媒体时代传播速度即时化的特点，积极宣传社会主义核心价值观正能量，引导新时代大学生树立新风貌。

3. 传播内容多样化

传播内容多样化是全媒体时代的第三个特点。全媒体时代拥有最全的媒体传播形态和最全的媒体表现形式，故而全媒体时代的信息传播内容极具多样化。全媒体时代各类传统媒体和新兴媒体为用户提供了大量的信息传播和交流平台，每个用户都可以自由选择一种或多种偏好的媒体获取和传播信息，从而充分享有获取多样化信息传播内容的自由。比如，全媒体时代网络与传统媒体之间进行了有效整合，极大丰富了信息的传播形态。过去人们除了读书看报，就只能定时定点地通过收看电视节目了解外面的世界，而在信息技术先进的全媒体时代，数字化电视的出现使用户不仅可以更加高清地收看各省的卫视频道，还可以通过连接网络在银河奇异果、云视听极光、酷瞄等智能电视端搜索观看各个年份的影视资源。除此之外，全媒体时代下各类传播媒体又结合了图像、声音、视频等多样化的信息表现形式，并利用错综复杂的互联网将信息传递给每个用户，使全媒体时代的信息传播内容更具多样化。

4. 传播环境复杂化

传播环境复杂化是全媒体时代的第四个特点。全媒体时代是一个信息大爆炸的时代。全程媒体、全息媒体、全员媒体、全效媒体的出现加速了各类媒体在网络新空间中的传播速度，扩展了各类信息在用户群体中的传播范围。然而全媒体时代高度开放的传播环境导致信息准入门槛过低，在网络新空间中一般除了国家、企业等涉密信息外，大部分的信息都是可以被公开和共享的，同时又因为网络信息资源容易获取和使用成本低廉，所以各类信息得以通过网络进行广泛传播。特别需要引起人们重视的是全媒体时代的信息传播环境虽然高度开放，但是也十分复杂。在网络新空间中海量信息优劣并存，在优质信息传播的同时，一些网络有害信息也悄然潜伏到人们的身边。故而，新时代大学生在传播和获取信息时一定要提高自身警惕，提高优劣信息辨别能力，谨防网络有害信息的侵蚀和影响。

全媒体时代下，新时代大学生的成长已经被深深烙上了全媒体的印记，互联网作为全媒体时代的重要技术支撑早已经渗透到新时代大学生的学习和生活中，深刻影响着新时代大学生的思想观念和行为方式。在培育新时代大学生社会主义核心价值观的过程中，各个领域的培育工作者以及大学生自身都必须要准确理解全媒体时代"全程、全息、全员、全效"的内涵，把握和利用好全媒体时代传播媒介融合化、传播速度即时化、传播内容多样化、传播环境复杂化的特点，以大力发挥全媒体在新时代大学生社会主义核心价值观培育工作中的有利作用，积极为新时代大学生成长成才提供风清气正的网络新空间。

二、全媒体时代下新时代大学生的行为特征及对其价值观的影响

新时代大学生是伴随着互联网成长起来的一代，是网络新空间的原住民。新时代大学生正处于智力和人格发展的重要阶段，具有思维活跃、学习能力强以及好奇心重等特点。一方面他们善于学习和探索新鲜事物，能够很快掌握手机、平板、电脑等移动智能终端的使用方法；另一方面他们也正处于思维情绪波动较大的心理断乳期，在思想和行为上还不够理智成熟，亟须坚定理想信念，内化社会主义核心价值观，确立正确的世界观、人生观和价值观。全媒体时代下，尤其是网络新媒体已经成为新时代大学生学习、生活和社交必不可少的重要工具，深刻影响着新时代大学生的思想观念和行为方式。因此，了解和探究全媒体时代下新时代大学生的行为特征，是有效开展新时代大学生社会主义核心价值观培育工作的重要前提。

（一）全媒体时代下新时代大学生的行为特征

1. 总体上理性成熟

全媒体时代下，网络的及时性、互动性和开放性为新时代大学生提供了海量的信息资源，然而也正是因为网络的开放性使得海量信息资源中既有精华也有糟粕。面对复杂的网络新空间，大多数的新时代大学生在主动获取所需信息时基本上能够做到网络自律，细心甄别信息精华和信息糟粕，自觉抵制网络有害信息的侵蚀，不观看不良信息，不传播有害信息，能够比较正确地处理好网

络同自身学习、生活还有社交的关系。在学习方面，大多数的新时代大学生会利用网络获取大量的学习资料，会通过网络课堂与一线名师在线交流讨论学习心得，不断提高自己的学习能力；在生活方面，大多数的新时代大学生会利用网络看新闻、听音乐、刷视频、玩游戏、购物等来丰富自己的娱乐生活；在社交方面，大多数的新时代大学生十分注重个性的发展，喜欢在微信、微博、抖音等网络公共社交平台发布一些记录生活点滴的图片文字和短视频来展现自己、结识他人，扩大现实的交友范围。由此可见，全媒体时代下大多数的新时代大学生的网络行为是理性成熟的。

2. 网络依赖明显化

全媒体时代下，媒体融合不断发展促使网络为新时代大学生提供了更加广阔的学习、生活和社交空间，然而随着移动终端设备的不断升级换代，超便携性的手机、平板、电脑等设备使新时代大学生可以随时随地上网冲浪，致使长期把时间和精力花费在网络上的新时代大学生对网络的依赖越来越明显。上网、睡觉和社交是新时代大学生最主要的课外活动，新时代大学生不仅会在休息时间利用网络购物、社交、看视频、打游戏，在走路、吃饭的时候依旧做到机不离手，甚至有些新时代大学生还会偷偷在课堂上搞小动作玩手机，全然不顾自己的新时代大学生身份和老师的谆谆教导，深深沉迷在网络的世界里。这些现象在大学校园里屡见不鲜，部分新时代大学生网络自制能力确实很差，他们上网频率较高且上网时间较长，很容易被网络吸引而沉溺其中无法自拔。

特别要引起注意的是，很多新时代大学生热衷于各种网络游戏和手机游戏，虽然适当的益智游戏可以帮助新时代大学生锻炼思维能力，但是部分自制力较差的新时代大学生常常玩起游戏就不舍得离开，逼真的游戏场景、有趣的角色扮演、闯关的胜利快感使他们欲罢不能，甚至有的大学生还会废寝忘食通宵达旦地打游戏，丝毫不顾及自己的身体健康和第二天上课时的精神状态。况且一些网络游戏中设有很多激烈打斗的暴力场景，假如新时代大学生长时间处在这样的游戏环境中，不仅会使他们对游戏产生很强的依赖性，严重了还会使他们的思想和行为都遭到游戏的负面影响而表现出易怒暴力的倾向，而大学生自身也很难形成正确的世界观、人生观和价值观。因此，在培育新时代大学生社会主义核心价值观的过程中，培育工作者要特别关注这部分网络自律能力差、容易网络成瘾的新时代大学生，并积极采取有针对性的措施引导他们早日走出诱惑回归正常生活，帮助他们重新树立起正确的世界观、人生观和价值观。

3. 上网动机娱乐化

新时代大学生的网络行为受上网动机的支配，有什么样的上网动机就会体现出什么样的网络行为。全媒体时代下，由于部分新时代大学生网络素养不高，还尚未形成正确认识网络和使用网络的意识，故而他们的网络行为表现出明显的轻学习而重娱乐的特征。日常繁多的课程学习使新时代大学生在课下更倾向于休息放松自己，而全媒体的发展又极大丰富了网络的娱乐资源，一些现实生活中的娱乐活动如斗地主、打麻将、K 歌等都可以通过网络进行真人连线操作，相较于现实生活中的娱乐活动，这些网络娱乐活动具有不受时空限制且参与成本较低的优点，这对身处大学校园而又没有经济来源的新时代大学生来说有着巨大的吸引力。在日常生活中，如若没有学习任务的要求，部分新时代大学生一般很少会在网络上浏览跟学习相关的内容，也很少有意地去学习更多的网络应用技能来提高自身的网络素养，他们更倾向于将网络当作是课余时间娱乐休闲的平台，故而新时代大学生经常会为了放松心情、消磨时光在网络上花费大量的时间。由此可见，全媒体时代下新时代大学生的上网动机日趋娱乐化，而网络娱乐休闲领域作为新时代大学生网络行为的高发地，应当在新时代大学生社会主义核心价值观的培育过程中加以重视。

4. 日常社交虚拟化

伴随着互联网技术的发展和普及，人们的社交方式发生了翻天覆地的变化，网络已经成为新时代大学生日常生活中的重要社交工具，为新时代大学生带来了巨大的便利。早在还未入学报到的时候，同一个班级乃至同一个专业院系的新时代大学生就通过 QQ、微信等平台建起了发布学校通知和供新生相互交流的新生群，提早为新时代大学生准备入学用品、结识新朋友以及了解大学生活创造了条件，方便新生开学后能够更快地适应新的学习环境。虽然网络社交给新时代大学生带来了高效便捷的生活，但是在现实生活中仍然存在着部分大学生因为过度沉迷网络社交而忽略了现实生活中的人际交往的现象。他们一天中除了外出上课学习，其余时间都用在网络娱乐和网络社交上，而他们在现实中的人际交往大多也仅限于跟人碰面打声招呼，几乎不会长时间地停留与人交谈。如果这部分大学生长此以往，那么他们就会面临着交际沟通能力弱化的风险，这对新时代大学生毕业以后步入社会工作是有百害而无一利的。此外，网络的隐蔽性和匿名性也会使部分新时代大学生在进行网络社交的时候无所顾忌，随意发表不当言论，肆意抨击辱骂他人，缺少新时代大学生应有的网络自律意识和责任意识。

（二）全媒体时代对新时代大学生价值观的影响

1. 对部分新时代大学生的主流价值观念造成冲击

全媒体时代下，伴随着经济和科技的迅猛发展，互联网技术实现了大范围的普及。高校是互联网技术普及最广的重要场所，新时代大学生是互联网技术普及最广的用户群体。全程媒体、全息媒体、全员媒体和全效媒体的出现为新时代大学生提供了更加广阔开放的学习、生活和社交空间。新时代大学生是当代青年中的佼佼者，他们头脑灵活学习能力强，对互联网的运用可以称得上是得心应手，并且他们从小就接受爱党、爱国、爱人民的初心使命教育，是弘扬社会主义核心价值观强有力的生力军。全媒体时代下，大多数的新时代大学生都能够做到遵纪守法，认真学习、践行和传播社会主义核心价值观。然而在海量信息交汇传播的网络新空间，面对西方价值观念与中国主流价值观念激烈的冲突碰撞，部分理想信念不坚定的新时代大学生容易陷入错误思潮的漩涡而使自身主流价值观念受到冲击，他们会盲目崇拜西方的价值观念，过度追求开放和自由；他们也会信奉西方所谓的民主人权，奉行精致利己的个人主义；他们还会追求西方的生活方式，大力追捧"洋货"，热衷庆祝感恩节、万圣节、圣诞节等"洋节"。除此之外，还有少数三观不正的新时代大学生在受到多样化价值观念的蛊惑后，淡化了国家意识，动摇了政治信仰，对在新时代是否继续坚持改革开放，是否继续坚持中国特色社会主义提出了怀疑和困惑。因此，培育新时代大学生社会主义核心价值观，增强社会主义意识形态吸引力，帮助新时代大学生树立正确的世界观、人生观和价值观已经刻不容缓。

2. 削弱了部分新时代大学生的爱国主义情感

爱国是民族精神的核心，是社会主义核心价值观在公民个人层面的价值准则，更是每一个新时代大学生必须具有的道德情操。全媒体时代下，全程媒体、全息媒体、全效媒体和全员媒体的出现极大克服了信息传播的时间和空间障碍，打破了世界各国交往的地域限制和语言限制，增强了全球范围内国与国、人与人之间的联系和交往，不断推动了经济全球化、文化多样化和社会信息化的发展。然而网络是一把"双刃剑"，虽然大多数的新时代大学生在虚拟的网络新空间中都能做到坚定政治立场，热爱自己的祖国，但也有部分信息辨别能力差的新时代大学生容易陷入大量网络有害信息中而无法自拔，盲目崇洋媚外。在网络新空间中，他们会表现出一些爱国主义情感削弱的倾向，比如他们会不经实践偏执地认为"洋货"的质量比国货的质量好，认为外国的科技比中国的科技先进，认为外国的教育比中国的教育优秀等，甚至少数新时代大学生盲目到不区分文化精华和文化糟粕就全盘吸收西方外来文化，并且还作为自媒体在网络上大肆宣扬西方的价值观念，煽动错误的网络舆论。如若新时代大学生长期秉承这样的价值观念和行为方式，就会慢慢淡化国家意识，忽略国家界限，并在一定程度上降低了自己对祖国、对民族、对文化的认同感和归属感，削弱自身的爱国主义情感。因此，在培育新时代大学生社会主义核心价值观的过程中，要着重培养新时代大学生对祖国、对民族、对文化的认同感和归属感，引导新时代大学生理性思考和对待网络信息，规范新时代大学生在网络新空间中的言论和行为，努力培养新时代大学生形成正确的爱国观。

3. 部分新时代大学生的诚信道德品质出现问题

诚信是中华民族的传统美德，是社会主义核心价值观在公民个人层面的价值准则，更是新时代大学生实现自身德、智、体、美、劳全面发展的必备素质。全媒体时代下，全程媒体、全息媒体、全员媒体和全效媒体的出现给新时代大学生的学习和生活带来了极大的便利，即时的信息传播速度和多样的信息传播内容，使得新时代大学生不仅可以通过各种媒体获取大量的文字、图片、视频等资料来充实自己的学习，还可以利用各种媒体看新闻、听音乐、刷视频、玩游戏等来丰富自己的生活。但与此同时，更加开放复杂的网络新空间也大大增加了道德对新时代大学生网络行为的约束难度。虽然大多数的新时代大学生都能够主动遵守互联网相关法律和道德规范，在网络新空间中做到诚实守信，但是仍然有部分法律意识和道德意识薄弱的新时代大学生忽视了网络诚信的重要性而出现缺乏诚信道德品质的问题。比如在现实生活中，部分缺乏诚信的新时代大学生会利用网络获取大量的学习资源，复制抄袭他人的学术成果以完成课堂作业和学术任务；也会受情绪和利益的驱使，肆意在网络上散播谣言等虚假信息，恶意抹黑和中伤他人；甚至还有少数新时代大学生迷信崇拜"黑客"技术，仗着自己高超的电脑技术，以非法的手段传播病毒、攻击系统、盗取账号谋夺不义之财。因此，在培育新时代大学生社会主义核心价值观的过程中，要不断加强对新时代大学生诚信道德品质的培养，以期深化新时代大学生对网络诚信内涵及重要性的认识，规范新时代大学生在网络新空间中的失信行为。

4. 部分新时代大学生的友善自觉意识淡化

友善是构建和谐人际关系的基本准则，是社会主义核心价值观在公民个人层面的价值准则，更是新时代大学生与人为善、维护网络生态环境的道德规范。在过去以传统媒体为主的时代，人与人之间只能通过面对面、发短信或打电话等方式进行沟通交流，然而伴随着全媒体时代的发展，人们不仅可以通过面对面、发短信或打电话等方式与他人进行联系，还可以通过 QQ、微信、微博等一系列网络社交新媒体随时随地与他人进行语音和视频通话。媒体技术和网络技术的发展大大改变了人们的社交方式，扩大了人们的社交范围，网络社交以其不受时间和空间限制等优势在用户群体中迅速风靡开来。新时代大学生作为网络的原住民群体，早早地就加入到网络社交的队伍当中，他们喜欢在网络上大胆地展示自我，彰显个性价值，也喜欢通过网络寻找志趣相投的朋友互相鼓励进步。但是要引起注意的是，对于新时代大学生来说，网络社交是有利有弊的。一方面，网络社交能够满足新时代大学生不受时间和空间限制的社交需求，使他们随时随地都可以利用网络同他人取得联系，同时网络社交的间接性还能帮助部分羞涩内向、现实社交能力差的新时代大学生大胆地表达出自己的想法，交到志同道合的好朋友；另一方面，网络社交的虚拟性和匿名性也在不断冲击着新时代大学生的友善自觉意识，虽然大多数的新时代大学生友善自觉意识良好，能够在网络新空间中主动文明地同他人进行交往，但是也有部分性格古怪、脾气暴躁的新时代大学生表现出了一些友善自觉意识淡化的行为。比如他们会在网络新空间中无所顾忌地发表一些低俗、色情、暴力的脏话，会不分青红皂白地跟随错误舆论肆意辱骂和抨击他人，甚至少数新时代大学生还是追星脑残粉，一旦有任何不好的网络言论涉及自己喜欢的明星，他们就会立即在网络上破口大骂予以反击。因此，在培育新时代大学生社会主义核心价值观的过程中，要积极增强新时代大学生的网络自律意识和责任意识，努力提高新时代大学生的友善自觉意识，使新时代大学生自觉做到维护网络生态环境，主动践行正确的友善观。

全媒体时代下，新时代大学生的思想道德状况总体良好，行为方式总体理性成熟、积极向上。虽然大多数的新时代大学生能够比较正确地处理好全媒体与自身学习、生活和社交的关系，能够主动积极地利用全程媒体、全息媒体、全员媒体和全效媒体获取形式多样的学习、生活和社交资源，不断充实自己，提高自身的综合素质，但是仍然有部分尚未内化社会主义核心价值观的新时代大学生在网络新空间中会表现出一些严重依赖网络、重娱乐轻学习、沉迷网络社交等失范行为。因此在培育新时代大学生社会主义核心价值观的过程中，要准确全面地把握好新时代大学生的各种行为特征对其价值观的影响，及时规范新时代大学生在网络新空间中的失范行为，以避免失范行为对新时代大学生主流价值观念的冲击、对爱国主义情感的削弱和对诚信道德品质以及友善自觉意识的弱化，从而切实有效地提高新时代大学生社会主义核心价值观的培育效果。

三、全媒体时代对新时代大学生社会主义核心价值观培育的重要作用

全媒体作为媒介传播发展的一种新型态势，具有传播范围广、传播速度快，表现形式多样等特点。全媒体时代有着最全的信息传播载体，能够帮助新时代大学生拓宽视野，有效激发新时代大学生的学习兴趣和媒体潜能。在培育新时代大学生社会主义核心价值观的过程中，全程媒体、全息媒体、全员媒体和全效媒体发挥着重要的作用，不仅可以加快新时代大学生社会主义核心价值观培育效率，还可以创新新时代大学生社会主义核心价值观培育方式，拓展新时代大学生社会主义核心价值观培育空间，进而全面提高新时代大学生社会主义核心价值观培育工作的实效性。

（一）加快社会主义核心价值观培育效率

全媒体时代下，信息克服了时间和空间的传播障碍，以迅雷不及掩耳之势在网络新空间中传播开来，海量的信息资源为新时代大学生提供了大量丰富的学习资源，加快了社会主义核心价值观的培育效率。首先，媒体技术与网络技

术的发展改变了新时代大学生的学习方式。过去的大学生只能通过一些纸质版的杂志、报纸、书籍学习科学文化知识，但在网络发达的今天，电子图书馆、数字报纸以及电子杂志的出现极大地改变了新时代大学生的学习方式，丰富了新时代大学生的学习内容，提高了学习资源的利用率。与传统图书馆相比，电子图书馆储存空间大，且不像传统书籍一样会受到发霉、生虫的影响，电子图书馆能够长时间地保存电子形式的书籍信息，同时电子图书馆内容多样、管理便捷、成本低、传阅速度快、便于交流等特点，使得新时代大学生不仅可以在线阅读大量的社会主义核心价值观相关书籍，还可以很方便地到各种社会主义核心价值观的视频、音频资料。全媒体时代电子图书馆等其他网络在线学习方式的出现，极大提高了知识的传播速度，加快了新时代大学生社会主义核心价值观的培育效率。其次，全媒体为社会主义核心价值观提供了多样化的传播渠道。培育工作者通过报刊、广播、电视、手机、互联网等多种媒体宣传社会主义核心价值观，以文字、图片、音视频资料等不同形式向新时代大学生形象地展示了社会主义核心价值观在国家、社会和个人层面的具体内容，同时由于媒体传播的及时性和互动性，培育工作者还能够及时地得到新时代大学生社会主义核心价值观培育效果的反馈情况，并根据反馈情况对新时代大学生社会主义核心价值观的培育工作做出相应的调整和改善，从而帮助新时代大学生更快更好地理解和内化社会主义核心价值观。再次，网络直播在全媒体时代的盛行，几乎实现了零时差异地信息共享。通过网络直播，新时代大学生能够第一时间获得最新的社会主义核心价值观学习资源，这也极大加快了新时代大学生社会主义核心价值观的培育效率。

（二）创新社会主义核心价值观培育方式

全媒体时代的发展创新了新时代大学生社会主义核心价值观的培育方式。首先，全媒体创新了教育工作者培育新时代大学生社会主义核心价值观的工作方式。在全媒体时代，教育工作者对新时代大学生社会主义核心价值观的培育不再仅仅局限于单一的思政课理论知识灌输。在社会主义核心价值观的培育过程中，教育工作者可以利用多种媒体传播设备，通过线下课堂教学的方式向新时代大学生形象地展示了生动丰富的社会主义核心价值观图片和视频资料，通过不断增强社会主义核心价值观的吸引力和感召力，积极引导新时代大学生调动多种感官参与课堂学习。与此同时，教育工作者也可以通过网络课堂、远程视频讲座等教学方式对新时代大学生进行社会主义核心价值观的线上培育。除此之外，教育工作者还可以在日常生活中借助微信公众号、新浪微博、网络论坛等多种形式的互动交流平台，向新时代大学生推送当下最新的、高质量的社会主义核心价值观实时资讯，帮助新时代大学生更加有效地理解和内化社会主义核心价值观的内涵。

其次，全媒体时代的发展创新了新时代大学生学习社会主义核心价值观的方式。全程媒体、全息媒体、全员媒体和全效媒体使新时代大学生获取资源的手段日新月异且不再受时间和空间的限制，任何时间、任何地点新时代大学生都能够通过多样化的信息传播媒体获取到社会主义核心价值观最新的实时热点，潜移默化间接受着社会主义核心价值观的隐性教育。与此同时，传统媒体和新兴媒体的全面优势融合极大丰富了信息的传播形态和内容，新时代大学生通过网络足不出户就能尽知天下事，便捷高效地获取到大量社会主义核心价值观的文字、图片、视频等学习资源，进而不断开拓自己的视野，增长自己的见识，使自己更加深刻地理解社会主义核心价值观在国家、社会和个人层面的具体内容。除此之外，网络的开放性和互动性使新时代大学生可以自由地在网络新空间中畅所欲言，同他人交流讨论有关社会主义核心价值观的问题，不断提高自身的培育参与度和政治敏锐性，以更快建立起正确完整的社会主义核心价值观认知，提高自身知行合一的能力。

（三）拓展社会主义核心价值观培育空间

在过去媒体和网络还不太发达的年代，培育新时代大学生社会主义核心价值观很大程度上受到时间和空间的阻碍，新时代大学生往往只能通过思政课堂上老师的讲解、阅读纸质版社会主义核心价值观书籍、收看社会主义核心价值观相关电视节目等途径才能接受到社会主义核心价值观的培育，这极大限制了新时代大学生的学习空间和学习效率。全程媒体、全息媒体、全员媒体和全效媒体的出现打破了社会主义核心价值观培育的时间和空间限制，并以最全的信息传播媒介和最全的信息表现形式，帮助新时代大学生随时随地获取形式多样的社会主义核心价值观学习资源。

在全媒体时代，国家和政府宣传部门不仅可以通过纸质版的报纸、广播、电视等传统媒体来宣传社会主义核心价值观的内容，还可以利用网络通过数字报纸、数字广播、数字电视等新兴媒体来传播社会主义核心价值观的正能量。

高校教育工作者既可以通过线下传统课堂向新时代大学生讲解社会主义核心价值观的相关知识，又可以通过线上网络课堂随时随地就电子版讲义、课件跟新时代大学生进行交流探讨，对新时代大学生进行社会主义核心价值观的教育。而新时代大学生作为社会主义核心价值观的培育对象，全程媒体、全息媒体、全员媒体、全效媒体为其发挥自身主观能动性提供了更多的可能性，新时代大学生学习社会主义核心价值观不再受课堂、纸质版书籍以及传统电视的空间限制，他们只须具备必要的媒体终端和网络条件，如一部可以装进口袋的智能手机，就能自由地通过网络听课、读书、看报、看视频，也能利用网络获取到以前各个时间段的社会主义核心价值观学习资源，了解社会主义核心价值观的由来及发展历程，还能及时地通过新浪微博、学习强国、腾讯新闻等软件了解当下最新的社会主义核心价值观实时热点，以紧跟时代步伐不断充实和完善自身社会主义核心价值观的知识储备。由此可见，无论是对于社会主义核心价值观的各方培育工作者而言，还是就新时代大学生自身来说，全媒体时代的发展都极大地拓展了新时代大学生社会主义核心价值观的培育空间。

四、全媒体时代新时代大学生社会主义核心价值观培育面临的挑战

全媒体时代下，各类媒体全面、优势融合地发展，为培育新时代大学生社会主义核心价值观带来了前所未有的机遇，全程媒体、全息媒体、全员媒体和全效媒体的出现极大丰富了社会主义核心价值观学习资源的内容和形式，提高了新时代大学生社会主义核心价值观培育工作的实效性。然而凡事具有两面性，错综复杂的信息传播环境、落后的社会主义核心价值观培育方式以及新时代大学生有待提高的媒介素养，使得全媒体时代新时代大学生社会主义核心价值观的培育工作也同样面临着不容回避的问题和挑战。

（一）全媒体时代信息传播环境错综复杂

伴随着媒体信息技术的更新迭代，人们获取和传播信息的方式发生了颠覆性的变化。在全媒体时代，各类媒体传播信息即时高效且形式多样，为新时代大学生提供了十分丰富的学习、生活和社交资源。然而虚拟隐匿的网络新空间和尚未健全的媒体监管制度都导致了全媒体时代信息传播环境错综复杂，海量信息中鱼龙混杂，精华信息和糟粕信息并存，给新时代大学生社会主义核心价

值观的培育工作带来了不利影响。全媒体时代下，网络会将复杂多样的价值观念传递给新时代大学生，在这些价值观念中，不仅有代表先进文化的社会主义核心价值观，还有诸如拜金主义、功利主义、个人主义等腐朽落后文化。尤其是在网络新空间还存在着一群不怀好意的境外敌对分子，他们趁机借助全媒体便捷高效的传播特点，在网络上大力鼓吹西方资本主义国家的价值观念，企图诱导和分化我国新时代大学生，弱化他们的主流价值观念，使他们盲目崇拜西方的价值观念，信奉西方的民主人权，追求西方的生活方式。与此同时，国内的一些不法分子受利益的驱使也极其不安分，他们通过各种途径在网络媒体上大肆散播消极、低俗、色情、暴力、迷信等糟粕信息，并且这些有害信息常常会以文字、图片、视频以及广告等多种形式隐匿在新时代大学生经常浏览的游戏、网页等地方。新时代大学生正处于世界观、人生观和价值观确立的重要时期，面对全媒体时代错综复杂的信息传播环境，信息辨别能力差的新时代大学生极易受到糟粕信息的侵蚀影响，倘若部分自制能力差的大学生禁不住好奇和诱惑接触到了这类糟粕信息，丧失理性判断而沉溺其中，那么他们的价值观念和行为方式都会很大程度上遭到有害信息的污染和侵蚀，新时代大学生社会主义核心价值观的培育工作也势必会遭遇阻碍。因此，在全媒体时代健全互联网相关法律法规，加强全媒体信息监管，净化网络培育环境，成为培育新时代大学生社会主义核心价值观亟待解决的问题。

（二）社会主义核心价值观培育方式落后

伴随着全媒体时代的到来，传统落后的社会主义核心价值观培育方式已经不能紧跟时代步伐，满足新时代大学生社会主义核心价值观的培育需要。回顾过去新时代大学生社会主义核心价值观的培育历程，社会主义核心价值观的培育只是高校思想政治理论课中的一部分，它并没有成为一门独立的必修课或选修课。就传统的社会主义核心价值观培育方式来说，培育工作者主要通过思想政治理论课对新时代大学生进行社会主义核心价值观培育，并采取单向教材授课的教学方法为新时代大学生讲解社会主义核心价值观的相关知识，传统培育方式教学方法单一，教学内容空洞乏味，难以引起学生的情感共鸣，并且由于新时代大学生个人素质参差不齐，部分理解能力差的新时代大学生，很难只通过书本理论就完整理解和掌握社会主义核心价值观的深刻内涵。由此可见，在这样的培育方式下，培育工作者和新时代大学生之间的关系是不对等的，通常培育工作者在课堂中占据主导地位，主动为新时代大学生选择社会主义核心价值观的培育内容，这虽然免去了新时代大学生自己筛选信息的过程，保证了社会主义核心价值观培育内容的正确性，但是也在一定程度上限制了新时代大学生的创造性和主观能动性，难以调动新时代大学生积极的学习兴趣。因此，倘若不加以改革创新，培育方式如此单一落后、缺乏针对性和创新性的社会主义核心价值观培育方式，继续将运用于新时代，就会在很大程度上影响培育效果。

（三）新时代大学生媒介素养有待提高

媒介素养是新时代大学生认识媒体、理解媒体、运用媒体能力的体现，❶也是衡量新时代大学生社会主义核心价值观培育工作的重要指标。全媒体时代下，虽然信息媒体被普及应用，但是新时代大学生由于受自身媒体认知水平和技术水平的限制，媒介素养普遍有待提高。

首先，新时代大学生所接受的高等教育是一种专业化性质的教育。学校会根据每个人所选专业的不同，为新时代大学生开设各个专业的必修课和选修课以及政治、英语类公共必修课程，而对于信息技术类课程而言，学校通常会为每个大一新生开设两个学期的计算机信息技术课程，此后除了相关计算机专业的大学生会继续学习媒体信息技术以外，其他专业的大学生很少会再去主动深入地学习媒体信息技术。这种情况使得多数新时代大学生了解的媒体知识较少，掌握的媒体技能较为基础、薄弱。在现实生活中，他们一般也就会简单地使用 Office 等办公软件做个表格、写个文档、制个 PPT 以完成课程作业，而不会再去积极主动地深入挖掘媒体在学习方面、在培育自身社会主义核心价值观方面的其他功能。

其次，就新时代大学生自身特性而言，正值热血年纪的新时代大学生猎奇心较重，他们更倾向于利用各种媒体娱乐放松自己，而忽视了网络新空间为学习社会主义核心价值观所带来的巨大便利，多数新时代大学生每天会花费大量的时间和精力用来上网，他们通过网络获取所需要的各种信息，同时又作为信息生产者在网上发布各种文字、图片和视频资料。然而，新时代大学生正处在

---

❶ 王飞. 全媒体时代高校思想政治教育的四个维度［J］. 辽宁师范大学学报（社会科学版），2020（3）：85.

三观定性发展的重要时期，部分尚不具备正确世界观、人生观和价值观的新时代大学生媒介素养不高且甄别网络有害信息的能力低下，容易被错误文化思潮和虚假的网络信息所迷惑，而不能正确认识和有效利用各类媒体学习社会主义核心价值观相关知识。同时，全媒体时代下大学生获取和接收信息具有碎片化的特点。他们常常随意在网络上浏览和接收各种社会主义核心价值观相关信息，这也容易导致部分理解能力差的新时代大学生因为碎片化的信息接收方式而不能更加深刻系统地理解社会主义核心价值观的真正内涵及价值。因此，培育新时代大学生社会主义核心价值观亟须强化大学生的全媒体应用技能，提高新时代大学生的媒介素养特别是对网络有害信息的辨别能力和抵御能力，以充分发挥全媒体对培育新时代大学生社会主义核心价值观的有利作用。

五、全媒体时代进行新时代大学生社会主义核心价值观培育的有效途径

全媒体时代下，媒体信息传播具有速度快速、覆盖面广、形式多样化等特点。为培育新时代大学生社会主义核心价值观提供了很多有利的媒体传播条件和社会主义核心价值观正能量的学习资源，但是与此同时，新时代大学生社会主义核心价值观的培育工作又面临着诸多困境和挑战，复杂的全媒体信息传播环境、落后的社会主义核心价值观培育方式以及新时代大学生有待提高的媒介素养水平，都阻碍着新时代大学生社会主义核心价值观培育工作的顺利开展和有效推行。因此，在全媒体时代要大力加强全媒体信息监管、建设全媒体信息平台、开展全媒体技能培训，以净化网络培育环境、创新网络培育方式、提高新时代大学生媒介素养，从而帮助新时代大学生正确运用全媒体，积极发挥各类媒体在网络新空间中唱响社会主义核心价值观主旋律的积极作用与价值。

（一）加强全媒体信息监管，净化网络培育环境

全媒体时代下，为了应对错综复杂的信息传播环境给新时代大学生社会主义核心价值观培育工作带来的挑战，政府、高校以及媒体运营商都必须要高度重视和加强对全媒体信息的监管，以净化网络培育环境，为新时代大学生提供风清气正的网络培育新空间。

全媒体时代下，众多新旧传播媒体和海量的信息资源，为新时代大学生带

来了错综复杂的信息传播环境。全媒体包括传统媒体和新兴媒体，在信息传播过程中，报纸、杂志等传统媒体由于具有相对健全的媒体传播规范和制度，往往传递出来的信息都是正向权威的，符合社会主义核心价值观取向的。然而相较于传统媒体而言，虽然新兴媒体传播速度更快、用户群体更广、形式更加多样化，但是由于目前新兴媒体的信息监管体系并不完善，所以亟须政府有关部门结合新时代大学生社会主义核心价值观的培育困境，积极主动地参与媒体管理，出台有针对性的信息媒体监管政策和法律法规，严厉打击各类媒体恶性竞争违背社会主义核心价值观的行为，并及时做好网络应急机制，一旦在网络上发现有人散播不利于国家和人民的谣言及其他虚假的有害信息，政府相关部门必须马上采取行动调查信息源，弄清信息传播的来龙去脉，并对相关传播者进行教育和追责，从而为净化网络培育环境，为培育新时代大学生社会主义核心价值观提供强有力的制度保障。

高校作为培育新时代大学生社会主义核心价值观的主要场所，更要结合新时代大学生成长特点加强对校园媒体的管理和监督，通过建设媒体规章制度为新时代大学生制定一套完整可行的校园媒体使用规范，以强化新时代大学生的校园媒体安全意识和网络道德自律意识，或者高校可以成立学生共同参与管理的信息监管平台，这样不仅可以丰富新时代大学生的实践活动内容，还可以使新时代大学生直接参与信息管理，提高信息监管的针对性和实效性，有力规范新时代大学生在网络新空间的一言一行。同时，假如发现新时代大学生有违反学校媒体使用规章制度的行为，比如故意利用网络骚扰、攻击和欺骗他人，散播虚假低俗信息污染校园文化环境等行为，高校要及时发现并制止这类失范行为，并对相关行为失范的大学生进行批评、教育、警告或处分，从而为培育新时代大学生社会主义核心价值观提供文明安全的校园网络培育环境。

在新时代大学生社会主义核心价值观的培育工作中，除了要通过政府、高校对全媒体进行外部的信息监管以外，还需要各个媒体运营商大力加强对媒体内部信息制作的管理和监督，以更加全面地净化全媒体时代下的网络新空间。全媒体作为海量信息的媒体传播平台，既可以便捷高效地向新时代大学生传播丰富多样的社会主义核心价值观正能量，又可以加速扩大网络有害信息的传播范围，故而大力加强对媒体内部信息制作的管理和监督，对于净化网络新空间来说是必不可少的重要一环。就各类传播媒体而言，要大力加强对广大用户群体的实名制管理，提高各类信息的准入门槛，还要专门设置媒体内部信息监管小组，以权责分明、切实有效地监管好全媒体时代各种信息源从产生到加工再到传播的全过程，争取阻止和切断网络有害信息的传播，以提高全媒体时代信息传播的真实性、合法性和权威性，为培育新时代大学生社会主义核心价值观提供优质的传播媒体。

（二）建设全媒体信息平台，创新网络培育方式

伴随着社会信息化水平的不断提高，传统的社会主义核心价值观培育方式越发凸显出单一落后的缺点，已经不能很好地满足新时代大学生形式多样的学习需求，故而在全媒体时代下培育新时代大学生社会主义核心价值观，亟须大力建设全媒体信息平台，全面加速各类媒体在全媒体时代的优势融合，创新新时代大学生社会主义核心价值观的网络培育方式。

新时代背景下，建设全媒体信息平台，首先需要积极融合各类传统媒体和新兴媒体，既要充分发挥报纸、杂志等传统媒体的重要作用，又要充分结合电子杂志、网络电视等新兴媒体的传播优势，通过微信、微博、网站论坛等多种途径，坚持传播社会主义核心价值观正能量，以扩大主流价值对新时代大学生的影响力，唤起新时代大学生对社会主义核心价值观的情感共鸣，强化新时代大学生对社会主义核心价值观的认同，从而正确引导新时代大学生树立起正确的世界观、人生观和价值观。其次，建设全媒体信息平台还需要积极构建新型主流媒体，新型主流媒体可以及时纠正网络错误舆情，为新时代大学生指明正确的舆论导向和价值标准。建设全媒体信息平台要重点把好"媒体信息关"，注重信息源的真实性和时效性，实事求是地快速传播社会主义核心价值观培育资源，在面对突发网络错误舆情时，要及时通过新型主流媒体坚定立场，核实事件发展的来龙去脉，快速做出回应和解释，增强信息平台传播的公信力。其次，建设全媒体信息平台还需要重点培养一批政治坚定、业务精湛、眼界开阔的优秀全媒体人才，为不断推动各类媒体深度优势融合，创新社会主义核心价值观网络培育方式提供源源不断的技术和人才支撑。

高校作为培育新时代大学生社会主义核心价值观的主要场所，应当积极建设全媒体信息平台，创新社会主义核心价值观网络培育方式。首先，高校社会主义核心价值观教育工作者可以综合运用校园广播、黑板投影仪等校园媒体将爱国、敬业、诚信、友善等社会主义核心价值观正能量贯彻到学校教育的方方面面，可以通过"全媒体+课程+实践"的方式对新时代大学生开展社会主

义核心价值观线上线下培育，以提高新时代大学生的综合素养及辨别网络有害信息的能力，帮助新时代大学生更好地趋利避害，接受社会主义核心价值观正能量的培育。其次，高校教育工作者还可以充分利用教室的多媒体设备，结合新时代大学生所感兴趣的社会实时热点，在教学中引入大量社会主义核心价值观相关图像视频素材，丰富课堂内容，提高课堂趣味性，以增强新时代大学生对社会主义核心价值观的理解和认同，实现社会主义核心价值观培育真正达到入耳、入脑、入心的效果。

相较于高校自上而下的社会主义核心价值观培育方式而言，新时代大学生更容易接受平等关系下的社会主义核心价值观培育方式。全媒体时代下，网络新空间中存在着很多精通时事的意见领袖，他们足智多谋且对时事有着新颖独到的分析和见解，受到了很多新时代大学生粉丝的关注和追捧。因此，培育新时代大学生社会主义核心价值观，也要高度重视意见领袖对新时代大学生价值观的引导作用，意见领袖可以通过微信、微博等公众账号在网络上自由分享对社会主义核心价值观正能量的独特见解，以启发新时代大学生从不同的角度理解社会主义核心价值观的内涵及意义，发散新时代大学生的学习思维，提高新时代大学生对社会主义核心价值观的理解能力和学习效率。

（三）强化全媒体应用技能，提高新时代大学生媒介素养

所谓新时代大学生的媒介素养，就是指新时代大学生在面对信息传播媒介时，所表现出来的知识素养、能力素养和情感素养，即新时代大学生能够正确认识和使用媒介传播信息，并能深刻理解信息传播媒介所体现的价值。全媒体时代下，新时代大学生作为社会主义核心价值观的培育对象，他们的媒介素养水平与新时代大学生社会主义核心价值观的培育效果密切相关，故而培育新时代大学生社会主义核心价值观亟须强化新时代大学生全媒体应用技能，提高新时代大学生的媒介素养。

高校要切实加强对新时代大学生媒介素养的培育。首先，高校管理层可以结合学校硬件、软件资源以及教学的实际情况，在原来课程体系的基础上增设面向全体新时代大学生的全媒体理论教育课程和全媒体技能培训课程，与时俱进地提高新时代大学生媒体技能和媒介素养，使新时代大学生能够学习和掌握更多的全媒体知识，能够更加熟练地运用多种媒体获取所需的社会主义核心价值观学习资源。与此同时，高校教育工作者还可以积极为新时代大学生开设

"第二课堂"，如定期举办全媒体知识大赛、全媒体技能大赛等各种网络主题的竞赛，以积极调动新时代大学生的学习热情和兴趣，强化新时代大学生全媒体应用技能。其次，高校教育工作者还可以通过召开学生集体会议、举办信息安全专题讲座等方式对新时代大学生进行信息安全教育，提高新时代大学生甄别精华信息和糟粕信息的能力，引导新时代大学生养成健康的信息趣味，进而使新时代大学生自觉遵守网络规范，文明获取和传播社会主义核心价值观正能量。最后，高校教育工作者不仅要潜心育人还要身正为范，与时俱进地提高自身媒介素养，创新社会主义核心价值观网络培育方式，积极将全媒体技术引进社会主义核心价值观课堂教学，使新时代大学生在学习社会主义核心价值观的同时，感受到全媒体时代所带来的高效和便捷。

全媒体时代下，新时代大学生作为社会主义核心价值观培育的内在因素，更要不断加强学习全媒体知识，强化全媒体应用技能，提高自身媒介素养。首先，新时代大学生要培养健康的信息需求。健康的信息需求是新时代大学生做出正确选择和判断的前提条件。面对信息鱼龙混杂的网络新空间，部分自制能力差和信息辨别能力差的新时代大学生，往往容易受到各种低俗、色情、暴力、迷信等有害信息的诱惑和侵蚀而发生网络失范行为，故而新时代大学生必须积极提高自身媒介素养，培养健康的信息需求。其次，新时代大学生要树立明确的主体意识，正确处理好自身同媒体、信息和网络新空间的关系。面对全媒体时代的各类传播媒体，新时代大学生要始终保持理智、成熟的态度，认真学习全媒体知识和技能，努力提高自己甄别网络有害信息的能力，积极主动地利用多种媒体，获取健康向上的社会主义核心价值观正能量。面对海量信息资源，新时代大学生要做信息的主人，不能随波逐流盲目跟从错误的舆论思潮，看待社会实时热点要有自己的观点和看法。除此之外，新时代大学生更要约束自己，做到有节制地上网，不能沉溺在网络新空间中无法自拔，忽视了自身在现实空间的成长发展，新时代大学生要学会正确地利用网络为学习服务，为培育自身社会主义核心价值观服务，而不是将大量的精力和时间都花费在游戏、追剧、购物上，白白浪费了大好青春。最后，新时代大学生要自觉加强道德意识和法律意识，在使用全媒体的过程中，坚定立场遵守网络行为规范，不散播损害他人、集体和国家利益的言论，也不信谣、传谣，自觉维护网络新空间的秩序与安全，做坚定的社会主义核心价值观学习者、传播者和践行者。

全媒体时代下，培育新时代大学生社会主义核心价值观是一项复杂且系统的工作，不仅需要有良好的网络培育环境，还需要各方培育工作者利用全媒体传播体系共同发力，将社会主义核心价值观的内涵、意义以及践行方式源源不断地融入新时代大学生社会主义核心价值观的培育当中，积极引导新时代大学生发挥实践能动作用，在学习、生活和社交中真正做到将社会主义核心价值观内化于心外化于行。由此可见，只有共同发挥新时代大学生社会主义核心价值观培育的外生动力和内生动力，才能真正使社会主义核心价值观培育工作在新时代大学生群体中落地落实。

六、加强新时代大学生网络生活中的规范要求

全媒体时代下，网络已成为新时代大学生学习、生活和社交的重要载体。新时代大学生可以通过网络自由地获取学习资源、尽情地娱乐放松心情、即时地进行互动交流。但是网络新空间的开放性也使得海量信息鱼龙混杂真假并存，部分尚未真正理解和内化社会主义核心价值观的新时代大学生容易遭受到网络有害信息的侵蚀，从而导致自身世界观、人生观和价值观发生偏差。因此，为了净化新时代大学生社会主义核心价值观培育的网络新空间，必须要加强新时代大学生在网络生活中的行为规范。

（一）自觉遵守宪法和法律，正确使用网络工具

在网络新空间中，新时代大学生要做到自觉遵守宪法和法律，正确使用网络工具。首先，遵守宪法和法律是新时代大学生正确使用网络工具的前提，也是新时代大学生学习、传播和践行社会主义核心价值观的内在要求。无论何时何地，新时代大学生都要坚定政治立场，强化主流价值观念，厚植爱国情怀，自觉遵守我国宪法和互联网相关的各项法律与规章制度，在合法合理的范围内正确使用网络工具，坚定弘扬社会主义核心价值观。在使用网络工具获取和传播信息的过程中，新时代大学生要自觉做到爱护网络媒体设备，时刻警惕网络有害信息的诱惑侵蚀，不点击和浏览有关色情、暴力、赌博、迷信等非健康网站，不访问破坏民族团结和国家统一的网站，不在网络上发布和传播任何危害国家安全、社会稳定和人民利益的谣言，更不在网络上参与任何危害国家安全、荣誉和利益的活动。其次，网络是一个自由开放的空间，新时代大学生在使用网络工具时，还要自觉增强公共网络安全意识，自觉维护公共网络安全秩

序。新时代大学生不得在网上转发和传播来源不明的信息，也不得在网络社交平台上参与低俗恶趣的话题讨论，更不得制作和传播网络木马病毒，非法攻击和入侵他人的计算机系统，盗取他人的隐私和信息。最后，新时代大学生在使用网络工具时，必须要注意保护自己以及他人的信息安全。新时代大学生要增强自我安全意识和保护意识，不要随意在网络上公开个人隐私和信息，并且还要尊重他人隐私，未经他人允许，不得查看他人的聊天记录、电子邮件等私人信息，也不得查看和拷贝他人的移动存储设备，更不能不经他人许可擅自在网络上公布他人的隐私，侵犯他人的合法权益。

（二）自觉遵守网络道德，进行健康网络交往

网络已经成为新时代大学生人际交往的重要平台，然而在纷繁复杂的网络新空间中，部分尚未形成正确世界观、人生观和价值观的新时代大学生由于缺乏理性成熟的思考，很容易被一些网络极端言论所影响而表现出偏激的网络交往行为。因此，新时代大学生要自觉遵守互联网法律和道德规范，主动提高自身的诚信道德品质和友善自觉意识，文明健康地同他人进行网络交往。首先，新时代大学生要加强自我管理，自觉提高网络道德意识和责任意识，防止各种网络道德失范行为的发生。在网络新空间中，新时代大学生要言行得当地表达自己的合理需求，并且身体力行地利用全媒体传播中华优秀传统文化、革命文化和社会主义先进文化，弘扬社会主义核心价值观。其次，新时代大学生要诚信友善地在网络新空间同他人进行文明交往，要尊重和维护他人的合法权益，不得侮辱、诽谤、攻击和欺诈他人。同时，新时代大学生也要增强自我警惕意识和保护意识，不随意约见陌生网友，不参加无益身心健康的网络交友活动。再次，便捷的网络为新时代大学生提供了大量丰富的社会主义核心价值观学习资源，在利用网络获取和使用这些学习资源时，大学生要自觉遵守学术道德和学术规范，尊重他人的知识产权，养成良好的学术习惯。在引用和借鉴他人的作品时，不得复制、粘贴和篡改他人的作品，不得将他人的作品不经署名就应用到自己的作品中，也不得未经授权就随意下载具有知识产权的著作资料和影视资料，更不得浏览盗版网站和使用盗版软件在网络上公开传播具有知识产权的文字、图案以及他人未公开发表的知识资源，盗用他人的智力成果。

（三）自觉避免沉迷网络，正确运用网络资源

在网络新空间中，海量丰富的学习资源、形式多样的娱乐活动、即时高效

的社交平台无不吸引着热爱新鲜事物的新时代大学生，然而部分新时代大学生由于自我约束能力较差而对网络产生了很强的依赖性，他们将大量的时间和精力都花费在了网络上，以至于荒废了学业。由此可见，新时代大学生亟须自觉避免沉迷网络，正确地运用网络资源。首先，新时代大学生要加强网络自律意识，掌握好使用网络的"度"，要理智、有节制、健康、文明地上网，要合理安排自己的时间与精力，不能长时间追剧、打游戏、刷抖音而过度沉迷在虚拟的网络空间中。其次，新时代大学生要主动增强自身知识储备，提高自身实践能力。在现实生活中，新时代大学生可以积极参加体育锻炼以提高自己的身体素质，也可以积极参加学雷锋等公益活动以外化社会主义核心价值观，还可以主动培养诸如书法、绘画、摄影、乐器等有益身心的兴趣爱好，借此以转移自己对网络的注意力，避免过度沉溺网络而无法自拔。再次，新时代大学生要时刻牢记自己的身份和使命，自觉以学业为重，自觉端正上网动机，减少网络娱乐活动的时间，避免重娱乐而轻学习，要正确处理好网络与自身学习、生活和社交的关系，以正确运用网络资源满足自己的成长需要。同时，新时代大学生也要自觉提高自身甄别糟粕信息的能力和抵御低俗、色情、暴力、迷信等网络有害信息侵蚀的能力，主动积极地在网络上获取和分享有益身心的学习知识，吸收和内化社会主义核心价值观正能量，以塑造美好心灵，提升自身综合素质。

伴随着时代的发展和科技的进步，全媒体时代下媒体融合已经进入了纵深发展的阶段，新时代大学生社会主义核心价值观的培育工作也面临着新的机遇和挑战。在全媒体时代，全程媒体、全息媒体、全员媒体和全效媒体的出现，极大丰富了新时代大学生社会主义核心价值观的培育内容，加快了社会主义核心价值观的培育效率，创新了社会主义核心价值观的培育方式，拓展了社会主义核心价值观的培育空间，使新时代大学生随时随地都能够通过网络主动获取和传播社会主义核心价值观正能量。然而凡事具有两面性，全媒体时代错综复杂的信息传播环境、单一落后的社会主义核心价值观培育方式以及有待提高的媒介素养也给新时代大学生社会主义核心价值观的培育工作带来了新的困难和挑战。在网络新空间中，部分尚未真正理解和内化社会主义核心价值观的新时代大学生仍然频繁地出现一些严重依赖网络、重娱乐轻学习、沉迷网络社交等失范行为。因此，在全媒体时代，各方培育工作者要齐心协力共克难关，通过加强全媒体信息监管、建设全媒体信息平台、强化全媒体应用技能，以净化网络培育环境，创新网络培育方式，提高新时代大学生媒介素养，确保新时代大学生社会主义核心价值观培育工作在网络新空间顺利有效地开展。

第七章 激发新时代大学生社会主义核心价值观自我培育的内在动力

　　新时代大学生成长在中国特色社会主义取得前所未有的巨大成就的时代，也肩负着建设中国特色社会主义现代化强国，实现中华民族伟大复兴的重要使命，同时也面临着形形色色复杂的国际国内环境的挑战。习近平总书记指出："要树立正确的世界观、人生观、价值观，掌握了这把总钥匙，再来看看社会万象、人生历程，一切是非、正误、主次，一切真假、善恶、美丑，自然就洞若观火、清澈明了，自然就能作出正确判断、作出正确选择。"❶ 所以非常有必要加强新时代大学生社会主义核心价值观培育的深度和广度，引领大学生全面发展。家庭教养、学校教育、社会环境、网络空间等要素都对大学生社会主义核心价值观培育发挥着重要的影响和作用。但外因是通过内因发挥作用的，要想使大学生社会主义核心价值观培育真正落到实处，就要激发新时代大学生社会主义核心价值观自我培育的内在动力，切实做到强化大学生对社会主义核心价值观的认同，提升大学生对社会主义核心价值观的践行能力，增强新时代大学生对社会主义核心价值观的自信。

一、强化新时代大学生对社会主义核心价值观的认同

　　党的十九大报告指出，中国特色社会主义进入了新时代，这是我国发展新的历史方位。在新时代的历史坐标下，不同的思想和价值观在进行激烈的交流交融交锋，意识形态领域的斗争形势依然极其严峻。在这样的背景下，大力弘

---

❶ 习近平谈治国理政：第 1 卷［M］. 北京：外文出版社，2018.

扬和培育社会主义核心价值观，强化新时代大学生对社会主义核心价值观的认同就显得尤为重要。

（一）新时代大学生社会主义核心价值观认同现状

从大学生个体的角度考察新时代大学生社会主义核心价值观的认同现状，主要包括"知、情、意、行"四个方面。"知"指向的是认知层面，是大学生对自身行为目的和结果的认识，一是知道怎么做，二是知道为什么做；"情"指向的是情感层面，是大学生对自身行为及行为环境、行为条件的态度体验，即行为的心理环境；"意"指向的是意志层面，是大学生对自身行为的意图（决定）与行为遇到困难时的态度（决心），即决定做与决心做；"行"指向的是行动层面，是大学生践行社会主义核心价值观的实践行动。对于"知、情、意、行"四个方面而言，"知"要解决的是大学生对于社会主义核心价值观的认知问题，因而居于基础地位。强化对于社会主义核心价值观的"知"，首先要"知"其为什么。核心价值观对于一个国家、民族的发展至关重要。我们培育和践行社会主义核心价值观，使全体人民同心同德，关乎国家前途命运，关乎人民幸福安康。其次要"知"其是什么。富强、民主、文明、和谐，自由、平等、公正、法治，爱国、敬业、诚信、友善，这24字的社会主义核心价值观，实际上回答了我们要建设什么样的国家、建设什么样的社会、培育什么样的公民的重大问题。"情"要解决的是大学生对于社会主义核心价值观的情感问题。培养大学生对社会主义核心价值观的情感，要明确社会主义核心价值观是时代和人民的选择，必将引领我国走向光明未来、实现中华民族伟大复兴，我们每个人都应对它充满感情。"意"要解决的是大学生对于社会主义核心价值观的意志问题，是新时代大学生培育和践行社会主义核心价值观的保障。增强大学生践行社会主义核心价值观的意志，要特别注重培养大学生个体的意志力。这会激励大学生不怕困难和挫折，锲而不舍、善作善成。"行"要解决的是大学生培育和践行社会主义核心价值观的行为问题，是新时代大学生培育和践行社会主义核心价值观的归宿。"行"是对社会主义核心价值观认知、情感、意志的外在表现，也是衡量培育和践行社会主义核心价值观有没有取得成效的根本标准。考量大学生对于社会主义核心价值观的认同，不仅要听其言，更要观其行。在实践中，应引导大学生从自我做起、从点滴做起，持之以恒，把对社会主义核心价值观的认知、情感、意志转化为日常行为方式和行为习惯，融入大学生的学习生活之中。

增进新时代大学生社会主义核心价值观认同应抓好"知、情、意、行"。而增进新时代大学生社会主义核心价值观的认同本身也是意识形态教育的一项重要内容，是落实高校立德树人根本任务的必然要求。首先，增进新时代大学生社会主义核心价值观的认同，有助于牢牢掌握社会舆论工作领导权，坚持正确的舆论导向，不断提升主流舆论和主流价值观的引导力、向心力，不断壮大主流思想舆论。其次，增进新时代大学生社会主义核心价值观的认同，也有助于坚定文化自信和核心价值观自信，推动社会主义文化繁荣兴盛，加强社会主义精神文明建设，建设社会主义文化强国。最后，增进新时代大学生社会主义核心价值观的认同，将爱国、敬业、诚信、友善等价值准则内化于心、外化于行，有助于推进中华优秀传统文化的创造性转化、创新性发展。只有通过分析当前新时代大学生思想道德认知的现状，才能准确把握新时代大学生社会主义核心价值观认同方面的基本特点。

第一，对社会主义核心价值观普遍有感性认识，但是理性认知不足。很多大学生普遍表示"听说过社会主义核心价值观"，并且对社会主义核心价值观的国家层面、社会层面和个人层面均有所了解，能够切身体会富强、民主、文明、和谐、自由、平等、公正、法治、爱国、敬业、诚信、友善的内涵，但是基本上只是在记忆基础上的表面理解，对社会主义核心价值观的科学性、学理性把握普遍不足，对社会主义核心价值观国家层面、社会层面和个人层面的区别与联系认识不深，对社会主义核心价值观的重要性认识不够到位。例如，有的大学生认为社会主义核心价值观是政治层面的宏大叙事，与个人的关系不密切，对个人的发展作用不大，因而往往缺乏自觉学习践行社会主义核心价值观的动力。这告诉我们，社会主义核心价值观从"入眼入耳"到真正"入心入脑"的跨越虽然很困难，但非常重要。

第二，对社会主义核心价值观普遍有一定认知，但是能够自觉践行社会主义核心价值观的不多。在社会主义核心价值观国家层面，绝大部分大学生高度认同建设富强、民主、文明、和谐的社会主义现代化强国；在社会主义核心价值观社会层面，同学们也非常认同社会的自由、平等、公正、法治的重要性；在社会主义核心价值观的公民个人层面，绝大部分同学都自我要求严格，认为对于一名新时代公民而言，爱国、敬业、诚信、友善的品质是十分必要且非常重要的。全面建成小康社会之后，我们开启了全面建设社会主义现代化强国的新征程，绝大部分同学对于新时代培育和践行社会主义核心价值观的信心十足。由此可以看出，新时代大学生对社会主义核心价值观普遍有一定的认知，但是在日常生活中，依然有相当一部分同学讲究实用主义，甚至有一些大学生成为精致的利己主义者。我国著名学者、鲁迅文学研究专家钱理群先生在高校退休之后，选择站上了一所中学的讲台继续发光发热，就是因为他发现高校大学生中出现了一些精致的利己主义者，他要致力于中小学教育，在中小学教育阶段培育和树立正确的价值观，落实好立德树人的根本使命。由此可见，大学生对社会主义核心价值观的认知到现实生活中的实际行动还存在一定的差距，依然有少部分大学生践行社会主义核心价值观的行为不彻底，对社会主义核心价值观还没有能够做到"真信真用"。

第三，学生群体之间对社会主义核心价值观的认同略有不同，但总体差别不大。从政治面貌来看，身为中共党员的大学生对社会主义核心价值观的认同普遍很高，且认同度比一般大学生的认同度要高。在培育和践行社会主义核心价值观的过程中，学生党员和学生干部往往发挥着先锋模范作用。从学习成绩来看，学习成绩好的大学生群体对社会主义核心价值观的认同度总体上比学习成绩不够好的大学生群体要高，并且他们一般更为知晓社会主义核心价值观，对社会主义核心价值观的国家层面、社会层面和个人层面的要求也更加了解。从年级分布来看，在大一到大四的年级分布中，大一学生的社会主义核心价值观认同度最高，大四学生的社会主义核心价值观认同度相对低一些。究其原因，大一大二等低年级学生在系统学习思想政治理论课，因而对社会主义核心价值观记忆更准确、把握更全面。而大四学生逐渐由学校步入社会，一些社会现象和课程教学发生了现实张力，加之部分学生理解不透彻、认识不全面，往往因之降低了对社会主义核心价值观的认同度。

（二）新时代大学生社会主义核心价值观培育存在问题的原因分析

如前所述，不可否认，新时代大学生社会主义核心价值观培育还存在不少问题和挑战。而要应对挑战、解决问题，则必须要剖析新时代大学生社会主义核心价值观培育存在问题的原因，只有找准原因，才能对症下药，持续培育和践行社会主义核心价值观，强化新时代大学生对社会主义核心价值观的认同。就新时代大学生社会主义核心价值观培育存在问题的原因而言，主要包括新时代国际国内环境的变化、高校思想政治教育有待创新、互联网对价值观的冲击以及部分家庭教育的功利化倾向等。

第一，新时代国际国内环境的变化。人是生活在一定环境之中的人，任何人都一定会受到周遭环境的影响。环境对价值观的塑造是非常重要的，大学生社会主义核心价值观的培育亦不例外。中国特色社会主义进入了新时代，这是我国发展新的历史方位。新时代的国际国内环境也出现了新特征。从国际上看，国际形势日趋复杂，各个国家、各种文化之间的交流交融交锋日趋频繁，意识形态领域的斗争依然十分尖锐，西方的一些价值观一直在向我国渗透，这对新时代大学生社会主义核心价值观的培育提出了挑战。比如，西方国家在电影等文化产品输出的同时，往往潜藏着意识形态和价值观的渗透，其宣扬的极端个人主义往往对少数大学生产生影响。从国内看，经历了改革开放四十多年的发展，在经济高速发展的同时，一些社会问题也开始出现。如随着中国特色社会主义进入了新时代，社会主要矛盾也发生了变化，由人民日益增长的物质文化需要与落后的社会生产之间的矛盾转化为人民日益增长的美好生活需要与不平衡不充分的发展之间的矛盾。当前，发展的不平衡不充分问题较为突出，发展不平衡主要包括城乡发展不平衡、区域发展不平衡等。和发展不平衡相伴生的，是居民个人收入的差距较大。

第二，高校思想政治教育有待创新。在 2019 年 3 月 18 日的学校思想政治理论课教师座谈会上，习近平总书记对思想政治理论课的改革创新提出了具体的要求，他强调："推动思想政治理论课改革创新，要不断增强思政课的思想性、理论性和亲和力、针对性。"❶ 2019 年 8 月，中共中央办公厅、国务院办公厅印发了《关于深化新时代学校思想政治理论课改革创新的若干意见》，对新时代思想政治理论课改革创新提出了指导性意见。由此可以看出，创新新时代高校思想政治教育迫在眉睫。一方面，当前高校意识形态工作成效显著，培养出一代代中国特色社会主义事业的合格建设者和可靠接班人。另一方面，当前高校思想政治教育依然有待创新。主要表现在以下几个方面：一是思想政治教育方式有待丰富，有的学校思想政治教育完全依赖课堂教学，方式和渠道较为单一；二是有的教师依然需要不断提升自身的理论水平和教学能力，尽可能

---

❶ 习近平. 用新时代中国特色社会主义思想铸魂育人贯彻党的教育方针落实立德树人根本任务 [N]. 人民日报，2019 – 03 – 19.

采取因材施教的方式，改变单纯灌输和填鸭式教学的方式，致力于提升学生的学习积极性，提升教学效果；三是高校思想政治理论课主渠道作用依然需要更好的发挥，思想政治理论课的思想性、理论性和亲和力、针对性依然需要不断提升；四是高校社会主义核心价值观教育需要和校园文化、学生实践更加紧密结合起来，力争通过大学课堂教育、校园文化熏陶、校园活动锻炼、社会实践感知、思想意识引导，形成培育和践行社会主义核心价值观的立体氛围，最大限度培育和践行好社会主义核心价值观；五是建立健全考核评价机制。通过考核倒逼责任落实，通过激励强化责任落实，使社会主义核心价值观教育真正"入耳""入心""入行"。

第三，互联网对价值观的冲击。新时代背景下，互联网飞速发展，网络新媒体、自媒体蓬勃发展。在纷繁复杂的信息和新闻面前，有的大学生难以分辨、难以取舍。其中，有的信息掺杂着不良价值观，这就容易对大学生的社会主义核心价值观教育产生影响，甚至可能动摇大学生的信仰。产生此种情况的主要原因在于：一是大学生往往社会经验缺乏，缺乏对于各类信息的辨别度，因而可能更容易受到网络上一些不良价值观的影响；二是大学阶段正是价值观形成的关键阶段，当大学生在学习生活中遇到困惑时，有的大学生愿意在网络平台寻求认同，当在网络平台遇到不正确的引导时，就容易出现价值观认同上的偏差；三是新时代大学生往往更倾向于关注网络，从互联网中寻求信息，他们对新媒体、自媒体的关注度也比对传统媒体的关注度要高，因而更容易受到各类纷繁复杂信息的影响。基于此种情况，我们应该积极推动传统媒体与主流媒体融合发展，在互联网时代牢牢掌握舆论话语权，增强主流媒体的舆论影响力，致力于社会主义核心价值观教育在网络平台上生根、发芽并成长为参天大树。

第四，部分家庭教育的功利化倾向。家庭是社会的细胞，是人生的第一所学校，家庭教育对社会主义核心价值观的培育至关重要。社会主义核心价值观"富强、民主、文明、和谐；自由、平等、公正、法治；爱国、敬业、诚信、友善"的要求都离不开家庭的熏陶。和谐、诚信、友善更是良好家教、优良家风的重要内容。在新时代，要积极弘扬和培育社会主义核心价值观，继承和发扬传统美德，营造家人相亲相爱的良好氛围。但是，部分家庭教育依然存在功利化倾向。主要表现在：一是部分家长的价值观教育方式欠妥。比如，一些家长是"溺爱式"教育，使一些大学生在生活上欠缺独立性，甚至容易产生攀比的心理。二是部分家长示范作用发挥不够。家长的言传身教对孩子价值观的形成和塑造的影响是潜移默化的，也是至关重要的。根据观察学习的理念，孩子往往倾向于在生活中模仿家长的行为，包括待人接物的态度、语言表达的方式、思考问题的角度、处理问题的方法等。如果家长待人冷漠，言行不一致，对孩子的道德品质的塑造和行为习惯的养成的影响是巨大的。三是一些家长功利化的教育倾向。部分家长为了让孩子"赢在起跑线"，片面注重对孩子成绩和能力的关注，而忽视了孩子价值观的形成和塑造。

（三）强化新时代大学生对社会主义核心价值观的认同

在梳理新时代大学生社会主义核心价值观认同现状、剖析新时代大学生社会主义核心价值观培育存在问题的原因的基础上，还要探寻强化新时代大学生对社会主义核心价值观认同的实践路径，这是新时代大学生社会主义核心价值观认同研究的根本出发点和归宿。当前，可以从优化教育队伍、完善课堂教学、加强实践教育、营造校园文化、促进网络引导等方面多措并举，以强化新时代大学生对社会主义核心价值观的认同。

第一，优化社会主义核心价值观教育队伍。习近平总书记指出：要"整体推进高校党政干部和共青团干部、思想政治理论课教师和哲学社会科学课教师、辅导员班主任和心理咨询教师等队伍建设，保证这支队伍后继有人、源源不断"。❶ 新时代优化大学生社会主义核心价值观教育队伍，就是要加强高校思想政治工作者建设，使高校思想政治工作者始终成为社会主义核心价值观的坚定信仰者、积极传播者和模范践行者。一方面，加强高校思想政治理论课教师队伍建设。习近平总书记指出：新时代高校要按照"政治要强、情怀要深、思维要新、视野要广、自律要严、人格要正"的"六要"标准，培养一支高素质的思政课教师队伍。❷ 因为在高校大学生社会主义核心价值观培育的过程中，思想政治理论课教师非常重要，作用不可替代。思想政治理论课教师要做社会主义核心价值观的坚定信仰者、坚定践行者。思想政治理论课教师要学懂弄通悟透社会主义核心价值观，将社会主义核心价值观内化为自身的高度认同，外化为自身的自觉行动，从而成为大学生培育和践行社会主义核心价值观

---

❶❷ 习近平. 用新时代中国特色社会主义思想铸魂育人贯彻党的教育方针落实立德树人根本任务［N］. 人民日报，2019－03－19.

的引路人。同时，思想政治理论课教师要持续创新思维，不断增强理论素养，努力提升理论水平，将社会主义核心价值观背后的理论逻辑娓娓道来，讲解理论深入浅出，阐述问题严谨到位，促进社会主义核心价值观的实践化和生活化，最终达到"润物无声"的效果。此外，思想政治理论课教师还要保持高尚人格，以身作则、为人师表，以高尚的师德感召学生，努力使自己成为培育和践行社会主义核心价值观的典型。另一方面，加强高校思想政治工作队伍建设。"高校思想政治教育要以践行社会主义核心价值观为根本内涵。"❶ 而高校思想政治工作队伍是高校思想政治教育的重要主体。一般而言，除了思政课教师之外，高校思想政治工作队伍还包括党政干部、辅导员以及专业课教师等。要加强高校党政干部队伍建设，把高校社会主义核心价值观教育贯穿到高校教育教学的各个环节、各个方面。要加强辅导员队伍建设，发挥好辅导员这一大学生思想领路人的作用，促进辅导员更好地了解大学生的思想状况和生活状况，在日常学习生活中引导大学生培育和践行社会主义核心价值观，发挥好专业课教师的重要作用。课程思政指的是推动各类课程与思想政治理论课同向同行、形成协同效应，构建全员、全程、全方位的育人格局。这离不开专业课教师充分发挥好"传道、受业、解惑"的重要责任，对于专业课教师而言，要不断提升思想政治教育的意识和能力，使专业课教师在实施课程思政过程中胜任、善任、乐教、善教。

第二，完善社会主义核心价值观课堂教学。习近平总书记对高校思想政治工作提出了"用好课堂教学主渠道"的要求。而课堂教学又包括专业课课堂和思政课课堂。思想政治理论课是"立德树人"的主战场，其他各门课程都要"守好一段渠、种好责任田，使各类课程与思想政治理论课同向同行，形成协同效应"。❷ 由此可以看出，我们要打造"思政课程"与"课程思政"相融并进、显性教育与隐性教育相得益彰的育人体系。一方面是"思政课程"。"思政课程"主要指的是高校思想政治理论课教学，这也是新时代大学生社会主义核心价值观教育的主渠道。思想政治理论课要始终围绕高校"立德树人"根本任务，将社会主义核心价值观融入思想道德修养与法律基础、马克思主义

---

❶ 顾海良. 新时代高校思想政治教育的理论指导和发展理念——学习习近平新时代中国特色社会主义思想 [J]. 思想理论教育导刊，2018（1）：4-10.

❷ 习近平在全国高校思想政治工作会议上强调：把思想政治工作贯穿教育教学全过程开创我国高等教育事业发展新局面 [N]. 人民日报，2016-12-09.

基本原理概论、毛泽东思想和中国特色社会主义理论体系概论、中国近现代史纲要以及形势与政策等思想政治理论课主干课程的各个方面，在思政课堂上将社会主义核心价值观讲细讲透彻。另一方面是"课程思政"。体系化的"课程思政"人才培养是努力破解"孤岛式"的思想政治工作局面，营造课程教学与思政教育协同育人的必然要求。以"课程承载思政"、将"思政寓于课程"的"课程思政"理念本身包含一整套全员、全程、全方位的协同教学体系。课程思政要求专业课教师不断提升思想政治教育的意识与能力，深入挖掘专业课的思政元素，将思想政治教育蕴含于专业课课堂教学之中，将"传道"与"授业"结合起来，将显性教育与隐性教育融会贯通，让学生在感兴趣的课程学习中自然而然地受到思想的启迪和价值观的培养。

第三，加强社会主义核心价值观实践教育。"实践是思想转化为素养的基础和中介，只有在实践中感受体验，才能提高行为能力，实现由知—信和由信—行的两次飞跃，逐渐树立起相应的价值观念。"❶ 大学生社会主义核心价值观教育，始终离不开实践活动。而社会主义核心价值观的养成最终也是为了指导实践，应用于实践。认识来源于实践，而实践是检验认识真理性的唯一标准，也是认识的最终目的和归宿。一方面，加强社会主义核心价值观的实践教育，要在践行社会主义核心价值观的实践中体验、感知并认同社会主义核心价值观。加强社会主义核心价值观实践教学，利用红色景区实践体验、暑期社会实践、主题微电影拍摄等活动，将社会主义核心价值观课堂教学与课外实践结合起来，将抽象的理论观点具体化、形象化，同时将理论与实践结合起来，在践行社会主义核心价值观的实践中做到言行一致、知行合一。另一方面，加强社会主义核心价值观的实践教育，要在日常生活的潜移默化中增进社会主义核心价值观的认同和践行力度。在大学生学习生活的日常环境中，要营造社会主义核心价值观的浓厚氛围，将践行社会主义核心价值观与人们的日常生活深度对接和融合，使社会主义核心价值观成为人们日常生活中信奉和追求的价值准则。比如，在新生入学阶段加强价值观教育；在日常生活中加强爱国、勤学、诚信、友善等的教育；在日常学习中加强诚信教育，培养诚信品格，杜绝违反学术规范和作弊违纪现象；在大学生申请助学贷款、助学金时开展感恩教育；

---

❶ 陈延斌. 高校要坚持不懈培育和弘扬社会主义核心价值观 [J]. 马克思主义与现实，2017 (3)：9 - 14.

在文明宿舍评比中开展团结、友善等的教育，等等。

第四，营造社会主义核心价值观校园文化。"社会主义核心价值观是先进文化建设的根本内容，先进文化建设以各种形式实践社会主义核心价值观内含着的各种先进价值理念。"❶ 而营造社会主义核心价值观校园文化又是先进文化建设的重要内容。培育和践行社会主义核心价值观，需要营造社会主义核心价值观校园文化。高校在培育和践行社会主义核心价值观的同时，要深入挖掘校园文化资源，将学校历史、文化、精神教育深度融入社会主义核心价值观教育之中，使之内化为大学生的自我认同，外化为大学生的自觉行动，成为学校毕业学子的精神特质。例如，河北农业大学深入推进校园文化育人，将校园文化育人深度融入社会主义核心价值观育人之中。一是以"太行山精神"构筑校园文化之基。河北农业大学建设了"太行山道路"暨校史展览馆、碑廊、文化园；建立了一批教学、科研、生产"三结合"的校外教育基地；加强对"太行山道路"实践和"太行山精神"内涵的研究，整理出版《农大史话》《农大印记》；开通微信公众号"农大老故事"，充分发挥校史文化育人功能。同时，建立社会主义核心价值观实践教育创新研究中心，整合全校资源，把社会主义核心价值观建设与弘扬"太行山精神"紧密结合起来，推动社会主义核心价值观在校园落地生根。二是以先进典型引领铸造校园文化之魂。河北农业大学认真总结和大力宣传被习近平总书记誉为"新时期共产党人的楷模、知识分子的优秀代表、太行山上的新愚公"的李保国教授、"把论文写在太行山上"的学校优秀教师群体、"社会主义核心价值体系生动诠释"的果树9301班优秀毕业生群体等重大先进典型，出版了《为了一个永远的约定》《身边的李保国》《李保国画传》等，合作编排话剧《约定无期限》，以生动的形式营造学模范做先进的良好氛围。同时，打造"农大好故事"品牌文化活动，深入挖掘师生身边的"微典型"，传递积极向上的正能量。三是以丰富实践活动谱写校园文化之韵。河北农业大学坚持贴近实际、贴近生活、贴近学生，精心打造"焦点时刻""出彩人生大讲堂""国旗班"等品牌活动，扎实做好大学生思想政治教育。通过"接力果树9301班志愿服务团""李保国扶贫志愿服务队"，持续做好志愿服务活动，发扬"李保国精神"，持续帮助困难群众脱

---

❶ 郑海祥，王永贵. 正确认识社会主义核心价值观与先进文化建设的关系 [J]. 思想理论教育，2011（23）：8－12.

贫致富。

第五，促进社会主义核心价值观网络引导。新时代是互联网高速发展的时代。改革开放四十多年来，我国已经形成了庞大的网民群体，在这一群体中，青年大学生又是其中最活跃的群体。新时代大学生社会主义核心价值观教育必须高度重视网络这个阵地，要将高校思想政治教育真正融入网络，融入大学生的网络生活，熟悉并掌握最新网络语言和网络文化，"推动互联网这个'最大变量'释放'最大正能量'"❶，促进社会主义核心价值观的网络引导。而促进社会主义核心价值观的网络引导，需要从以下几个方面着手：一是筑牢高校网络阵地。当前，在网络平台不同的思想和文化交流交融交锋，一些西方的不良价值观穿梭于各种"群"和"圈"。为此，必须旗帜鲜明地同西方不良价值观作斗争，亮明社会主义核心价值观，讲清讲透马克思主义理论，推进习近平新时代中国特色社会主义思想进网络、进头脑，牢牢掌握网络意识形态话语权和主导权。二是加强网络核心价值观文化产品的供给。高校要进一步立足互联网平台，丰富大学生的"精神食粮"，加强网络思想政治理论课的建设，推进网络课程思政，创作更多蕴含社会主义核心价值观的优秀文化作品，增强社会主义核心价值观的浸润力。三是加强高校网络监管。高校要将网络安全教育作为重要的工作内容，建立和完善校园网络规章制度，抵制和消除网上错误思潮和不良信息的影响，提高大学生网络安全的意识和能力。在加强高校网络监管过程中，及时掌握校园网络舆情和最新动态，营造积极健康的网络环境。

二、提升新时代大学生对社会主义核心价值观的践行能力

（一）提升新时代大学生对社会主义核心价值观践行能力的迫切性

改革开放四十多年来，我国经济飞速发展，综合国力和国际影响力显著提升，已经成为全球经济体中举足轻重的一员。党的十八大以来，我国经济进入新常态。同时，我们的改革进入了爬坡过坎的攻坚期。这一时期，不同的思想

---

❶ 中共中央宣传部. 习近平新时代中国特色社会主义思想三十讲 [M]. 北京：学习出版社，2018：220.

和文化交流交融交锋，大学生价值观的塑造面临着个人与社会、理想与现实的交织，迫切需要以社会主义核心价值观为引领、为自身的行动指南，相应地，也迫切需要提升新时代大学生对社会主义核心价值观的践行能力。

第一，提升新时代大学生对社会主义核心价值观的践行能力，是实现新时代大学生历史使命的需要。党的十九大报告指出，我们要在 2050 年把我国建设成为富强、民主、文明、和谐、美丽的社会主义现代化强国。在此基础上最终实现中华民族伟大复兴。新时代大学生是致力于实现中华民族伟大复兴的中坚力量，任务重要，使命光荣。首先，提升新时代大学生对社会主义核心价值观的践行能力，有助于大学生的成长成才。培养什么样的人，是高等教育的首要问题。我们要培养中国特色社会主义合格建设者和可靠接班人，就必须要将价值教育和知识教育结合起来，以价值教育引领知识教育，使大学生成为德智体美劳全面发展的有用人才。其次，提升新时代大学生对社会主义核心价值观的践行能力，有助于对大学生更好地进行思想政治教育。提升新时代大学生对社会主义核心价值观的践行能力，有助于大学生将所理解和接受的社会主义核心价值观转化为实际行动，有助于大学生在实践中增进对社会主义核心价值观的感知和领悟，从而提升思想政治教育的成效。最后，提升新时代大学生对社会主义核心价值观的践行能力，有助于实现中华民族伟大复兴的中国梦。"两个一百年"的奋斗目标与新时代大学生在成长成才的时间历程上正相吻合。实现中华民族伟大复兴的"中国梦"，需要一代又一代德才兼备的优秀大学生。而只有不断提升新时代大学生对社会主义核心价值观的践行能力，才能培养出一批批德才兼备、以德为先的优秀人才，从而为中华民族的伟大复兴提供精神动力和智力支持。

第二，提升新时代大学生对社会主义核心价值观的践行能力，是迎接时代挑战和社会发展的需要。当前，国家与国家之间的博弈往往以核心价值观为焦点，核心价值观最终的落脚点在于践行，新时代下能否提升大学生对社会主义核心价值观的践行能力，关系到青年的成长成才，也事关国家的发展和未来。首先，面临着经济全球化和区域一体化的挑战。经济全球化大大密切了各个国家之间的联系，使得全球意识形态的交锋成为常态。而经济全球化和区域一体化对大学生的成长成才提出了更高的要求，只有不断提升新时代大学生对社会主义核心价值观的践行能力，才能不断增强新时代大学生对经济全球化进程中各种信息、思想的辨别能力，正确看待与辩证认识经济全球化和区域一体化中的问题和挑战，在此基础上提升社会主义核心价值观的主导能力。其次，面临着复杂的国内外斗争形势的挑战。当前，国际形势复杂多变，个别西方国家敌视、限制我国的发展，并一直试图对中国进行思想、文化和价值观的渗透。在此背景下，作为新时代大学生，要持续提升社会主义核心价值观的践行能力，通过实际行动培育和践行社会主义核心价值观，主动作为，积极应对国内外斗争形势的挑战。最后，面临着改革攻坚期不稳定因素增多的挑战。当前，我们的改革步入了深水区，进入了攻坚期。我们必须以"咬定青山不放松"的坚定决心持续推进改革，把改革不断引向深入。这一时期，我国不稳定因素在相对增多，社会矛盾集中凸显。在这样的背景下，部分大学生可能出现精神的迷茫和价值观的疑惑。所以，我们要持续提升新时代大学生对社会主义核心价值观的践行能力，避免大学生出现"精神的迷茫"和"价值观的疑惑"，在实际行动中坚定大学生社会主义核心价值观的信仰。

第三，提升新时代大学生对社会主义核心价值观的践行能力，是牢牢掌握意识形态工作领导权的需要。意识形态关乎旗帜、关乎道路、关乎国家政治安全，决定文化前进方向和道路。社会主义核心价值观教育是意识形态教育的重要内容，提升新时代大学生对社会主义核心价值观的践行能力，有助于大学生将理想信念和价值理念融合在一起并付诸实践，从而增强对马克思主义意识形态的认同与信仰。一是提升新时代大学生对社会主义核心价值观的践行能力，有利于巩固马克思主义的指导地位。在社会主义核心价值观付诸实践的过程中，往往能够深化对马克思主义基本理论的学习和掌握，立足实践把握马克思主义，进而推进马克思主义中国化时代化大众化。二是提升新时代大学生对社会主义核心价值观的践行能力，有利于构建、发展中国特色哲学社会科学。提升新时代大学生对社会主义核心价值观的践行能力，有助于在实践中加深对社会主义核心价值观的理解和把握，进而丰富社会主义核心价值观的理论和实践。这有助于克服马克思主义在哲学社会科学学科中"失语"、教材中"失踪"、论坛上"失声"的倾向，有助于中国特色哲学社会科学体现中国特色、中国风格、中国气派。三是提升新时代大学生对社会主义核心价值观的践行能力，有利于坚持正确的舆论导向。新时代大学生对社会主义核心价值观的践行是社会主义核心价值观教育的典型示范，是最好的价值观教育。而提升新时代大学生对社会主义核心价值观的践行能力，有助于以践行社会主义核心价值观的典型案例弘扬正能量、唱响主旋律，始终坚持正确的舆论导向。

（二）新时代大学生社会主义核心价值观践行能力的提升路径

第一，坚持马克思主义在社会主义核心价值观践行能力提升过程中的指导地位。2013 年 12 月 23 日，中共中央办公厅印发的《关于培育和践行社会主义核心价值观的意见》，为提升新时代大学生社会主义核心价值观践行能力提供了重要遵循与指导。马克思主义是科学的世界观和方法论，马克思主义为社会主义核心价值观提供了根本指导。当前，我国所面临的国际形势复杂多变，我们必须要始终坚持马克思主义的指导地位，牢牢把握意识形态的性质和方向，指导新时代大学生社会主义核心价值观的培育和践行。此外，从根本上说，社会主义核心价值观是马克思主义的一部分，属于意识形态范畴。只有始终坚持马克思主义的指导地位，才能筑牢全党全国各族人民的共同精神支柱，使中国特色社会主义伟大事业沿着正确方向前进，同时也使新时代社会主义核心价值观的培育和践行始终沿着正确的方向前进。

第二，坚持大学生在社会主义核心价值观践行能力提升过程中的主体地位。对于新时代大学生社会主义核心价值观立体化培育而言，必须始终坚持以大学生为本，坚持大学生在社会主义核心价值观践行能力提升过程中的主体地位。例如，对于大学生自身而言，要从自身实际出发，理解、认同和践行社会主义核心价值观，在践行社会主义核心价值观中彰显人文关怀。同时，要将大学生自身的诉求与价值愿望和大学生社会主义核心价值观的培育动力融合起来。大学生在接受一种规范性价值观的过程中，首先会更容易接受与自身经验和观念相通、相近的价值规范。因此，要提升大学生在社会主义核心价值观的践行能力，就必须立足大学生自身，将新时代大学生社会主义核心价值观与大学生既有的诉求、正确的观念和价值愿望融合起来。此外，还要促进大学生的全面发展。众所周知，物质文明和精神文明建设要两手抓、两手都要硬。大学生既要有追求经济发展的动力，也要不断丰富精神世界。正如毛泽东所说："人是要有一点精神的，无产阶级的革命精神就是由这里头出来的。"● 只有不断促进大学生的全面发展，使大学生不断认清拜金主义、享乐主义的实质和消极影响，坚定社会主义核心价值观的信念，才能不断提升大学生社会主义核心价值观的践行能力。

● 毛泽东文集：第 7 卷 [M]．北京：人民出版社，1999：16．

第三，创新新时代大学生社会主义核心价值观培育形式。要不断提升大学生社会主义核心价值观的践行能力，使社会主义核心价值观更加深刻地得到大学生的主动认知，就必须推进社会主义核心价值观贴近实际、贴近生活、贴近群众，切实做好社会主义核心价值观的通俗化、大众化的工作。一方面，要广泛开展社会主义核心价值观的宣传普及活动。在社会主义核心价值观宣传普及的过程中，要致力于把抽象的理论转化为生活化的语言，以简洁精炼、易于理解和接受的生活化语言表述社会主义核心价值观的内容。同时，要推动传统宣传形式的不断优化升级。如，通过总结践行社会主义核心价值观的典型事例、发布公益广告、编写通俗读物等方式，将社会主义核心价值观具体化、大众化，从而更益于大学生所接受。另一方面，要通过现代化的传播方式创新新时代大学生社会主义核心价值观培育形式，如，高度重视互联网空间的宣传。利用互联网将蕴含社会主义核心价值观的文字、动画、视频、图片等进行立体整合，形象生动地表述社会主义核心价值观的内容。此外，在文学创作、艺术创作、影视创作等各种文化产品的创作过程中，深度融入社会主义核心价值观的内容，真正以优秀的作品鼓舞大学生、激励大学生，提高新时代大学生社会主义核心价值观的践行能力。

第四，注重新时代大学生社会主义核心价值观实践养成。社会主义核心价值观最终是为了内化于心、外化于行，最终落脚于实践，归根到底是一个实践命题。注重新时代大学生社会主义核心价值观的实践养成，对于提升新时代大学生社会主义核心价值观的践行能力而言非常重要。因为大学生社会主义核心价值观的培育只有融入大学生的日常生活，才能真正为大学生所认同。一方面，要将社会主义核心价值观的要求与大学生的具体学习生活密切结合。在大学生的学习生活过程中，注重社会主义核心价值观的实践引领，注重感知、体验、认同社会主义核心价值观，营造社会主义核心价值观的浓厚氛围。如，在大学生的班会、班级活动、社团活动、实践活动中融入社会主义核心价值观，在打造寝室文化的过程中植入社会主义核心价值观的元素，营造出培育和践行社会主义核心价值观的浓厚氛围。另一方面，要积极开展以社会主义核心价值观为主题的实践活动。充分利用图书馆、文化馆、科技馆、博物馆、展览馆、红色教育基地、爱国教育基地、文物保护基地等各种文化设施，开展新时代大学生社会主义核心价值观培育活动，加强新时代大学生爱国主义和优良传统教育，推动大学生形成正确的世界观、人生观和价值观，以实践活动涵养大学生社会主义核心价值观。

第五，坚持新时代大学生在践行社会主义核心价值观过程中的知行合一。提高新时代大学生社会主义核心价值观的践行能力，要坚持新时代大学生在践行社会主义核心价值观过程中的知行合一。在新时代大学生社会主义核心价值观的培育和践行活动中，知是前提，行是目的。坚持知行合一，将社会主义核心价值观的高度认同和自觉实践统一起来。坚持知行合一，需要打造培育和践行社会主义核心价值观的示范典型。培育社会主义核心价值观示范基地、示范团队、示范站点、品牌项目，打造大学生践行社会主义核心价值观的示范典型，同时发挥榜样的示范引领作用。例如，全国优秀共产党员、河北农业大学的李保国教授就是其中的典型代表。1981年，刚刚大学毕业留校的李保国，第一时间报名参加了河北省委、省政府组织开展的太行山综合开发研究，在太行山区，一待就是35年；1996年，河北中南部发生特大洪水后，他又率先报名参加省科技救灾组。在太行山区建设的过程中，在邢台县前南峪，李保国教授进行了山区小流域综合治理，将贫瘠干旱山地变成了"洋槐、果树、梯田"的立体生态经济沟，前南峪村也因此获"全球生态环境建设五百佳"提名；在内丘县岗底，他打造了"富岗"苹果品牌，"富岗"苹果成为2008年北京奥运会专供苹果，带动了一批又一批的村民致富；在临城县凤凰岭，李保国教授培育出了全国知名的"绿岭"核桃，随后，以"绿岭"核桃为核心，太行山区发展起了百里优质核桃产业带。李保国教授用科技的力量帮助10万多贫困群众走上致富之路，乡亲们都亲切地称他为"太行新愚公"。李保国老师就是新时代践行社会主义核心价值观知行合一的典型代表。通过李保国老师的榜样示范，越来越多的大学生真切感受到了社会主义核心价值观理想信念和自觉实践是内在统一的。在李保国老师的影响下，河北农业大学有了李保国志愿服务团，涌现出了许许多多在新时代践行社会主义核心价值观坚持知行合一的典型代表。

三、增强新时代大学生对社会主义核心价值观自信

当前，文化软实力的重要性日益凸显。作为文化的重要组成部分，社会主义核心价值观对于凝聚国家力量、形成社会共识、激励为民族复兴而奋斗发挥着愈加重要的引领和激励作用。同时，社会主义核心价值观是新时代中国文化

软实力的核心，集中体现着新时代中国文化的竞争力和生命力。我们坚定文化自信，首要的就是要坚定和增强社会主义核心价值观自信，使社会主义核心价值观成为中华民族伟大复兴中国梦实现的价值指引。

（一）增强新时代大学生社会主义核心价值观自信的必要性

习近平总书记在全国高校思想政治工作会议上指出："要坚持不懈培育和弘扬社会主义核心价值观，引导广大师生做社会主义核心价值观的坚定信仰者、积极传播者、模范践行者。"❶ 对于社会主义核心价值观而言，首先是要成为坚定信仰者。也就是说，首先要增强大学生社会主义核心价值观自信，自信方能自觉践行社会主义核心价值观。

第一，增强新时代大学生社会主义核心价值观自信是特定背景和大学生自身成长成才的必然要求。一方面，特定背景主要指的是经济全球化背景下各个国家文化交流交融交锋的文化背景。在全球化大趋势下，任何国家和民族都面临着多元文化的冲击。对于全球而言，各个国家和民族的文化相互影响、相互作用，整个世界不再是一元文化的格局。我们应该积极吸收和借鉴外国一切有益于我国发展的文化，但同时，我们也应知道，每个国家有每个国家的特定历史文化背景，一个国家的文化一定是和一个国家的特殊国情密切结合的，一定是符合本国国情的。我们国家发展的是中国特色社会主义文化，这是以马克思主义为指导，立足我国国情，经过长期实践所形成和发展的，是符合中国国情的，我们必须也应该抱以坚定自信。社会主义核心价值观是中国特色社会主义文化的集中代表，坚定社会主义核心价值观的自信是坚定中国特色社会主义文化自信的内在必然。另一方面，大学生的成长成才也必须增强社会主义核心价值观自信。对于大学生的成长成才而言，如果核心价值观、正确的价值观不去占领，那么错误的价值观就会施加影响。社会主义核心价值观对于大学生树立正确的世界观、人生观和价值观而言至关重要，是大学生成长成才最重要的价值引领和价值遵循，推动着大学生德育和智育的全面发展。大学生成长成才的主要标志就是德才兼备。德才兼备、以德为先，这是大学生真正成长成才的目标要求。德，就是要有坚定的政治立场，能够为中国特色社会主义事业奋斗终身，在自觉

---

❶　习近平在全国高校思想政治工作会议上强调：把思想政治工作贯穿教育教学全过程开创我国高等教育事业发展新局面［N］．人民日报，2016－12－09.

培育和践行社会主义核心价值观的过程中不断增强核心价值观自信。

第二，增强新时代大学生社会主义核心价值观自信是加强高校思想政治教育的必然选择。2020 年 4 月 28 日，教育部等八部门联合印发的《关于加快构建高校思想政治工作体系的意见》（教思政〔2020〕1 号）明确提出，要"以培育和践行社会主义核心价值观为主线，以建立完善全员、全程、全方位育人体制机制为关键，全面提升高校思想政治工作质量"。由此可见，培育和践行社会主义核心价值观是全面提升高校思想政治工作质量的关键，而加强高校思想政治教育则必然要不断增强新时代大学生社会主义核心价值观自信。一方面，增强新时代大学生社会主义核心价值观自信是落实"立德树人"根本任务的必然要求。培养什么样的人、为谁培养人以及如何培养人，这是我国高等教育必须要回答的首要的基本问题。习近平总书记反复强调，要坚持把立德树人作为中心环节，把思想政治工作贯穿教育教学全过程。落实立德树人根本任务，就要搞清楚立什么样的德、树什么样的人。我国高校所立之德，是以马克思主义为指导，贯穿了共产主义的崇高理想，也蕴含了社会主义核心价值观；我国高校培养什么样的人，就是要培养中国特色社会主义事业的合格建设者和可靠接班人，培养坚定社会主义核心价值观自信、能够自觉培育和践行社会主义核心价值观的德智体美劳全面发展的有用人才。另一方面，增强新时代大学生社会主义核心价值观自信是牢牢掌握高校意识形态话语权的重要基础。社会主义核心价值观教育是高校意识形态工作的重要内容。要牢牢掌握高校意识形态话语权，必须致力于推进社会主义核心价值观进教材、进讲义、进课堂、进校园、进头脑。通过增强新时代大学生社会主义核心价值观自信，自觉抵制少数大学生出现的理想信念淡化、个人主义倾向、奉献意识不强、功利化倾向较重等问题，进而不断弘扬主流价值观，进一步坚定社会主义核心价值观自信和文化自信。

第三，增强新时代大学生社会主义核心价值观自信是实现中华民族伟大复兴的题中之义。2012 年 11 月 29 日，习近平总书记率中央政治局常委和中央书记处的同志来到国家博物馆，参观《复兴之路》展览。习近平总书记深情指出："现在，大家都在讨论中国梦，我以为，实现中华民族伟大复兴，就是中华民族近代以来最伟大的梦想。"❶ 在全面建成小康社会之后，我们就开启了

❶ 习近平谈治国理政：第 1 卷 ［M］. 北京：外文出版社，2018：36.

全面建设社会主义现代化强国的新征程。在本世纪中叶，我们要建成富强、民主、文明、和谐、美丽的社会主义现代化强国，在此基础上最终实现中华民族伟大复兴的中国梦。新时代大学生都是为实现中华民族伟大复兴的接力奋斗中的一员，是全面建设社会主义现代化强国的中坚力量。而实现中华民族伟大复兴的中国梦必须要有相应的精神激励和精神动力。

众所周知，在道路自信、理论自信、制度自信和文化自信中，文化自信是更深层、更基础、更广泛的自信。这是因为，文化是一个民族最深层的力量和最具代表性的符号。而价值观又是文化的内核，我们增强社会主义核心价值观自信就必然能够不断赋予中国特色社会主义建设事业以不竭的动力源泉。同时，社会主义核心价值观自信就是一种非常好的精神激励，是实现中华民族伟大复兴中国梦的坚强思想道德支撑。通过增强新时代大学生社会主义核心价值观自信，让民族复兴的历史使命内化为新时代大学生的自我意识，外化为大学生的自觉行动，激励新时代大学生持续奋斗，努力将中华民族伟大复兴中国梦这一历史使命记在心间、扛在肩上。

（二）培育大学生社会主义核心价值观自信的基本原则

增强社会主义核心价值观自信有着内在必要性。同时，大学生社会主义核心价值观的培育还必须遵循一定的原则，这是真正培育大学生社会主义核心价值观的前提条件和现实基础。一般说来，培育大学生社会主义核心价值观自信的基本原则主要包括：理论教育与实践锻炼相融合的原则、显性教育与隐性渗透相融合的原则以及典型引领与生活熏陶相融合的原则等。

第一，理论教育与实践锻炼相融合的原则。实践的观点是马克思主义哲学首要的、基本的观点。实践是认识的来源，实践是认识的动力，实践是认识的目的，实践还是检验认识真理性的唯一标准。社会主义核心价值观指向认识层面，属于观念的上层建筑的范畴，必然要立足于实践、植根于实践。一方面，大学生社会主义核心价值观自信的培育离不开理论教育。在学校，思想政治理论课是思想政治教育的主阵地。要推进社会主义核心价值观入耳入脑入心，培育大学生社会主义核心价值观自信，则必然要搞好理论教育工作。要把社会主义核心价值观的基本理论讲清楚、讲透彻，要从国家、社会、公民个人三个层面解析社会主义核心价值观，讲清楚三个层面的内在逻辑和相互关系，讲清楚社会主义核心价值观与社会主义核心价值体系的逻辑关系，讲清楚社会主义核心价值观在马克思列宁主义、毛泽东思想和中国特色社会主义理论体系中的地位。理论只有彻底，才能说服人，才能转化为物质力量。另一方面，大学生社会主义核心价值观自信的培育也离不开实践锻炼。将社会主义核心价值观的理论融入大学生的实践活动中，是培育大学生社会主义核心价值观自信的最好方式。社会主义核心价值观的培育必须要立足实践，立足大学生的自身实践锻炼。如，以社会主义核心价值观为主题开展暑期社会实践。又如，在社会主义核心价值观的国家层面、社会层面、个人层面中选取一个角度作为切入点，开展微电影拍摄或社会实践活动。再如，以社会主义核心价值观为引领，开展志愿服务活动。总的来说，大学生社会主义核心价值观的培育必须坚持理论教育与实践锻炼相融合的原则。只有以理论指导实践，以实践支撑理论，实现理论与实践的高度融合，才能使社会主义核心价值观既有理论高度，又有实践力度，才能使大学生社会主义核心价值观自信真正能够立起来。

第二，显性教育与隐性渗透相融合的原则。习近平总书记在学校思想政治理论课教师座谈会上强调，推动思想政治理论课改革创新，要"坚持显性教育和隐性教育相统一"。大学生社会主义核心价值观教育是高校思想政治理论课的重要内容，大学生社会主义核心价值观自信的培育亦是高校思想政治教育的一个重要使命，因而，培育大学生社会主义核心价值观自信必须坚持显性教育与隐性渗透相融合的原则。一方面，培育大学生社会主义核心价值观自信必须加强显性教育。显性教育是注重通过旗帜鲜明、直接外显的教育活动，使受教育者接受教育的活动。对于高校而言，要加强思想政治理论课教育。思想政治理论课是高校意识形态教育的主阵地，也是高校社会主义核心价值观教育的主阵地。必须加强高校思想政治理论课建设，将社会主义核心价值观的培育融入思想道德修养与法律基础、马克思主义基本原理概论、中国近现代史纲要、毛泽东思想和中国特色社会主义理论体系概论、形势与政策和研究生思想政治理论课的全过程。另一方面，培育大学生社会主义核心价值观自信也必须加强隐性教育。加强社会主义核心价值观隐性教育，要推进课程思政建设。课程思政的理念在于以"课程承载思政"、将"思政寓于课程"，达到"门门课讲思政""门门课有育人"，实现全员、全程、全方位育人的目标。在高校专业课教学过程中，要深入挖掘专业课中所蕴含的社会主义核心价值观元素，将社会主义核心价值观深度融入专业课教学之中，使大学生在专业课学习、专业技能增长的过程中坚定社会主义核心价值观自信。要以社会主义核心价值观为主题开展校园文化活动。丰富多彩的校园文化活动是大学生活精彩纷呈的重要标志之一。要将社会主义核心价值观深度融入课外的校园文化活动之中，让大学生在参加校园文化的过程中感知社会主义核心价值观，增进社会主义核心价值观认同感，进而增强社会主义核心价值观自信。

第三，典型引领与生活熏陶相融合的原则。大学生总是生活在一定的校园环境中，显示生活中社会主义核心价值观的引领会形成对大学生的强大感召力，加之高度蕴含社会主义核心价值观的校园生活的熏陶，能够让大学生切身感受到社会主义核心价值观的生命力。因此，培育大学生社会主义核心价值观自信，还需要坚持典型引领与生活熏陶相融合，形成立体化的社会主义核心价值观教育氛围。一方面，坚持社会主义核心价值观的典型引领。高校应该深入挖掘师生中践行社会主义核心价值观的典型代表，形成典型效应，汇聚成对大学生的强大感召力。以河北农业大学为例，近几十年来，河北农业大学涌现出了许许多多培育和践行社会主义核心价值观的典型代表。通过宣传，形成了对全校师生的强大感召力。例如，河北农业大学的李保国教授，几十年如一日，扎根太行山区，带动了十多万困难群众脱贫致富，被乡亲们亲切地称为"太行山上的新愚公"。再如，河北农业大学的毕业生在塞罕坝林场总场和 6 个分场的管理层、技术层占到 1/3。场里的第一个硕士和博士均来自河北农业大学。在中宣部、国家发改委、国家林业局、河北省委联合组建的塞罕坝先进事迹报告团中有 3 名成员毕业于河北农业大学。又如，河北农业大学园艺系果树专业 9301 班的同学毕业之后，十几年如一日，默默地从四面八方坚持给李宝元同学的父母写信、汇款，多次到家中探望两位老人。现在，果树 9301 班有了"接力者"。2012 年，河北农业大学召开"学习雷锋——接力果树 9301 班"主题道德实践活动启动仪式，"接力果树 9301 班志愿服务团"正式成立。另一方面，坚持社会主义核心价值观的生活熏陶。首先，营造浓厚的社会主义核心价值观校园氛围。通过打造蕴含社会主义核心价值观的寝室文化、班级文化、专业文化、院系文化、学校文化，使大学生在校园里时时感受社会主义核心价值观的熏陶，处处体验社会主义核心价值观的陶冶。其次，加强社会主义核心价值观的校园宣传。例如，精心打造蕴含社会主义核心价值观的校园文化墙，营造蕴含社会主义核心价值观的班级文化，通过宣传培育大学生社会主义核心价值观自信。最后，强化社会主义核心价值观典型人物示范效应。在校园生活中挖掘践行社会主义核心价值观的典型代表，在平凡中寻找感动，在生活中寻求典型，用一颗发现真善美的眼睛和心灵组织校园践行社会主义核心价值观的典型评选，在大学生的身边寻找典型、发现典型，从而更好地发挥社会主义核心价值观典型人物的示范作用。

（三）增强大学生社会主义核心价值观自信的基本路径

增强社会主义核心价值观自信，不仅是一个理论问题，更是一个实践问题。增强社会主义核心价值观自信具有现实路径。主要包括：在内容上，增强中华优秀传统文化、革命文化、社会主义先进文化自信，为增强社会主义核心价值观提供丰富的内容支撑；在理论上，讲清楚阐释好社会主义核心价值观的理论内涵，为增强社会主义核心价值观提供深厚的理论基础；在实践上，深刻认识中国特色社会主义伟大实践，为增强社会主义核心价值观提供坚实的实践支撑；在宣传上，大力加强社会主义核心价值观的教育和宣传，为增强社会主义核心价值观营造浓厚的文化氛围。

第一，在底蕴上，增强中华优秀传统文化、革命文化、社会主义先进文化自信，为增强社会主义核心价值观提供丰富的内容支撑。社会主义核心价值观自信和文化自信有着内在一致性。文化自信为社会主义核心价值观自信提供深厚的文化底蕴，社会主义核心价值观自信为文化自信指明方向，确立正确的价值观导向。而文化自信主要包括中华优秀传统文化自信、革命文化自信和社会主义先进文化自信。首先，通过增强中华优秀传统文化自信推动社会主义核心价值观自信的增强。以爱国主义为核心的民族精神，是中华优秀传统文化的典型代表。这和社会主义核心价值观内容中的"爱国"是内在一致的。正是以爱国主义为核心的民族精神，为社会主义核心价值观提供了深厚的爱国基因。其次，通过增强革命文化自信推动社会主义核心价值观自信的增强。革命文化，是中国共产党领导中国人民在伟大斗争中构建的文化，它以马克思主义为指导，以"革命"为精神内核和价值取向，继承中华优秀传统文化，借鉴世界优秀文明成果，是具有鲜明中国特色的先进文化。如红船精神、井冈山精神、长征精神、延安精神、西柏坡精神、"赶考"精神等。革命文化中包含着浓厚的为民族独立、国家富强、民族复兴不懈奋斗的精神特质，是社会主义核心价值观自信的重要思想源泉。最后，通过增强社会主义先进文化自信推动社会主义核心价值观自信的增强。中国社会主义先进文化是运用马克思主义为指导进行的文化创新，它在新民主主义文化基础上建立，植根于中华优秀传统文化，立足于中国实际，吸收国外文化有益成果，通过不断的改革创新，形成了具有自己民族特性的先进文化。社会主义先进文化自信和社会主义核心价值观自信一样，强调我们的自信是对社会主义文化的自信，社会主义表明了文化自信和核心价值观的性质。增强社会主义先进文化自信为增强社会主义核心价值观自信提供了深厚支撑。

第二，在理论上，讲清楚阐释好社会主义核心价值观的理论内涵，为增强社会主义核心价值观提供深厚的理论基础。要增强社会主义核心价值观自信，就必须要讲清楚阐释好社会主义核心价值观的理论内涵，只有理论讲透彻了，只有理论彻底了，才能说服人，才能变为物质力量。

一方面，讲清讲细讲透社会主义核心价值观的三个层面及其相互关系。对于国家层面的"富强、民主、文明、和谐"，社会层面的"自由、平等、公正、法治"，公民个人层面的"爱国、敬业、诚信、友善"条分缕析，采取理论和实践相结合的方法，深入浅出地讲好这三个层面的内涵和相互关系。在社会主义核心价值观理论内涵的讲解中表达上娓娓道来，逻辑上深入浅出，在社会主义核心价值观三个层面关系的讲解中深刻剖析，使得社会主义核心价值观真正入耳、入脑、入心，为增强社会主义核心价值观自信提供条件。

另一方面，讲清讲细讲透社会主义核心价值观与社会主义核心价值体系的辩证关系。社会主义核心价值体系包括马克思主义指导思想、中国特色社会主义共同理想、以爱国主义为核心的民族精神和以改革创新为核心的时代精神、社会主义荣辱观。社会主义核心价值观是社会主义核心价值体系的高度概括和集中表达，而社会主义核心价值体系是社会主义核心价值观的基础和前提，是社会主义核心价值观形成和发展的必要条件。二者密切联系，但又各有侧重，总体上是内在统一的。只有把社会主义核心价值观和社会主义核心价值体系的内在关系讲清讲细讲透了，才能更好地在理论上把握二者的内涵，从而为增强社会主义核心价值观自信提供理论条件。此外，还要讲清讲细讲透增强社会主义核心价值观自信与坚定文化自信的关系、增强社会主义核心价值观自信与增强意识形态话语权的关系、增强社会主义核心价值观自信与建立社会主义文化强国的关系等。

第三，在实践上，深刻认识中国特色社会主义伟大实践，为增强社会主义核心价值观提供坚实的实践支撑。理论来源于实践，植根于实践。社会主义核心价值观根植于中国特色社会主义伟大实践，社会主义核心价值观自信的增强源于对中国特色社会主义伟大实践的深刻把握。改革开放四十多年来，我国经济社会飞速发展，建设成就举世瞩目。当前，我国的经济总量稳居世界第二位，党的十九大报告更是列举了一系列大国重器。和改革开放之初相比，我国无论是经济建设、政治建设、文化建设、社会建设、生态文明建设，还是党的建设、国防和军队建设，都取得了历史性的成就。在历史上没有哪个时期和当前一样更接近中华民族的伟大复兴。

正如习近平总书记所说，中华民族的今天，"人间正道是沧桑"。一方面，中国特色社会主义建设事业所取得的伟大成就，是增强社会主义核心价值观自信的现实基础。在中国特色社会主义道路上，我国经济实力、综合国力大大增强，人民生活显著改善，实现了从温饱不足到总体小康再向全面小康迈进的跨越。国际地位和国际影响力空前提升，中国崛起被国际媒体称为"近年来最重要的全球变革"。这就为增强社会主义核心价值观自信提供了根本的实践前提。另一方面，我们对中国特色社会主义伟大实践的坚定信心，是社会主义核心价值观自信的信心源泉。正如习近平总书记所说，中华民族的明天，"长风破浪会有时"。正是因为我们中国特色社会主义建设事业取得了伟大成绩，中华民族伟大复兴也就展现出了光明前景，对中国特色社会主义伟大实践的坚定信心自然愈发强烈。这一坚定信心逐步增强，逐渐发展成为对包括社会主义核心价值观在内的整个中国特色社会主义道路、理论、制度和文化的自信。

第四，在宣传上，大力加强社会主义核心价值观的教育和宣传，为增强社会主义核心价值观营造浓厚的文化氛围。加强宣传、教育和引导始终是我们中国共产党领导人民取得革命和建设胜利的法宝，通过加强社会主义核心价值观的教育和宣传营造浓厚的社会主义核心价值观氛围也是增强社会主义核心价值观自信的一个基本途径和重要手段。

一是要发挥学校传统的官方媒体在社会主义核心价值观宣传上的主渠道作用。充分利用学校电视台、校园广播站、校报等学校传统的官方媒体开展社会主义核心价值观的宣传工作。深入挖掘校园培育和践行社会主义核心价值观典型案例，在学校传统的官方媒体上进行全面深刻的报道，引起学生的共鸣。

二是要发挥学校新兴的官方媒体在社会主义核心价值观宣传上的重要作用。当今时代飞速发展，媒体也在不断进行着变革。尤其是互联网的迅猛发展对传统媒体提出了诸多挑战，同时也直接推动了新媒体的产生。要发挥学校官方网站、学校官方微博、学校官方微信等在社会主义核心价值观宣传上的重要作用，将蕴含着社会主义核心价值观的新闻报道以新时代大学生易于接受的语言和方式加以传播，以期引起大学生的共鸣，从而坚定社会主义核心价值观自信。

三是以优秀的精神文化产品鼓舞大学生、激励大学生，增强大学生的社会主义核心价值观自信。大学是优秀精神文化产品的一个主产区，要推动更多的蕴含社会主义核心价值观的优秀文化作品产生，将社会主义核心价值观的价值理念、思想观点融入深邃的文化作品之中，使优秀的文化作品在传播思想、砥砺精神、愉悦身心过程中塑造价值观、增进社会主义核心价值观自信。

第八章 形成家庭、学校、社会、网络空间、大学生自身五位一体的立体化协同培育合力

要想使一种价值观切实发挥有效作用，就必须与人们的社会生活建立起广泛的联系，让人们在实际生活中能够真切地感知、体验与践行。要关注青年一代的家庭成长氛围、学校学习情况、社会发展环境、网络空间动态及其自身的实际生活状况，培育青年人正确的价值取向和科学价值观的形成。因为青年的价值取向决定了未来整个社会的价值取向，而青年又处在价值观形成和确立时期，抓好这一时期的价值观养成十分重要。这就像穿衣服扣扣子一样，如果第一粒扣子扣错了，剩余的扣子都会扣错。人生的扣子从一开始就要扣好。❶ 因此，新时代大学生的社会主义核心价值观培育应该从家庭、学校、社会、网络空间以及大学生自身等多方面着手，形成"五位一体"的立体化协同培育合力，使新时代大学生真正担负起中华民族伟大复兴的历史重任，努力学习修身齐家治国平天下的本领，切实做到家事国事天下事事事关心，即培育新时代大学生家国同构的人文关怀，践行德智体美劳全面发展的育人目标，社会责任的担当意识，在网络空间弘扬主流核心价值观的使命精神，为人民美好生活不断奋斗的价值追求。

一、培育新时代大学生家国同构的人文关怀

家国关系问题一直都是马克思主义国家观的重要问题。中国和西方国家对家国关系问题的理解，出现了两种截然不同的思想形式。一种以西方一些国家

---

❶ 习近平谈治国理政［M］. 北京：外文出版社，2017：172.

为代表，割裂"家"与"国"的关系，出现了"家国异构"的现象。另外一种以我们国家为代表，将"家"与"国"的关系统一起来，认为"家"与"国"是辩证统一的有机整体，从而形成了"家国同构"的思想观念。事实上，"家"与"国"是有机统一的。而培育和践行社会主义核心价值观，又使得家国同构的人文关怀在新时代更加深入人心。培育新时代大学生家国同构的人文关怀，首先要明晰新时代大学生家国同构的人文关怀的内涵，其次要明确培育新时代大学生家国情怀的重要性，最后还要探索新时代大学生家国情怀的培育路径。

（一）新时代大学生家国同构的人文关怀的内涵

第一，"家"与"国"是辩证统一的。在中国传统文化中，我们历来重视"家"与"国"的关系。"修身、齐家、治国、平天下"是古代许多知识分子的价值追求，而"修身""齐家"又是其中最基本的环节。家是最小的国，国是最大的家，成为我们国家传统文化的一个重要组成部分。由此，我们形成了以"爱国主义"为核心的民族精神。爱国主义正是指个人或集体对祖国的一种积极和支持的态度，揭示了个人对祖国的依存关系，是人们对自己家园以及民族和文化的归属感、认同感、尊严感与荣誉感的统一。而我国历史上也涌现出了许许多多爱国主义的杰出代表：如，明朝军事家、抗倭名将戚继光。自戚家军成立开始，他率军于浙、闽、粤沿海诸地抗击来犯倭寇，历十余年，大小八十余战，终于扫平倭寇之患。又如，民族英雄林则徐。1839 年，林则徐于广东禁烟时，强迫外国鸦片商人交出鸦片，并将没收的鸦片于虎门销毁。因其主张严禁鸦片、抵抗西方列强的侵略，并同时开始了解西方，被称为近代"中国开眼看世界第一人"。再如，民族英雄郑成功。1661 年郑成功率领两万余名将士横渡台湾海峡，经过数月英勇战斗，打败了侵占我国台湾地区达 38 年之久的荷兰殖民者，收复了台湾。后来他鼓励垦荒种田，大力发展生产，兴办学校，促进了我国台湾地区的发展。

新中国成立尤其是社会主义改造完成后，我们进入了社会主义社会。"家"与"国"的关系在社会主义制度的基础上实现了真正的统一。社会主义道德的原则是集体主义。从微观层面看，集体主义强调要处理好个人和集体的关系；从宏观层面看，集体主义则强调个人和国家的关系，也就是要处理好"家"与"国"的关系。家是最小国，国是千万家。由己而家，由家而国，是中国人始终不变的精神谱系。没有国家繁荣发展，就没有家庭幸福美满。同样，没有千千万万家庭幸福美满，就没有国家繁荣发展。我们要致力于实现中华民族伟大复兴的中国梦，就必须把国家富强、民族振兴与人民幸福统一起来，读懂家与国的辩证法，涵养家国情怀，砥砺家国情怀，自觉地把个人的前途命运与国家、民族、社会紧密地融合在一起。"为什么我的眼里常含泪水，因为我对这土地爱得深沉。"在为实现中华民族伟大复兴中国梦而奋斗的今天，我们要自觉将"家"与"国"统一起来，实现个人与社会的统一。

第二，新时代大学生家国情怀的内涵。"家国同构"是家国情怀的逻辑基础。培育新时代大学生家国同构的人文关怀，事实上就是要求新时代大学生正确处理好"家"与"国"的关系，使"家"与"国"统一起来，也就是要培育浓厚的家国情怀。家国情怀是将家庭、国家作为命运共同体相结合的一种思想理念，基本内涵主要包括家国同构、共同体意识和仁爱之情。❶ 家国情怀，在古代表现为"天下兴亡，匹夫有责"的爱国情怀，表现为"先天下之忧而忧，后天下之乐而乐"的报国意志；在近代表现为为振兴中华而奔走呼号，表现为为民族独立、人民解放、国家富强、人民幸福而前仆后继的精神；在致力于实现中华民族伟大复兴的新时代，家国情怀集中表现为自觉为中国特色社会主义的共同理想而奋斗，表现为自觉为共产主义的远大理想而奋斗。

在家国情怀的框架中，包含五个层次：家庭、故乡、国家、世界和自然。对故乡的深厚情感是中国传统文化的一个重要印记。无论是在海外的华人华侨，抑或是在他乡的游子，最热爱的还是那一抔故土，"爱的最深沉的还是那一片土地"；随着对故土依恋的加深，这一对故乡的热爱上升为对国家的热爱，爱国主义油然而生。由国家及世界，整个地球是一个有机整体，我们要树立人类命运共同体的理念；最后是整个人类社会对于自然界而言，我们要尊重自然、顺应自然、保护自然，坚持人与自然和谐共生。因此，家国情怀的内涵是广阔的，我们要培养深厚的家国情怀，传颂家国情怀，弘扬社会主义核心价值观。

第三，社会主义核心价值观与家国情怀具有深层一致性。习近平总书记在深情阐述"中国梦"时说："国家好，民族好，大家才会好。"这是对"家国情怀"的通俗解读，只有民族复兴、国家富强才能带来人民的幸福、带来每

---

❶ 杨清虎. "家国情怀"的内涵与现代价值 [J]. 兵团党校学报，2016（3）：60－66.

一个人的幸福。由此，我们不难看出，家国情怀与社会主义核心价值观具有深层一致性。

一方面，二者的内涵具有一致性。家国情怀包括国家好、社会好和个人好这三个层次，而社会主义核心价值观也包括国家层面（富强、民主、文明、和谐）、社会层面（自由、平等、公正、法治）和个人层面（爱国、敬业、诚信、友善）这三个层次，二者在价值追求上是相通的。浓厚的家国情怀内在地包含着对于国家层面富强、民主、文明、和谐的追求，包含着对于社会层面自由、平等、公正、法治的追求，包含着对于公民个人层面爱国、敬业、诚信、友善的追求。同时，社会主义核心价值观对于国家、社会和个人层面的要求也内在要求我们要树立浓厚的家国情怀。

另一方面，社会主义核心价值观为新时代大学生的家国情怀指明了方向。和其他社会的核心价值观不一样，我们的社会主义核心价值观是建立在社会主义基本制度基础之上的价值观，是当代中国精神的集中体现，凝结着全体人民共同的价值追求。而家国情怀虽然古已有之，新时代大学生的家国情怀虽然和古代知识分子的家国情怀有着历史渊源，但是也有着明显的区别。新时代大学生的家国情怀必然是社会主义的家国情怀，这和社会主义核心价值观在性质上是根本一致的。在此基础上，共同服务于中国特色社会主义建设事业。

（二）培育新时代大学生家国情怀的意义

新时代是奋斗者的时代，新时代是致力于实现中华民族伟大复兴的时代。培育新时代大学生家国情怀，意义重大，影响深远。一是增强新时代大学生的国家认同，使社会主义核心价值观直抵心灵；二是弘扬中华优秀传统文化，厚植社会主义核心价值观的文化底蕴；三是增强大学生的历史使命感，鼓舞新时代大学生为民族复兴而努力奋斗。

第一，增强新时代大学生的国家认同，使社会主义核心价值观直抵心灵。国家认同是指公民个人对其国家及国家构成的认知，包括对国家的历史、文化、政治等的评价和看法，是在民族形成认同和文化凝聚成共识基础上的进一步升华。当前，国际形势复杂多变，政治上世界多极化趋势不可逆转，经济上经济全球化进程加快，文化上文化多样化趋势进一步增强，同时，社会进一步信息化，科学技术日新月异。在这样的国际形势和国际背景下，不同的文化和思潮容易对大学生造成精神上的冲击，进而容易导致大学生心理迷失、思想困惑。

在这样的背景下，我们必须大力加强大学生的家国情怀教育，不断增强新时代大学生的国家认同，推动大学生不断增强对我国建设成就的自豪感，对国家、民族、文化的认同感，只有树立了爱国之情之后，才能立爱国之志、行报国之行。同时，增强新时代大学生的家国情怀，能够使社会主义核心价值观直抵心灵。如前所述，新时代大学生的家国情怀和社会主义核心价值观一样，都有着鲜明的社会主义性质。增强新时代大学生的家国情怀，就是要在家国情怀的熏陶下，在爱国主义的陶冶下，在社会主义的指引下，增强对富强、民主、文明、和谐、自由、平等、公正、法治、爱国、敬业、诚信、友善的理解，使社会主义核心价值观的内容具有深厚的情感基础，从而使社会主义核心价值观直抵心灵。

第二，弘扬中华优秀传统文化，厚植社会主义核心价值观的文化底蕴。2017 年 1 月，中共中央办公厅、国务院办公厅印发的《关于实施中华优秀传统文化传承发展工程的意见》明确指出："实施中华优秀传统文化传承发展工程，是建设社会主义文化强国的重大战略任务，对于传承中华文脉、全面提升人民群众文化素养、维护国家文化安全、增强国家文化软实力、推进国家治理体系和治理能力现代化，具有重要意义。"❶ 越是在互联网时代，越能凸显中华优秀传统文化的价值和魅力。

但随着自媒体的迅猛发展和"快餐文化""娱乐文化"的兴起，一些大学生认为中华优秀传统文化已经"过时"，从而渐渐失去对中华优秀传统文化的兴趣，这种现象我们必须引起高度重视。要提高大学生对社会主义核心价值观的认同感，就必须要大量弘扬中华优秀传统文化，首先增强大学生对中华优秀传统文化的认同感。培养新时代大学生的家国情怀，就有利于让以爱国主义为核心的民族精神走进每一位大学生的心中，走进每一位大学生的思想中，进而走进每一位大学生的生活和实践中。同时，社会主义核心价值观是离不开中华优秀传统文化的。对中华优秀传统文化的自信是社会主义核心价值观自信的文化和历史渊源。培育新时代大学生的家国情怀，有利于大力弘扬中华优秀传统文化，唤起我们的文化共鸣和民族情感，从而厚植社会主义核心价值观的文化底蕴。

---

❶ 关于实施中华优秀传统文化传承发展工程的意见 [EB/OL]. 新华社. 2017 - 01 - 25. http：//www. xinhuanet. com//politics/2017 - 01/25/c_1120383155. htm.

第三，增强大学生的历史使命感，鼓舞新时代大学生为民族复兴而努力奋斗。家是最小的国，国是最大的家。在中国古代历史上，家国情怀早已植根于每一位中国人民的心中，成为中华文化的一个独特符号和特征。无论是于谦对于"一寸丹心图报国，两行清泪为思亲"的咏叹，抑或是龚自珍对于"落红不是无情物，化作春泥更护花"的感慨，又或者鲁迅对于"灵台无计逃神矢，风雨如磐暗故园"的感叹，都体现了人民群众一心报国的一腔热血，更体现了人民群众始终把国家的前途和命运放在心中、扛在肩上。

随着中国特色社会主义进入新时代，我们亦要推动新时代大学生培育家国情怀，让新时代中华民族伟大复兴的历史使命扛在每一位大学生的肩上，落实到每一位大学生的实际行动中。事实上，培育大学生的家国情怀，有利于增强大学生的历史使命感。我们知道，随着中国特色社会主义进入新时代，近代以来久经磨难的中华民族迎来了从站起来、富起来到强起来的伟大飞跃，迎来了实现中华民族伟大复兴的光明前景。家国情怀正是激励着无数人民群众为中华民族的站起来艰苦探索、努力奋斗，在革命斗争中，正是他们把民族独立的历史使命担在肩上。家国情怀也正是激励着无数人民群众为中华民族的富起来而持续奋斗、接力探索，在建设进程中，正是他们把人民富裕的历史使命担在肩上。在中国特色社会主义新时代，家国情怀也正激励着无数人民群众为中华民族强起来而努力奋斗、持续探索，在新时代建设中国特色社会主义事业的进程中，正是他们把民族复兴的历史使命担在肩上。

（三）新时代大学生家国情怀的培育路径

形成家庭、学校、社会、网络空间、大学生自身五位一体的立体化协同培育合力，首要在于要培育新时代大学生家国同构的人文关怀。具体而言，要在培育和践行社会主义核心价值观的基础上，将家国情怀融入高校教育教学之中，将家国情怀融入高校教学治理之中，将家国情怀融入高校校园文化之中。

第一，在培育和践行社会主义核心价值观的基础上，将家国情怀融入高校教育教学之中。高校教育教学旨在培养社会主义事业的合格建设者和可靠接班人，需要在培育和践行社会主义核心价值观方面政治素质过硬，同时，也需要开展融入家国情怀的高水平教育教学。一是要深入挖掘饱含家国情怀的教育教学资源。可以挖掘高校所在省市的红色资源和红色文化，挖掘以爱国主义为题材的历史和文化，研究家国情怀理论，并在讲解家国情怀理论的过程中穿插当地的红色资源、红色文化、爱国主义文化等，通过对相关人物、事例、精神等的举例讲解，构筑完整而丰富的家国情怀内容体系。二是要推动家国情怀教育进教材进课堂。可以探讨编纂家国情怀教育的教材，使大学生全面准确了解和把握家国情怀、家国精神等。同时，推动家国情怀教育进课堂。争取以新时代大学生喜闻乐见的方式讲好红色故事，让家国情怀植根于大学生心中。三是要实现教学方式方法上的创新。传统教学往往是单向地灌输，在融入家国情怀的教育教学中，要不断创新教学的方式方法，尊重大学生的主体性地位，加强师生之间的双向互动，多采取实例分析、探讨交流等方式，实现家国情怀"润物细无声"地入耳、入脑、入心。四是要将家国情怀教育融入实践教学。实践教学是高校教育教学的一个重要途径和方式。要将家国情怀全面融入实践教学之中，让大学生在实践中感知家国情怀，通过理论联系实际，做到知行合一，在饱含着家国情怀的实践中更好地在大学生心中种下家国情怀的种子。

第二，在培育和践行社会主义核心价值观的基础上，将家国情怀融入高校教学治理之中。高校教学治理是高校教育教学的重要一环，要将家国情怀融入高校教学治理之中。首先，要推动在全校形成健全有效的家国情怀教育教学体制机制。制度建设具有全局性意义，属于根本性建设。健全有效的家国情怀教育教学体制机制对于高校家国情怀教育有着非常重要的作用，直接关系到高校家国情怀教育教学的成效。高校党委要加强统一领导，研究制定所在高校家国情怀教育的发展任务，努力打造多方齐抓共管的局面，通过完善的体制机制提升家国情怀的教育教学成效。其次，要加大对高校家国情怀教育教学的支持力度。高校应该为办好家国情怀教育提供基本的物质和条件保障，优化家国情怀教育的场所，增加家国情怀教育活动，改善家国情怀教育教学设施等。同时，高校也应该为办好家国情怀教育加大人事支持力度。最后，将家国情怀融入高校教学治理理念和治理实践中。应该将家国情怀深度融入高校教学治理理念之中，将其作为课程思政建设的一个重要组成部分，同时将家国情怀深度融入高校教学治理实践之中，在教学治理活动中时时刻刻体现着家国情怀，从而推动家国情怀植根于高校。

第三，在培育和践行社会主义核心价值观的基础上，将家国情怀融入高校校园文化之中。大学生是生活在校园之中的大学生，大学文化生活是大学生生活的一个重要方面。同样地，校园文化建设亦是培养新时代大学生家国情怀的一个重要途径。首先，加强校园文化设施建设。通过校园绿化、美化，推动大学生更加爱惜自己的共同家园——校园，为家国情怀融入高校校园文化提供一个非常好的物质条件和现实基础。其次，加强校园精神文化建设。将家国情怀深度融入校园文化之中，深度融入校园文化的宣传之中。如，打造饱含家国情怀的校园文化长廊，通过学校的宣传媒体、宣传栏、黑板报等媒介宣传家国情怀，让大学生始终置身于饱含家国情怀的文化氛围之中，推动大学校园营造出一个浓郁的"家国"大氛围，推动大学班级营造出一个浓郁的"家国"中氛围，推动大学寝室营造出一个浓郁的"家国"小氛围。再次，将家国情怀深度融入大学生的校园活动之中。可以借助党支部、团支部、学生会、社团等，在开展活动时融入家国情怀理念；可以组织演讲比赛、读书分享会、辩论赛等活动，提升大学生对于家国情怀的体验；可以邀请知名专家学者来校开展讲座、报告和交流会等，推动大学生深刻理解和把握家国情怀，深刻理解和把握肩上的历史使命。如在疫情防控期间，河北农业大学创新活动形式，用好战疫教材，讲好战疫故事，把疫情危机化为教育契机，打造空地一体、虚实衔接、机制耦合的"云思政"平台，引导学生厚植爱国之情、砥砺强国之志、力践报国之行，不断提高防控期间思想政治教育工作成效。主要包括：用好战疫教材，厚植爱国之情。以开展"共抗疫情、爱国力行"主题教育活动为主线，开展"云党日""云班会""云团日""云团课"等活动，举办战疫云诗会、云合唱、"云"运动会等活动，增强学生战疫信心。讲好战疫故事，砥砺强国之志。通过"云"分享邀请河北省援鄂抗疫医疗队齐红茜分享自己援鄂经历，聆听援鄂医疗队的战疫故事，引导学生树立责任意识，展示当代大学生的使命与担当；通过"云"课堂收看"全国大学生同上一堂疫情防控思政大课"、《战疫最前线》《战疫故事》等弘扬新时代爱国主义精神。争做战疫先锋，力践报国之行。将劳动教育和爱国卫生教育有机融合，鼓励大学生积极参与劳动，在劳动过程中厚植家国情怀。

二、培育新时代大学生践行德智体美劳全面发展的育人目标

2018年9月，习近平总书记在全国教育大会上指出，要努力构建德智体美劳全面培养的教育体系，形成更高水平的人才培养体系。这一育人目标的提出是长期探索的结果。德育指向的是求善，智育指向的是求真，体育指向的是强体，美育指向的是臻美，劳动教育指向的是在劳动实践中经历教育和成长。

而在"德智体美劳"五育之间，德育是最根本的。正如习近平总书记所说，我国高校的根本使命在于立德树人。在教育的过程中，我们要坚持德才兼备、以德为先。培育新时代大学生践行德智体美劳全面发展的育人目标，首先要明晰新时代大学生德智体美劳全面发展的育人目标的内涵，其次还要明确培育新时代大学生践行德智体美劳全面发展的育人目标的意义，最后还需要探索新时代大学生德智体美劳全面发展的培育路径。

（一）新时代大学生德智体美劳全面发展的育人目标的内涵

第一，德智体美劳全面发展的具体指标分析。

（1）德育。德育有广义和狭义之分。广义的德育指的是凡是有目的、有计划地对社会个体在道德、文化、思想、观念、意识形态等方面施加影响的活动。沿着广义的德育的理解思路，德育就不仅包括学校的德育和思想政治教育，还包括在社会、单位、家庭、乡村、社区等进行的德育。而狭义的德育专指包括学校思想政治教育在内的学校德育。学校德育是教育者按照一定的原则和要求，有目的、有计划地对受教育者在道德、文化、思想、观念、意识形态等方面施加影响的活动，同时，这一活动是有着明确目的的，是为了把受教育者培养成为具备社会要求的道德的人。对于我国的高等教育而言，德育主要是为了培养一代又一代社会主义事业的合格建设者和可靠接班人。

（2）智育。从字面意思上来理解，"智"即"智慧"，智育，即增长智慧的教育。一般说来，智育是教育者按照特定目的，遵循特定计划向受教育者传授科学文化知识、专业技术才能等的活动，其目的往往是为了增长学生的智慧、发展学生的智力。智育的内容既包括自然科学知识，也包括社会科学知识，还包括思维知识，以及操作技能和技巧，等等。智育是大学生成长成才的重要推动力，只有不断加强智育，才能不断推动科学技术的发展，不断繁荣社会科学，从而推动生产力的发展。

（3）体育。体育是教育者通过传授身体发育和身体素质等方面的知识，推动受教育者不断增强体质，并最终养成自觉锻炼的良好习惯的教育。一般而言，体育是以知识传播和身体锻炼为基本手段，充分运用人体发育和健身的基本规律，最终以全面提高身体素质、全面提高生活质量为目的的活动。

（4）美育。"美"即"审美"。美育是按照特定的目的，遵循特定的计划培养受教育者认识美、爱好美以至创造美的能力的教育，其落脚点是一种认识、创造美的能力。因此，美育往往也可以称为审美教育。一般而言，审美教育包含三个层次：一是认识、感知美的能力，这种美既包括现实美，也包括艺术美；二是这种认识、感知美的能力转化为对于艺术和美的喜爱；三是运用美学规律和美学知识，创造艺术美和现实美的能力。

（5）劳动教育。习近平总书记在全国教育大会上的讲话中提出，"培养德智体美劳全面发展的社会主义建设者和接班人"，从而正式将"劳"纳入全面发展的育人目标。和新中国成立之初时相比，新时代的劳动教育不仅仅是在劳动过程中经受教育，而且强调要发挥人在劳动过程中的主观能动性，强调要在劳动过程中勇于发现问题、解决问题，勇于承担社会责任，勇于承担历史使命，从而使社会成员实现更全面的发展。

第二，德智体美劳全面发展的育人目标是一个有机统一的整体。从整体而言，德智体美劳全面发展的育人目标是一个相辅相成、辩证统一的有机整体。

首先，德育居于统领地位，发挥核心作用。在我们国家，大学生的德育除了对于人性中永恒道德的追求之外，还包括思想教育、政治教育、伦理道德教育、法治素养教育等。其中，最根本的是意识形态教育，也就是要通过德育，让马克思主义的指导思想、中国特色社会主义共同理想、以爱国主义为核心的民族精神和以改革创新为核心的时代精神、社会主义荣辱观深入人心，大力培育和践行社会主义核心价值观，培养一代又一代坚决拥护中国共产党的领导、坚决维护社会主义制度、坚定不移走中国特色社会主义道路的中国特色社会主义事业的合格建设者和可靠接班人。

其次，智育在德智体美劳全面发展的育人目标中发挥着关键性作用。我们都知道，才者，德之资也；德者，才之帅也。"才"是"德"的重要支撑条件。事实上，只有不断培养大学生的科学文化知识和专业技术才能，不断启迪大学生的智慧，才能使新时代大学生掌握更多的建设中国特色社会主义事业的本领和才能，才能致力于中国特色社会主义建设事业。

再次，体育是德育、智育的重要身体素质支撑。只有不断加强体育，提高大学生的身体素质，增强大学生的体魄，才能为大学生的德育、智育提供良好的身体素质支撑。中国特色社会主义事业需要一代代大学生接力奋斗，这必然要求大学生具有良好的身体素质。然后，美育也是全面发展教育不可或缺的组成部分。加强美育，提高大学生的审美意识和审美能力，能够促进大学生德、智、体、劳的发展。例如，美育可以提高大学生的思想，陶冶大学生的审美情操和道德情操；美育可以拓展大学生知识面的深度和广度，启发大学生的智力；美育还可以促进大学生身心健康，提高健身、运动和锻炼的质量和效果；美育还能够鼓舞大学生参加劳动、热爱劳动，从劳动中发现美，从劳动中创造美。

最后，劳动教育也能促进德育、智育、体育、美育的发展。参加劳动过程是对德智体美育人成效的集中检验，同时，在劳动过程中，也能促进德智体美各育的发展。劳动教育所强调的劳动观念和劳动品质本身就是德育的重要内容。我们的中国梦是干出来的，劳动坚定了实现中华民族伟大复兴中国梦的信心。在劳动过程中，会不会劳动，能不能提高劳动生产率，实际上是一个智育方面的问题。通过劳动，将感性经验上升为理性智慧，从而促进智育的发展。劳动过程实际上离不开体力或脑力的消耗，劳动教育有助于社会个体身心素质的提高，进而促进体育的发展。劳动过程也是发现美的过程。劳动创造了幸福的生活和美好的世界。通过劳动教育，促进大学生树立"劳动最光荣、劳动最美丽"的劳动审美观，促进美育的发展，从而推动全社会形成崇尚劳动的良好氛围。

（二）培育新时代大学生践行德智体美劳全面发展的育人目标的意义

培育和践行社会主义核心价值观与大学生践行德智体美劳全面发展的育人目标是内在一致的。事实上，社会主义核心价值观渗透在德智体美劳全面育人的各个环节。培育新时代大学生践行德智体美劳全面发展的育人目标，首先，有利于落实立德树人根本任务。其次，有利于促进人的全面发展。最后，有利于中华民族伟大复兴中国梦的实现。

第一，有利于落实立德树人根本任务。我们的教育要"培养什么人""怎样培养人"以及"为谁培养人"，这是教育应该回答的首要的基本的问题。那么，我们的教育到底要"培养什么人"呢？我要培养一代又一代拥护中国共产党领导和我国社会主义制度、立志为中国特色社会主义奋斗终身的有用人才。这就决定了我们的高校必然以立德树人为根本任务。培育新时代大学生践行德智体美劳全面发展的育人目标，要求坚持以德为先、以德为本，首先强调的是德育，与立德树人的根本要求是内在一致的。在德育中，重视指导思想的教育、理想信念的教育、民族精神的教育、时代精神的教育、道德法治的教育，突出"德"在人才成长中的重要作用，从而推动立德树人根本任务的落实。总的来说，德育是关系大学生真正成长成才，成长为对社会有用人才的大事，要通过德育培育和践行社会主义核心价值观。同时，立德树人也是高校的根本任务，是我们国家教育工作者的神圣使命。通过德育，树一代又一代"以德为本"的新时代大学生，树一代又一代具有崇高理想信念和高尚道德情操的新时代大学生，从而圆满完成高校立德树人的根本任务。

第二，有利于促进人的全面发展。习近平总书记提出了以人民为中心的发展理念。事实上，《共产党宣言》就提出了"人的全面发展"的思想。而"人的全面发展"的思想为"以人民为中心"的理念提供了理论支撑，亦为"以人民为中心"的理念提供了实现途径。共产主义社会要实现人的自由而全面的发展，实现人类社会由必然王国向自由王国的飞跃。同时，实现人的全面发展也是中国特色社会主义建设的一个重要目标。人的全面发展，就必然内在地包含德智体美劳的全面发展。因为人的全面发展，就意味着人与自然、人与社会、人的身心、人的自身素质等都实现全面的发展。例如，既实现人的真善美的统一，也推进人的知情意的发展。培育出德育、智育、体育、美育、劳动教育全面发展的有用人才。同样地，培育新时代大学生践行德智体美劳全面发展的育人目标，也内在地包含着促进大学生的思想道德素质、科学文化素养、身体素质、审美能力、劳动素质等的全面发展，也即促进人的全面发展。

第三，有利于中华民族的伟大复兴。习近平总书记指出，实现中华民族伟大复兴是近代以来中华民族最伟大的梦想。而中华民族伟大复兴，绝不是轻轻松松、敲锣打鼓就能实现的。作为担当民族复兴大任的时代新人，我们需要准备付出更为艰巨、更为艰苦的努力。以社会主义核心价值观为引领，培育新时代大学生践行德智体美劳全面发展的育人目标，有利于培养出一代又一代能够经得起考验，自觉为中华民族伟大复兴中国梦而不懈奋斗的新时代大学生。同时，培育新时代大学生践行德智体美劳全面发展的育人目标，有利于中华民族的伟大复兴。

一是德育会激励新时代大学生勇于把民族复兴的历史大任担在肩上，勇于为中华民族的伟大复兴不懈奋斗。二是智育为新时代大学生在致力于实现中华民族伟大复兴的历史征程中提供智慧源泉。三是体育能够强身健体，提高大学生的身体素质，从而为新时代大学生在致力于实现中华民族伟大复兴的历史征程中提供身体素质支撑。四是美育能够提高大学生的审美意识和审美能力，陶冶情操，为新时代大学生在致力于实现中华民族伟大复兴的历史征程中提供美学支持。五是劳动教育能够推动大学生形成"热爱劳动、劳动光荣"的理念，形成新时代中国梦劳动美的良好风尚，在劳动中实现自身的发展和成长，在劳动中推进社会的发展，在新时代的劳动中致力于实现中华民族伟大复兴的中国梦。

（三）新时代大学生德智体美劳全面发展的培育路径

要培育新时代大学生践行德智体美劳全面发展的育人目标，还要明确新时代大学生德智体美劳全面发展的培育路径。主要包括：构建德智体美劳全面培养的教育体系、加强高校教师队伍建设、努力完善综合素质评价体系。

第一，构建德智体美劳全面培养的教育体系。

一是要将德智体美劳全面融入高校的教育教学体系。首先是要一如既往地重视德育，坚持"以德为本""以德为先"的方针，始终把立德树人作为根本使命，建立以德育为统领、以德育为根本的高校教育教学体系。其次要重视智育，不断提高新时代大学生的科学文化知识和科学技术素养，建立以智育为重要支撑的高校教育教学体系。此外，还要重视体育、美育和劳动教育，将体育、美育和劳动教育全面融入高校教育教学体系之中，纳入高校教育教学制度体系，从而实现德智体美劳全面融入高校的教育教学体系。

二是要将德智体美劳全面融入高校的教育教学环节。要把立德树人融入思想政治教育、专业知识教育、校园文化熏陶、社会实践锻炼等各个环节，同时要把德育、智育、体育、美育和劳动教育的理念全面融入高校教育教学的教材编写、教案设计、课堂讲授、学生学习、成绩考核、实践教育等教学的各个环节，让新时代大学生全面感受德育、智育、体育、美育和劳动教育的熏陶。

三是要努力推进全员、全程、全方位育人。习近平总书记强调，要坚持显性教育和隐性教育相统一，挖掘其他课程和教学方式中蕴含的思想政治教育资源，实现全员全程全方位育人。全员育人是指家庭、学校、社会和政府都有育人责任；全程育人指的是从小到大，涵盖不同年龄段的全面育人；全方位育人指的是各门课程、各个环节协同发力的育人模式。要以思想政治教育为引领，把德育、智育、体育、美育和劳动教育贯穿大学生成长成才的各个环节，涵盖育人的方方面面。总之，要构建德智体美劳全面培养的教育体系，形成德育、智育、体育、美育和劳动教育全面育人的制度体系，不断培养德智体美劳全面发展的社会主义建设者和接班人。

　　第二，加强高校教师队伍建设。打造一支师德高尚、业务精湛、结构合理、充满活力的高素质专业化教师队伍是新时代大学生德智体美劳全面发展的重要支撑。只有不断加强高校教师队伍建设，不断提升高校教师的思想道德素质、科学文化素质、综合素质等，才能为新时代大学生德智体美劳的全面发展创造条件。加强高校教师队伍建设，首先，要营造全社会尊师重教的良好氛围。让教师成为一份令人羡慕的职业，让教师都能感到非常光荣，都能自觉珍惜这份光荣，自觉爱惜这份职业，从而严格要求自己，始终做到为人师表。其次，要培育高校教师高尚的道德素质。教师的言传身教对于大学生德智体美劳的全面发展而言至关重要。作为大学生的学习标杆，高校教师应该拥有高尚的道德素质，以坚定的理想信念、高尚的道德水平潜移默化地影响学生，以对教书育人的执着与热爱潜移默化地影响学生。从而更好地实现德育的目标。再次，要不断提高高校教师的科学文化素质和专业技术水平。高校教师往往是自己的专业领域的佼佼者。但是，也应该要不断加强学习，学习掌握本专业的前沿学术成果，不断提高自身的科学文化素质和专业技术水平。只有这样，才能真正讲好科学文化知识，扎扎实实做好智育。最后，在教育评价方面，要坚决克服唯分数、唯升学、唯文凭、唯论文、唯帽子的顽瘴痼疾，树立科学的教育评价导向，引导教师在注重德育与智育的同时，也加强体育、美育和劳动教育，推动新时代大学生德智体美劳的全面发展。

　　第三，努力完善综合素质评价体系。综合素质评价体系是对传统评价体系的创新发展。传统评价体系往往以单一的"成绩"作为评价标准，显现出了陈旧的评价观念和片面的评价内容，与现代社会对复合型人才、创新性人才的要求相去甚远。而综合素质评价体系则不同，综合素质评价体系不再以单一的"学习成绩"作为唯一的评价指标，而是从多视角、多层面、全方位反应大学生的综合素质，包括思想政治素质、道德法治素养、科学文化知识、身体素质、美学素质、劳动素质等。努力完善综合素质评价体系的关键就在于，评价设计要从实际出发，要具有现实可行性。例如，要将素质评价的内容转化成具体的指标，并且要细化分解具体的指标模块，在提高评价体系的可操作性的同时还要努力提高评价体系的科学性。同时，具体的评价指标要"可测、可行"，要能够进行量的描述和质的分析。需要说明的是，除了综合测评这样的量化指标之外，综合素质评价体系还应该包含一些主客观的评价，如同学评价等。总之，通过不断完善综合素质评价体系，将德育、智育、体育、美育和劳动教育都纳入评价体系之中，推动高校教师在德育为本、以德为先的前提下注重大学生德智体美劳整体素质的提高，从而促进新时代大学生德智体美劳的全面发展。

三、培育新时代大学生社会责任的担当意识

"青年兴则国家兴，青年强则国家强。青年一代有理想、有本领、有担当，国家就有前途，民族就有希望。"❶ 大学生是青年的一个重要部分。大学生的社会责任和社会担当是关乎国家未来发展的大事，也是大学生在培育和践行社会主义核心价值观的过程中应该具备的对自我的要求。培育新时代大学生社会责任的担当意识，一是要明晰新时代大学生社会责任担当意识的内涵；二是要明确培育新时代大学生社会责任担当意识的意义；三是要探索新时代大学生社会责任担当意识的培育路径。

（一）新时代大学生社会责任担当意识的内涵

第一，社会责任与大学生社会责任。责任，从字面意思来理解，指向的是社会个体分内应该做的事。这种分内之事既可能来自社会个体对于他人的承诺，也可能来自社会个体所从事职业的职业要求，还可能来自社会的道德规范和法律法规，等等。而社会责任则是相对于个人责任而言的。一般说来，社会责任指的是一定的个人或团体对他人、其他团体、单位乃至整个社会所应承担的责任和应履行的使命，体现了整个社会对社会成员的需要。事实上，人都是一定社会关系中的人。马克思在阐述人的本质时说，从其现实性来讲，人的本质是一切社会关系的总和。因此，人都是处于一定社会关系、社会环境中的个人，社会性是人的本质属性，也就必然要承担相应的社会责任。一般而言，社会责任包括两个层次，第一个层次的社会责任是社会对个体具有强制性的要求，即要求个体必须服从社会的要求，此时的社会责任更多体现为社会义务；第二个层次的社会责任中，社会对个体不具有强制性的要求。个体能够依据自身的意愿和判断来进行行为选择。此时的社会责任需要以社会个体的高度自觉

---

❶ 习近平. 决胜全面建成小康社会夺取新时代中国特色社会主义伟大胜利：在中国共产党第十九次全国代表大会上的报告 [M]. 北京：人民出版社，2017.

来作为支撑。本书所阐述的社会责任主要也是指的第二个层次的社会责任。而大学生社会责任，则突出了社会责任中的大学生这一主体。在中国特色社会主义新时代，大学生社会责任集中体现为大学生自觉将个人理想与社会理想融合起来，自觉为实现中华民族伟大复兴而不懈奋斗的崇高使命感。

第二，大学生社会责任担当意识。社会责任担当指向的是一种主动承担社会责任的意识和品质，这是一种社会向前不断发展必然要求每一个公民所具备的意识和品质。因此，社会责任担当和意识往往联系在一起，成为社会责任担当意识。社会责任担当意识有利于社会个体实现社会理想，同时也不断促进社会个体自身的发展，如思想政治素质的提升、知识领域的拓展、个人能力的发展等等。一般而言，社会责任担当意识指向的是心理因素。例如，对社会责任担当的认知，对于社会责任担当所拥有的情感，关于社会责任担当的意志以及在社会责任担当意识的指引下的社会责任担当行为等。而大学生社会责任担当意识，则是立足大学生这一特殊群体，指向的是大学生对他所担负的社会责任的情感倾向。其往往表现为大学生对实现中华民族伟大复兴的中国梦的自觉意识，对建设中国特色社会主义事业的自觉意识，对国家和社会的发展贡献一份力量的自觉意识。在这种自觉意识的约束下，个人的社会行为会更加合乎社会规范，同时，在合乎社会规范的过程中也充分发挥个人的主观能动性，最终实现自我价值和社会价值的融合。

第三，社会主义核心价值观与大学生社会责任担当意识。社会主义核心价值观与大学生社会责任担当意识是辩证统一的。一方面，二者相互区别，各有侧重。社会主义核心价值观包括国家、社会和公民个人三个层面。其中，"富强、民主、文明、和谐"，是我国社会主义现代化国家的建设目标，也是从价值目标层面对社会主义核心价值观基本理念的凝练。"自由、平等、公正、法治"，是对美好社会的生动表述，也是从社会层面对社会主义核心价值观基本理念的凝练。"爱国、敬业、诚信、友善"，是公民基本道德规范，是从个人行为层面对社会主义核心价值观基本理念的凝练。而大学生社会责任担当意识则侧重于大学生个人价值和社会价值的统一，强调大学生对于社会责任的担当精神。就内容而言，大学生社会责任担当意识包括政治责任担当意识（如热爱祖国、热爱社会主义）、生命责任担当意识（如珍惜生命、助人为乐）、学习责任担当意识（如勤奋学习、不断进步）、环境责任担当意识（如爱护家庭、爱护学校、爱护环境）以及网络责任担当意识（如文明上网、培育和践行网络社会主义核心价值观），等等。

另一方面，二者又相互促进，辩证统一。社会主义核心价值观指引着大学生社会责任担当意识的发展方向，大学生社会责任担当意识必须要以社会主义核心价值观为根本指引和根本遵循。社会主义核心价值观是对社会主义核心价值体系的高度凝练和集中表达，有利于社会主义现代化建设事业凝心聚力，同时也为中国特色社会主义事业提供不竭的动力源泉和精神滋养。同时，大学生社会责任担当意识又是社会主义核心价值观在很多领域的具体体现。如，以热爱祖国为代表的大学生政治责任担当意识是社会主义核心价值观在国家富强、个人爱国等领域的具体体现。又如，以勤奋学习为代表的大学生学习责任担当意识是社会主义核心价值观在个人敬业等领域的具体体现。

（二）培育新时代大学生社会责任担当意识的意义

第一，有利于增强思想政治教育的实效性。当前，各个国家之间的思想和文化交流交融交锋，意识形态工作极端重要。个别大学生出现了思想认识多元化、价值判断差异化以及诉求多样化等倾向，尤其是一些错误思潮、一些错误观点可能对大学生的认识、思想和行为产生消极影响，因此，我们必须要不断加强和改进高校思想政治教育工作，不断增强高校思想政治教育的实效性。而培育新时代大学生的社会责任担当意识，有利于把社会主义核心价值观教育落脚到大学生的社会责任和社会担当上，落脚到致力于实现中华民族伟大复兴中国梦的行动上。

具体体现在两个方面：其一是，不断培育新时代大学生社会责任担当意识，有利于加强理想信念教育，让大学生真正认识到理想信念是最根本的责任，民族复兴是最重要的担当，从而从根本上增强新时代大学生思想政治教育的实效性。因为总的来说，大学生思想政治教育的实效性，就是要让大学生真学、真懂、真信、真用马克思主义，真学、真懂、真信、真用毛泽东思想，真学、真懂、真信、真用包括习近平新时代中国特色社会主义思想在内的中国特色社会主义理论体系。其二是，不断培育新时代大学生社会责任担当意识，着眼于大学生的成长和发展，有利于全面增强新时代大学生的社会责任感和社会担当意识，从而增强大学生思想政治教育的实效性。不断培育新时代大学生社会责任担当意识，引导新时代大学生在以崇高理想信念铸魂的基础上，以优秀公民素养立身，使大学生在坚定理想信念的基础上全面提升思想道德素质和勇于担当、敢于担当的精神，以增强大学生思想政治教育的实效性。

第二，有利于促进大学生的健康成长。马克思曾说过：人的本质是一切社会关系的总和。人是社会的人，总是处于一定社会关系中的人。个人与社会是辩证统一的有机整体。一方面，二者相辅相成、相互促进。个人总是一定社会中的个人，离开了一定社会，人也就根本无法生活。而社会则是由无数个个人所组成的，如果离开了无数个个人，社会也就不再是人的社会。另一方面，二者又相互区别。个人与社会是相比较而存在的。同时，个人与社会又是不同的。个人一般指的是微观的社会个体，而社会则是由许多个微观个体组合而成的宏观的社会。人的社会性是根本属性，因为人只有在持续推进社会向前发展的过程中，只有在持续创造物质财富和精神财富的过程中，才能推动自身的不断发展。

因此，培育新时代大学生社会责任担当意识，从根本上就是要正确处理好个人与社会的关系，要真正认识到只有自觉承担社会责任，勇于担当社会责任，才能在推动社会向前发展的同时促进大学生自身的健康成长。培育新时代大学生社会责任担当意识，培育新时代大学生的政治责任担当意识、学习责任担当意识、环境责任担当意识、网络责任担当意识，使得新时代大学生真正达到"思想端正、专业过硬"的境界和水平，使大学生成长为具有坚定理想信念、强烈社会责任感、高水平文化素质的有用人才，真正促进大学生的健康成长。事实上，培育新时代大学生社会责任担当意识能够促进大学生自身的健康成长，再一次告诉我们，我们应该把小我与大我更好地统一起来，在推动社会向前发展的进程中实现自身的人生追求，在为中华民族伟大复兴中国梦的实现贡献力量的进程中使自身得到持续的成长进步，在实现社会价值的进程中实现自我价值。

第三，有利于适应国家建设和社会发展的需要。国家和社会是由每一个社会个体所组成的，国家建设和社会发展需要每一位大学生培育社会责任担当意识。主要包括三个层次：

其一是，新时代不断培育大学生社会责任担当意识，形成对中国特色社会主义建设事业和中华民族伟大复兴事业的认知。要适应国家建设和社会发展的需要，首先得对国家建设和社会发展有一个基本的认知。在中国特色社会主义新时代，我们的国家建设和社会发展主要体现为持续推进中国特色社会主义伟大事业，为实现中华民族伟大复兴的中国梦而不懈奋斗。只有对这一国家建设和社会发展有了较为深刻的认知，才能为适应国家建设和社会发展的需要迈好了第一步。

其二是，新时代不断培育大学生社会责任担当意识，增进对中国特色社会主义建设事业和中华民族伟大复兴事业的认同。认知是认同的前提和条件，认同是认知发展到一定程度的必然结果。如果把对中国特色社会主义建设事业和中华民族伟大复兴事业的认知比喻为感性认知的话，那么对中国特色社会主义建设事业和中华民族伟大复兴事业的认同就是理性认同。只有形成了对中国特色社会主义建设事业和中华民族伟大复兴事业的理性认同，才可能有为中国特色社会主义建设事业和中华民族伟大复兴事业而奋斗的自觉行动。

其三是，新时代不断培育大学生社会责任担当意识，推动大学生自觉履行社会责任。认识终归要落脚到实践，认同终归要落脚到实际行动中。大学生对中国特色社会主义建设事业和中华民族伟大复兴事业的认知和认同，终归要落脚到大学生为中国特色社会主义建设事业和中华民族伟大复兴事业而奋斗的自觉行动中。大学生要将心中的担当意识、肩上的社会责任转化为为国家富强、民族振兴、人民幸福的伟大事业贡献力量的持续奋斗中，在自觉履行社会责任的过程中不断推进国家的建设和社会的发展。

（三）新时代大学生社会责任担当意识的培育路径

培育新时代大学生社会责任的担当意识，不仅仅是一个理论问题，而且是一个实践问题。大学生社会责任担当意识的落脚点在于探寻社会责任的实践路径。因此，在明晰新时代大学生社会责任担当意识的内涵、明确培育新时代大学生社会责任担当意识的意义的基础上，还要探讨新时代大学生社会责任担当意识的培育路径。

第一，把握课堂教学，统筹推进"思政课程"与"课程思政"。"思政课程"主要指的是思想政治理论课。高校面向本科生开设的思想政治理论课主要有思想道德修养与法律基础马克思主义基本原理概论毛泽东思想和中国特色社会主义理论体系概论中国近现代史纲要以及形势与政策等五门主干思政课程。而"课程思政"则是为构建全员、全程、全方位的育人格局，而推动各类课程与思想政治理论课同向同行，产生协同效应，形成以"课程承载思政"、将"思政寓于课程"的良好效应。寻求新时代大学生社会责任担当意识的培育路径，就要把握课堂教学，统筹推进"思政课程"与"课程思政"。

一方面，加强和改进高校思想政治理论课建设。思想政治理论课是落实立德树人根本任务的关键课程。在思想政治理论课教学过程中加强社会主义核心价值体系和社会主义核心价值观的教育，加强社会责任感、使命担当精神的教育，并将其深度融入思想政治理论课之中，在坚定理想信念的过程中筑牢社会责任感、夯实使命担当精神。另一方面，深入推进"课程思政"建设。在加强和改进高校思想政治理论课建设的同时，持续推进"课程思政"建设，就是坚持了显性教育和隐性教育相统一。深入推进"课程思政"建设，就是要深入挖掘其他课程中所蕴含的包括社会责任感、使命担当精神在内的思想政治教育资源。如，深入挖掘专业课程中的社会责任感、使命担当精神的相关素材，并将这些相关素材深度融入专业课程的讲授过程中，使大学生在学习专业课程的同时，也能培养社会责任感和使命担当精神。

第二，注重实践教学，在实践中锤炼大学生社会责任担当意识。对于认识和实践的关系，马克思有过精辟的论述。实践是认识的来源，实践是认识发展的动力，实践是认识活动的目的，同时，实践还是检验认识真理性的唯一标准。因此，要培育新时代大学生社会责任担当意识，在把握课堂教学的基础上，还要注重实践教学。作为巩固课堂教学成果、深化对于课堂知识的理解和把握的一个重要途径，实践教学集中体现着理论联系实际，集中体现着知行合一。只有在实践中深化对理论的认识，才能形成对理论的真正把握，理论也才有可能转化为物质的力量。要注重实践教学，在实践中锤炼大学生社会责任担当意识。只有这样，才能真正培育新时代大学生的社会责任担当意识。

而在实践中锤炼大学生社会责任担当意识，其一是将社会责任感和使命担当精神深度嵌入基础性实践教学环节，通过理论联系实际，加深大学生对于课堂教学环节中所阐释的社会责任感、使命担当精神的理解。其二是将社会责任感和使命担当精神深度嵌入课外实践教学环节。例如，开展以大学生社会责任感、使命担当精神等为主题的暑期社会实践活动，或者组织包含大学生社会责任感、使命担当精神等元素的微电影拍摄、实践调研活动等，努力让新时代大学生在实践中感知感悟社会责任感和使命担当精神。其三是将社会责任感和使命担当精神深度嵌入道德教育实践教学环节。在道德教育实践教学环节中，要把社会责任感和使命担当精神纳入教学的范畴，同时采取举例分析法、历史分析法、观察法和体验法等，使大学生深刻认识到社会责任感、使命担当精神于国家富强、于民族振兴、于人民幸福的重要意义。

第三，做好教学服务，全面做好"管理育人"与"校园文化育人"工作。管理工作是高校工作的一个重要部分，高校的管理工作始终坚持马克思主义的指导地位，始终坚持社会主义的办学方向。"管理育人"是高校思想政治教育工作的一个重要组成部分。"管理育人"将社会责任感的培育、使命担当精神的树立渗透于对大学生的日常管理和日常心理健康教育之中，是一种隐性育人的方式或手段。而"校园文化育人"也是高校育人的一种重要形式，"校园文化育人"往往是通过所营造的独特校园文化来实现以文育人、以文化人。

同时，在以文育人、以文化人的过程中，积极融入社会责任感和使命担当精神等文化元素，使大学生在校园文化的熏陶中感知社会责任感，感知使命担当精神。例如，河北农业大学深入推进校园文化育人。河北农业大学积极建设"太行山道路"暨校史展览馆、碑廊、文化园等，同时加强对"太行山道路"实践和"太行山精神"内涵的研究，整理出版《农大史话》《农大印记》，开通微信公众号"农大老故事"，充分发挥校史文化育人的功能。事实上，"太行山精神"作为河北农业大学校园文化的集中代表，其本身也包含了师生对于建设祖国、报效祖国的强烈社会责任感，也包含了师生对于国家富强、民族振兴、人民幸福的崇高使命担当精神。河北农业大学依托新生入学教育、毕业生离校教育和主题党日团日等，让"太行山精神"融入全校大学生的血脉和灵魂。这就是通过"校园文化育人"培育大学生强烈的社会责任感和崇高的使命担当精神的典型代表。

四、培育新时代大学生在网络空间弘扬主流核心价值观的使命精神

伴随着互联网的飞速发展，网络空间逐渐成为一个越来越重要的场域。我们党始终高度重视在网络空间弘扬社会主义核心价值观，强调要牢牢掌握网络空间意识形态话语权。总的来说，培育新时代大学生在网络空间弘扬主流核心价值观的使命精神，首先是要明晰新时代大学生在网络空间弘扬主流核心价值观的内涵，其次要明确新时代大学生在网络空间自觉弘扬主流核心价值观的意义，最后还要探索新时代大学生在网络空间弘扬主流核心价值观的使命精神的培育路径。

（一）新时代大学生在网络空间弘扬主流核心价值观的内涵

第一，网络空间。网络空间是随着互联网技术的发展，在现实空间的基础上发展而来的，表示一个由计算机所构筑的、代表抽象数据的结构。一般而言，网络空间是建立在互联网高度发展的基础之上的，包括从信息源—网络代码—计算机—人的相互联结而构成的一个信息空间，这一信息空间容纳了包括经济、政治、文化、社会、生态文明等众多领域的信息，总体构成了和现实社会相对应的虚拟空间。从本质上说，网络空间是通过互联网和计算机构筑的一个巨大的信息空间，这一信息空间是根源于现实社会，因此，网络空间是现实社会的机械映射。网络空间的信息、网络空间的治理和现实社会的信息、现实社会的治理从本质上都是一致的。同时，网络空间又有着不同于现实社会的内在特点。最大的特点在于网络空间的信息传播的速度、力度和广度，思想观念传播的速度、力度和广度都远远超出了现实社会中信息和思想观念传播的速度。在网络空间中，大学生往往面对着纷繁复杂的信息和不同的思想观念，因此，在网络空间中弘扬主流核心价值观就显得尤为重要。

第二，网络空间主流核心价值观。价值观是人们对价值的根本看法和根本观点，是人认定事物、辩定是非的一种思维或取向。在阶级社会中，不同阶级之间的价值观念是各不相同的。核心价值观，简单来说就是某一社会群体判断社会事物时依据的是非标准，遵循的行为准则。主流核心价值观指的是一个社会中居于统领地位的核心价值观。我国是社会主义国家，我国的主流核心价值观就是社会主义核心价值观。社会主义核心价值观包括国家层面的富强、民主、文明、和谐，社会层面的自由、平等、公正、法治，公民个人层面的爱国、敬业、诚信、友善。网络空间主流核心价值观主要就是指网络空间的社会主义核心价值观，和现实空间的社会主义核心价值观是根本一致的。

一般而言，网络空间主流核心价值观的形成需要两个条件作为支撑：第一个条件是互联网的发展，这是网络空间主流核心价值观得以形成的前提；第二个条件是网民的积极参与，这是网络空间主流核心价值观得以形成的重要支撑。同时，网络空间主流核心价值观还需要应对一些新挑战，把握一些新机遇。一是，由于网络平台中身份参与往往是虚拟的，网络信息也往往是虚拟的，这导致了网民身份信息和一些网络信息的虚拟化，因此，网络空间主流核心价值观需要积极应对互联网的虚拟隐匿性。二是，由于互联网是一个开放性的空间，它能够在互联网的边界内把各种信息汇聚起来，往往能够打破国家和地域的限制，进行各种信息传递，因此，网络空间主流核心价值观需要积极应对互联网中信息和文化多元复杂的特征。三是，由于互联网是一个复杂的信息空间，每一个网民个体在互联网中的思想和观点都具有一定的倾向性或影响力，都能够影响到他人的思想和观点，因此，网络空间主流核心价值观需要积极应对这一舆论引导性。四是，由于互联网的快捷信息传播，人们可以在很短的时间内获取大量信息，因此，网络空间主流核心价值观需要积极应对与运用这一信息传播的快捷性。

第三，网络空间的发展为弘扬主流核心价值观提供了契机。在我们国家，主流核心价值观指的就是社会主义核心价值观。网络空间的发展为弘扬社会主义核心价值观提供了契机。这一契机集中表现为网络空间传播的特点和优势。如信息传播方便快捷、信息量丰富、易于发挥舆论引导性。其一，网络空间的发展加快了网络空间社会主义核心价值观的传播力度、速度和广度，极大地提升了社会主义核心价值观的影响力，有利于网民培育和践行社会主义核心价值观。其二，网络空间的发展，社会主义核心价值观以互联网的表现形式和话语形式表达主流核心价值观的内容，使得网民更易于接受社会主义核心价值观，实现社会主义核心价值观在互联网传播的全天候、广覆盖，使得网民能够随时随地接受社会主义核心价值观的熏陶。其三，随着网络空间的快速发展，网络舆论话语权愈加重要。应该要积极掌握网络舆论话语权，以社会主义核心价值观引领网络舆论，在网络空间中推动社会主义核心价值观入耳、入脑、入心。

（二）新时代大学生在网络空间自觉弘扬主流核心价值观的意义

在网络空间自觉弘扬主流核心价值观，事关网络治理体系和网络治理能力现代化，事关社会主义核心价值观在网民群体中入耳、入脑、入心，事关清朗的网络空间的营造，具有极端重要的意义。具体而言，一是有利于维护主流意识形态的权威性，二是有助于提升网络参与主体的思想政治素质，三是有助于提升国家文化软实力，四是有利于维护网络空间安全。

第一，有利于维护主流意识形态的权威性。意识形态工作始终是我们党一项极端重要的工作。我们是社会主义国家，我们的意识形态必须坚持马克思主义的指导地位。在网络空间中自觉弘扬社会主义核心价值观，对社会主义核心价值观做好理论诠释，有利于发挥社会主义核心价值观的引领作用，有利于营造清朗的网络空间，有利于维护主流意识形态的权威性。当前，在网络空间中，纷繁复杂的信息源和信息传播途径使得网络空间中的观念和思想出现了多元化的特征，网民往往能够依据自己的观点和兴趣爱好进行网络评论，这些评论中往往会掺杂个人的独特见解和言论，其中，可能有个别的见解和言论受到了西方错误思潮的影响，从而影响了社会意识形态安全。新时代大学生在网络空间自觉弘扬社会主义核心价值观，有利于为网络空间中的网络安全治理提供根本的价值指引和价值遵循，在网络空间碎片化和多元化的信息中发挥社会主义核心价值观的引领力和影响力，为网民提供正确的价值观发展方向，从而维护网络安全，维护主流意识形态的权威性。

第二，有助于提升网络参与主体的思想政治素质。就整个网络环境而言，网民的素质是各不相同的。总体上，网络环境是积极向上的。但同时，也有个别网民的观点和言论不符合社会主义核心价值观，甚至还有个别网民的观点和言论受到西方错误思潮的影响，有着别有用心的企图和目的。新时代大学生在网络空间自觉弘扬社会主义核心价值观，有助于提升网络参与主体的思想政治素质。

一方面，新时代大学生在网络空间自觉弘扬社会主义核心价值观，有助于发挥社会主义核心价值观的引领力，推动社会主义核心价值观入耳、入脑、入心，从而坚定马克思主义的理想信念，坚定共产主义的远大理想和中国特色社会主义的共同理想，不断提升自身的理论水平和理论素养，增强对社会主义核心价值观的理解力、感悟力，推动思想政治水平和思想理论水平的提升。另一方面，在网络空间自觉弘扬社会主义核心价值观，自觉将富强、民主、文明、和谐、自由、平等、公正、法治、爱国、敬业、诚信、友善的核心价值观作为大学生自身的行为准则，也有助于大学生严格依照社会主义核心价值观的要求来辨别互联网的各种信息，推动大学生从互联网纷繁复杂的信息中寻找社会主义核心价值观，进而以社会主义核心价值观作为大学生自身网络空间言行活动的准则，从而提升大学生自身的网络素养。

第三，有助于提升国家文化软实力。软实力是和硬实力相对应的。一般而言，硬实力指向的是一种支配性的实力，往往包括一个国家或地区的经济、科技、军事实力等。或者说，能够看得见、摸得着的物质力量往往就是硬实力的象征。因此，硬实力往往是一种有形的，有着物质载体的实力。而软实力往往是看不见、摸不着的实力，是一种无形的延伸，表现为文化、意识形态等力量。如果单从表面上看，文化实力好像比较"软"，但是却有着磅礴伟力。提升国家文化软实力，是建设社会主义文化强国的重要组成部分，也是实现中华民族伟大复兴中国梦的一个重要前提。

新时代大学生在网络空间自觉弘扬社会主义核心价值观，有助于提升社会主义核心价值观在网络空间中的凝聚力和感召力，使社会主义核心价值观成为凝聚大学生、凝聚亿万网民精神的价值观，成为凝心聚力的核心所在，进而丰富和发展民族精神和时代精神，提升国家的文化软实力。同时，社会主义核心价值观凝聚了中华优秀传统文化、革命文化、社会主义先进文化的文化资源和价值元素，彰显了中华优秀传统文化、革命文化和社会主义先进文化的生命力和竞争力，也有利于推动网民在网络空间中以社会主义核心价值观为准则规范自身的言行，营造健康有序的网络文化环境，从而进一步增强民族和文化的凝聚力、向心力，推动建设社会主义文化强国。

第四，有利于维护网络空间安全。从本质上说，网络空间安全指的是互联网空间中的信息安全。从信息科学与技术的研究领域而言，网络空间安全有着自身的学科特点和研究内容。一般而言，凡是与互联网信息的完整性、真实性、保密性、可控性的相关理论和技术的研究都属于网络空间安全的研究范畴。新时代大学生在网络空间自觉弘扬社会主义核心价值观有利于维护网络空间安全，主要原因在于：当今世界，不同的文化和思想在全球范围内交流、交融、交锋，意识形态领域的斗争十分激烈。

对于我们国家而言，我们要牢牢掌握我们国家的意识形态话语权，坚持意识形态领域的斗争守土有责、守土尽责。同样地，互联网空间亦不例外。当前，网络空间也有不同的价值观交流、交融、交锋，我们在网络空间中自觉弘扬社会主义核心价值观，有助于我们有效抵御网络空间中多元价值观的冲击，营造清朗的网络空间，从而维护网络空间安全。此外，在网络空间中自觉弘扬社会主义核心价值观，倡导国家富强、倡导社会公正、倡导个人诚信，也能最大限度地反映当前我国社会各个群体的基本价值诉求，从而有效整合与矫正网络空间中的一些非主流价值理念，满足最广大人民的价值愿望，推动网络空间的良性运转，从而维护网络空间安全。

（三）新时代大学生在网络空间弘扬主流核心价值观的使命精神的培育路径

培育新时代大学生在网络空间弘扬主流核心价值观的使命精神，最终还是要落脚到培育的路径。一般而言，包括四个方面：一是以社会主义核心价值观为引领治理网络空间；二是以社会主义法治为依据加强网络空间的治理；三是以大学生作为受教育对象开展网络素养教育；四是以校园网络平台为依托弘扬主流核心价值观。

第一，以社会主义核心价值观为引领治理网络空间。如前所述，网络空间中不同的思想文化和价值观在交流交融交锋，其中可能存在一些西方错误思潮。如果任由其发展，可能会给一些大学生带来思想上的危害，甚至威胁我们国家的意识形态安全。因此，必须以社会主义核心价值观为引领治理网络空间。在网络空间中大力宣传和弘扬社会主义核心价值观，增强社会主义核心价值观的感召力、影响力，以社会主义核心价值观为引领治理网络空间。

一是加强国家层面富强、民主、文明、和谐的价值观的宣传，引导网络空间中大学生增强国家荣誉感和自豪感，进而增强文化自信和价值观自信，自觉抵制西方错误思潮的侵蚀，构建良好的网络空间。二是加强社会层面自由、平等、公正、法治的价值观的宣传，引导网络空间中大学生认识到只有社会主义民主才是真正意义上的民主，只有社会主义民主才真正实现了人民当家作主，从而增强制度自信和价值观自信，自觉抵制西方错误思潮的侵蚀，构建良好的网络空间。三是加强个人层面爱国、敬业、诚信、友善的价值观的宣传，引导网络空间中大学生增强爱国情怀，正确认识我国社会的主要矛盾，正确认识党的十八大以来我们所取得的历史性成就和历史性变革，从而增强道路自信和价值观自信，自觉抵制西方错误思潮的侵蚀。

第二，以社会主义法治为依据加强网络空间的治理。网络空间和现实社会一样，既要提倡自由，也要遵守秩序。互联网不是"法外之地"，网民要坚守法律底线，不造谣、不信谣、不传谣。网络空间中一些错误思潮、低俗文化的滋生和传播，反映出我们要不断完善网络监管立法，明确网络空间中的法律底线，从源头上加强网络空间的治理。一方面，要加强互联网空间的立法、执法和司法，推进网络空间科学立法、严格执法、公正司法。

首先是立法机关要科学立法，在网络空间安全、网络文化等方面健全相关法律法规，让网民能够有法可依、有法必依。其次是要严格执法。加强立法，让网络文化的生产者和传播者有了必须遵守的法律之后，还要严格执法，让网民的活动受到法律法规的规制。最后还要公正司法。司法是维护社会公平正义的最后一道防线，要让网络违法人员受到相应的法律制裁。另一方面，要加强互联网空间的法治宣传，在大学生中树立网络空间法律意识，推动大学生自觉抵制西方错误思潮的侵蚀，使大学生在网络空间人人懂法、知法、守法、用法。总之，只有不断加强互联网空间的立法、执法、司法和守法，明确网络空间中的法律底线，从源头上加强网络空间的治理，才能为培育新时代大学生在网络空间弘扬社会主义核心价值观的使命精神创造条件、提供支撑。

第三，以大学生作为受教育对象开展网络素养教育。网络素养教育，指的是网络使用者应具备的网络素质及道德规范。其包括网络信息的辨别能力、对网络规范的理解和认同以及网络道德修养等，是网民在面对纷繁复杂的网络信息时，主动进行信息的辨别、遴选、判定的能力。高校应该要以大学生作为受教育对象开展网络素养教育，将网络素养教育纳入高校通识课程，将网络素养教育融入高校思想政治教育过程中，面向大学生宣传网络空间的伦理道德，推动大学生在网络空间中正确地认识和分辨善恶美丑，同时，增强对网络纷繁复杂信息的识别力和遴选力，提高对西方错误思潮和低俗文化的抵制力，让大学生在网络空间中不造谣、不信谣、不传谣，推动大学生成为具备高度网络素养的网民。而通过以大学生作为受教育对象开展网络素养教育，为培育新时代大学生在网络空间弘扬社会主义核心价值观的使命精神提供良好的网络素质，创造良好的网络环境，营造良好的网络空间。

第四，以校园网络媒体平台为依托弘扬主流核心价值观。互联网的飞速发展推动了学校传统媒体的创新发展，也推动了新兴媒介和媒体的产生。校园网络媒体平台是一个统称，通常是对各种校园网络媒体的组合。例如，学校官方网站、学校专题网站、校园网、学校官方微博、学校官方微信、校报电子版等。近年来，高校弘扬正能量的网站和学校官方微博、微信等已经成为在网络空间培育和弘扬社会主义核心价值观、进行网络思想政治教育的新载体。事实上，和传统媒体相比，新兴的校园网络媒体平台有诸多优势，其能够最大程度发挥社会主义核心价值观的校园舆论引领力，能够立足大学生的日常学习生活，找寻最适合大学生接受的宣传方式，实现思想政治教育与互联网技术的有机融合。例如，一些新兴的校园网络媒体平台结合社会主义核心价值观深刻剖析时政热点，同时以大学生更加喜闻乐见的方式，如图文并茂、穿插微视频等方式及时推送给全校大学生进行传阅，从而生动形象地宣传社会主义核心价值观，让大学生潜移默化地培育社会主义核心价值观。又如，河北农业大学成立了新媒体联盟，包括学校微信公众号、QQ 群、微博、微信小程序、APP 客户端在内的 83 家新媒体。通过成立新媒体联盟，一是进一步加强政治理论学习。认真学习习近平新时代中国特色社会主义思想，特别是习近平总书记关于新闻舆论工作的重要论述，把正确政治方向摆在第一位，坚持正确的舆论导向。二是营造校园新媒体宣传氛围。主动学习研究新媒体特点及传播规律，准确定位，科学谋划，合理利用新媒体平台开展宣传工作，营造良好的校园新媒体宣传氛围。三是联动做好信息共享及发布。积极参与、转发和评论学校官方新媒体推出的重要宣传活动。四是协同做好舆情应对及引导。充分运用新媒体平台进行授权信息发布和舆情引导。五是积极参与学校官方新媒体建设。广泛参与推送和配合学校新媒体联盟统一组织策划的专题报道、主题互动和各类校园活动，使社会主义核心价值观的宣传能够广覆盖，持续在网络空间培育和弘扬社会主义核心价值观。

五、培育新时代大学生为人民美好生活不断奋斗的价值追求

共享是中国特色社会主义最本质的特征。形成家庭、学校、社会、网络空间、大学生自身五位一体的立体化协同培育合力，最终落脚到要培育新时代大学生为人民美好生活不断奋斗的价值追求，最终落脚到不断满足人民群众日益增长的美好生活需要。而培育新时代大学生为人民美好生活不断奋斗的价值追求，首先要明晰新时代大学生为人民美好生活不断奋斗的价值追求的内涵，其次要明确培育新时代大学生为人民美好生活不断奋斗的价值追求的意义，最后还要探寻新时代大学生为人民美好生活不断奋斗的价值追求的培育路径。

（一）新时代大学生为人民美好生活不断奋斗的价值追求的内涵

新时代大学生为人民美好生活不断奋斗的价值追求有着丰富的内涵，总的来说，"满足人民日益增长的美好生活需要"是以人民为中心发展思想的本质规定。具体而言，要理解新时代大学生为人民美好生活不断奋斗的价值追求的内涵，首先就要把握以人民为中心的发展思想的内涵，其次是要理解"人民美好生活观"的内涵，最后是要阐释大学生为人民美好生活不断奋斗的价值追求的内涵。

第一，以人民为中心的发展思想的内涵。"满足人民日益增长的美好生活需要"是以人民为中心发展思想的落脚点和归宿。因此，要更好地理解新时

代大学生为人民美好生活不断奋斗的价值追求的内涵，必须把握以人民为中心的发展思想的内涵。唯物史观是马克思主义哲学区别于以往一切旧唯物主义哲学的重要标志。

马克思主义认为，人民群众是实践的主体，是历史的创造者，我们要始终坚持以人民为中心的发展思想。习近平总书记于 2015 年 11 月 23 日在中央政治局第二十八次集体学习时提出了"以人民为中心的发展思想"。坚持以人民为中心的发展思想，就必须坚持人民主体地位，坚持立党为公、执政为民，践行全心全意为人民服务的根本宗旨，把党的群众路线贯彻到治国理政全部活动之中，把人民对美好生活的向往作为奋斗目标，依靠人民创造历史伟业。总的来说，以人民为中心的发展思想包括丰富的内容，如全心全意为人民服务的目标宗旨观、人民群众是社会历史发展的真正推动者的历史动力观、始终把人民利益摆在至高无上的地位的人民利益至上观、把增进民生福祉作为发展的根本目的的民生观以及人民当家作主的思想、群众观点和群众路线，等等。

第二，"人民美好生活观"的内涵。1939 年，毛泽东在《关于〈孔子的哲学思想〉一文给张闻天的信》中就提出了"为人民服务"的概念。❶ 在中华民族由站起来、富起来到强起来的伟大飞跃的过程中，我们中国共产党人始终把"为人民服务"放在最高位置，始终把为人民美好生活而奋斗作为我们一切工作的根本出发点和落脚点。十八届一中全会后，习近平总书记强调："人民对美好生活的向往，就是我们的奋斗目标"。那么，"人民对美好生活的向往"到底有什么样的内容呢？习近平总书记有过精辟的阐述："我们的人民热爱生活，期盼有更好的教育、更稳定的工作、更满意的收入、更可靠的社会保障、更高水平的医疗卫生服务、更舒适的居住条件、更优美的环境，期盼孩子们能成长得更好、工作得更好、生活得更好。"

习近平总书记围绕"人民对美好生活的向往"这一主题提出了一系列重要的新理念新思想新论断，构成了主题鲜明、逻辑严密、内涵丰富、体系完备的"人民美好生活观"。"人民美好生活观"勾勒了什么是"人民美好生活"，其内容主要包括：生产力的不断发展和人民收入水平的不断提升、社会主义民主政治的不断发展和人民当家作主制度体系的不断健全、精神文明不断发展和人民的精神生活不断丰富、社会的安全稳定以及更美好的生态环境、更宜居的

---

❶ 毛泽东文集：第 2 卷［M］．北京：人民出版社，1993：163.

生活环境，等等。

第三，大学生为人民美好生活不断奋斗的价值追求的内涵。总的来说，大学生为人民美好生活不断奋斗的价值追求是一种价值目标和价值动力，是大学生为人民美好生活而不断奋斗的一种使命担当。培育新时代大学生社会主义核心价值观，能够激励大学生自觉承担这一使命担当。具体而言，大学生为人民美好生活不断奋斗的价值追求，其一是为生产力的不断发展、物质财富的不断丰富、人民收入水平不断提高而奋斗的一种使命担当；其二是为社会主义民主政治的不断发展、人民当家作主制度体系的不断健全而奋斗的一种使命担当；其三是为中国特色社会主义文化的不断发展、社会主义文化产品的不断丰富而奋斗的一种使命担当；其四是为社会主义和谐社会的不断发展、保障和改善民生水平的不断提高而奋斗的一种使命担当；其五是为建设美丽中国、生态环境和生活环境的不断改善而奋斗的一种使命担当。

（二）培育新时代大学生为人民美好生活不断奋斗的价值追求的意义

党的十九大报告提出，我们要在 2050 把我国建设成为富强、民主、文明、和谐、美丽的社会主义现代化强国，具体包括建设高度的物质文明、建设高度的政治文明、建设高度的精神文明、建设高度的社会文明、建设高度的生态文明。而这一伟大目标的实现离不开一代代大学生为人民美好生活而不懈奋斗。培育新时代大学生为人民美好生活不断奋斗的价值追求，一是能激励大学生建设物质文明，不断满足人民日益增长的经济生活需要；二是能激励大学生建设政治文明，不断满足人民日益增长的政治生活需要；三是能激励大学生建设精神文明，不断满足人民日益增长的精神文化生活需要；四是能激励大学生建设社会文明，不断满足人民日益增长的社会生活需要；五是能激励大学生建设生态文明，不断满足人民日益增长的优美生态环境需要。

第一，激励大学生建设物质文明，不断满足人民日益增长的经济生活需要。物质文明是指人类物质生活的进步状况，主要表现为物质生产方式的发展和经济生活水平的提升。物质生产方式是生产力和生产关系的有机统一，物质生产方式的发展是人类社会不断向前发展的最根本动力和最深厚的基础。新时代人民对美好生活的向往和追求，最基础的是对物质生活水平不断提升的追求。培育新时代大学生为人民美好生活不断奋斗的价值追求，能够激励大学生建设物质文明，不断满足人民日益增长的经济生活的需要。改革开放四十多年来，我国的物质文明建设取得了举世瞩目的成就，中国的经济发展成为世界经济发展史上的一个奇迹，这离不开一代代包括大学生在内的中国人民的艰苦奋斗。而中华民族的伟大复兴不是敲锣打鼓、轻轻松松就能实现的。在致力于实现中华民族伟大复兴的新时代，更需要一代代包括大学生在内的中国人民接力奋斗，不断推进生产力的发展，不断推进科学技术的进步，不断满足人民日益增长的经济生活的需要。培育新时代大学生为人民美好生活不断奋斗的价值追求，就能够为大学生的接力奋斗提供价值指引和精神动力，激励大学生投身于伟大祖国的经济建设之中，为我国经济的持续健康发展，为人民群众生活水平的不断提升提供支撑。

第二，激励大学生建设政治文明，不断满足人民日益增长的政治生活需要。政治文明指人类社会政治生活的进步状态和政治发展取得的成果，主要包括政治制度和政治观念两个层面的内容。只有社会主义民主才是真正意义上的民主。新中国的成立标志着中国人民和中华民族从此站起来了。社会主义改造的基本完成，标志着我们进入了社会主义社会，这是当代中国一切发展进步的根本政治前提和制度基础。

改革开放四十多年来，我国的社会主义民主政治建设取得了巨大的成就，人民当家作主的制度体系不断健全。随着中国特色社会主义进入新时代，人民对美好生活的向往更加强烈，不仅对物质文化生活提出了更高要求，而且在民主、法治、公平、正义、安全、环境等方面的要求也日益增长。因此，依然需要一代代包括大学生在内的中国人民致力于建设社会主义政治文明，不断满足人民日益增长的政治生活的需要。而培育新时代大学生为人民美好生活不断奋斗的价值追求，能够为大学生建设社会主义政治文明的接力奋斗提供价值指引和精神动力，激励着大学生投身于发展社会主义民主政治的事业之中，为我国社会主义民主政治的不断发展，为人民当家作主的制度体系的不断健全提供支撑。

第三，激励大学生建设精神文明，不断满足人民日益增长的精神文化生活需要。精神文明是指人类在改造客观世界和主观世界的过程中所取得的精神成果的总和，是人类智慧、道德的进步状态。精神文明建设在社会主义建设中发挥着重要作用，是中国特色社会主义建设的一个重要领域。改革开放之初，邓小平就明确指出，要"物质文明"和"精神文明"两手抓、两手都要硬。我国的社会主义精神文明建设取得了举世瞩目的成就。在革命年代，我们有红船精神、井冈山精神、长征精神、延安精神、西柏坡精神，等等，在建设年代，我们有雷锋精神、"两弹一星"精神、焦裕禄精神，等等，改革开放以来，我们国家涌现出了载人航天精神、嫦娥奔月精神、抗震救灾精神，等等。

这些精神都在激励着广大人民群众坚定理想信念，树立高尚的道德情操。随着中国特色社会主义进入新时代，人民对美好生活的向往更加强烈，对精神文化生活也提出了更高的要求。因此，依然需要一代代包括大学生在内的中国人民致力于建设社会主义精神文明，不断满足人民日益增长的精神文化生活需要。而培育新时代大学生为人民美好生活不断奋斗的价值追求，能够为大学生建设社会主义精神文明的接力奋斗提供价值指引和精神动力，激励着大学生投身于推动社会主义文化繁荣兴盛的伟大事业之中，为我国社会主义精神文明的不断发展，为不断满足人民日益增长的精神文化生活需要提供支撑。

第四，激励大学生建设社会文明，不断满足人民日益增长的社会生活需要。社会文明有广义和狭义之分。广义的社会文明是指人类社会的文明状态和进步程度，是人类改造客观世界和主观世界所取得的包括物质文明、政治文明、精神文明、生态文明等在内的积极文明成果的总和。而狭义的社会文明是与物质文明、政治文明、精神文明和生态文明并列的，指的是社会领域的进步程度和社会建设的积极成果。一般讲的社会文明指的是狭义上的社会文明。新中国成立以来尤其是改革开放以来，我国的社会文明建设取得了举世瞩目的成就：人民的收入水平普遍得到了极大提高，全面解决了人民的温饱问题；我国决胜脱贫攻坚，推动广大人民群众脱贫致富，成为人类减贫史上的一个奇迹，为全球减贫事业做出了巨大贡献；我国的基本公共服务设施不断健全，人民生活的幸福指数不断提升，等等。随着中国特色社会主义进入新时代，人民对美好生活的向往更加强烈，对社会建设的成果也提出了更高的要求。因此，依然需要一代代包括大学生在内的中国人民致力于建设社会文明，推进社会主义和谐社会的建设，不断满足人民日益增长的社会生活的需要。而培育新时代大学生为人民美好生活不断奋斗的价值追求，能够为大学生建设社会文明的接力奋斗提供价值指引和精神动力，激励着大学生投身于建设社会主义和谐社会的伟大事业之中，为我国社会文明的不断发展，为不断满足人民日益增长的社会生活的需要提供支撑。

第五，激励大学生建设生态文明，不断满足人民日益增长的优美生态环境需要。生态文明是人类为保护和建设美好生态环境而取得的物质成果、精神成果和制度成果的总和，是贯穿于经济建设、政治建设、文化建设、社会建设全过程和各方面的系统工程，反映了一个社会的文明进步状态。

新中国成立以来尤其是改革开放以来，我们国家始终高度重视生态文明建设，生态文明建设取得了显著成就。例如，1979 年中国政府决定把"三北"防护林工程（在中国三北地区（西北、华北和东北）建设的大型人工林业生态工程）列为国家经济建设的重要项目。建设河北塞罕坝林场就是"三北"防护林工程的一部分。在几十年塞罕坝林场的建设中，孕育出了著名的塞罕坝精神。2017 年 8 月，习近平总书记对河北塞罕坝林场建设者感人事迹作出重要指示指出："55 年来，河北塞罕坝林场的建设者们听从党的召唤，在'黄沙遮天日，飞鸟无栖树'的荒漠沙地上艰苦奋斗、甘于奉献，创造了荒原变林海的人间奇迹，用实际行动诠释了绿水青山就是金山银山的理念，铸就了牢记使命、艰苦创业、绿色发展的塞罕坝精神。他们的事迹感人至深，是推进生态文明建设的一个生动范例。"❶

随着中国特色社会主义进入新时代，人民对美好生活的向往更加强烈，对生态文明建设的成果也提出了更高的要求。例如，和社会主义改造刚刚完成时、和改革开放之初相比，现在人们更加关注更干净的水、更清新的空气、更优美的环境，对良好生态和美好环境的需要成为人民日益增长的美好生活需要的重要组成部分。因此，依然需要一代代包括大学生在内的中国人民致力于建设社会主义生态文明，推进美丽中国的建设，不断满足人民日益增长的美好环境的需要。而培育新时代大学生为人民美好生活不断奋斗的价值追求，能够为大学生建设社会主义生态文明的接力奋斗提供价值指引和精神动力，激励着大学生投身于建设美丽中国的伟大事业之中，为我国社会主义生态文明的不断发展，为不断满足人民日益增长的美好环境的需要提供支撑。

（三）新时代大学生为人民美好生活不断奋斗的价值追求的培育路径

新时代大学生要牢固树立人民立场，以人民对美好生活的向往为奋斗目标，不断培育为人民美好生活不断奋斗的价值追求，将真挚的人民情怀转化为

---

❶ 习近平对河北塞罕坝林场建设者感人事迹作出重要指示 ［EB/OL］. 新华网. 2017 - 08 - 28. http：//www. xinhuanet. com/politics/2017 -08/28/c_1121557749. htm.

推动自己成长成才、担责克难的不竭动力。培育新时代大学生为人民美好生活不断奋斗的价值追求，归根到底还要落脚到探寻新时代大学生为人民美好生活不断奋斗的价值追求的培育路径上。一般而言，这一培育路径主要包括三个方面：一是坚持和加强党的全面领导，为培育新时代大学生为人民美好生活不断奋斗的价值追求提供根本保证；二是以社会主义核心价值观为引领，激励大学生为人民美好生活不断奋斗；三是立足新时代培养担当民族复兴大任的时代新人，培育一代代致力于创造人民美好生活的主体。

第一，坚持和加强党的全面领导，为培育新时代大学生为人民美好生活不断奋斗的价值追求提供根本保证。党政军民学，东西南北中，党是领导一切的。党的领导是中国特色社会主义最本质的特征，党的领导是中国特色社会主义制度的最大优势。培育新时代大学生为人民美好生活不断奋斗的价值追求，必须坚持和加强党的全面领导。党的全面领导是新时代大学生为人民美好生活不断奋斗的根本保证。在培育新时代大学生为人民美好生活不断奋斗的价值追求的过程中坚持党的全面领导主要体现在以下两个方面：

一是加强党对新时代大学生为人民美好生活不断奋斗的精神动力的领导。中国共产党是中国工人阶级的先锋队，同时是中国人民和中华民族的先锋队，是中国特色社会主义事业的领导核心。我们的意识形态工作必须始终坚持中国共产党的领导，始终牢牢掌握意识形态工作话语权。也只有坚持党的全面领导，坚持马克思主义的指导思想，坚定共产主义的远大理想和中国特色社会主义的共同理想，培育和践行社会主义核心价值观，才能不断为人们干事创业提供不竭的精神动力，进而才能为新时代大学生为人民美好生活而不断奋斗提供精神动力。二是加强党对新时代大学生为人民美好生活不断奋斗的实际行动的领导。培育新时代大学生为人民美好生活不断奋斗的价值追求，不仅是一个认识和精神层面的问题，更是一个实践和行动层面的问题，这一价值追求离不开一代代大学生为人民美好生活不断奋斗的实际行动。改革开放四十多年来，我们国家的经济建设取得了举世瞩目的成就，经济总量跃居世界第二位，综合国力和国际影响力显著提升。取得这些成绩的根本原因就在于我们始终坚持党的领导。同样地，党的全面领导也是新时代大学生为人民美好生活不断奋斗能取得显著成绩的根本保证。

第二，以社会主义核心价值观为引领，激励大学生为人民美好生活不断奋斗。社会主义核心价值观包括国家、社会、公民个人三个层次，其为全民族、全社会在实现中华民族伟大复兴中国梦的征程上提供了清晰的价值追求，赢得了全社会的广泛共鸣。要培育新时代大学生为人民美好生活不断奋斗的价值追求，就要以社会主义核心价值观为引领，激励大学生为人民美好生活不断奋斗。

其一，以社会主义核心价值观国家层面的价值要求为引领，激励大学生为国家富强、民主、文明、和谐而不懈奋斗。国家富强和人民的美好生活是根本一致的，国家富强为人民不断满足美好生活的需求提供了根本的前提。其二，以社会主义核心价值观社会层面的价值要求为引领，激励大学生自觉维护自由、平等、公正、法治的社会环境。人民的美好生活总是处于一定社会之中的美好生活，离不开良好的社会环境。同时，人民的美好生活的需要内在地包含着对于自由、平等、公正、法治的社会环境的要求。因此，要以社会主义核心价值观为引领，激励大学生自觉维护自由、平等、公正、法治的社会环境，激励大学生为人民美好生活而不断奋斗。其三，以社会主义核心价值观公民个人层面的价值要求为引领，激励大学生自觉做到爱国、敬业、诚信、友善，爱国、敬业、诚信、友善的价值要求树立了大学生向上向善的良好精神风貌，推动大学生正确处理好个人与社会的关系，深刻认识到集体主义是社会主义道德的基本原则，从而深刻认识到为人民美好生活而奋斗是自己肩上的责任，也是自己心中应有的担当。

第三，立足新时代培养担当民族复兴大任的时代新人，培育一代代致力于创造人民美好生活的社会主义事业的建设者和接班人。实现人的自由而全面的发展是共产主义社会的一大特征，实现人的全面发展也是社会主义的本质要求。在致力于实现中华民族伟大复兴中国梦的新时代，实现人的全面发展就集中体现为培育一代代拥有为人民美好生活不断奋斗的价值追求的新时代大学生。从培育和践行社会主义核心价值观的角度来看，培养担当民族复兴大任的时代新人，核心要素就是要立足新时代不断培养大学生的健全人格。马克思1845年春在布鲁塞尔写成的《关于费尔巴哈的提纲》一文中指出，人的本质是一切社会关系的总和。而社会关系是指个人在社会交往中所形成的各种关系。个人在社会交往中所表现的行为方式，所遵守的一定的规则，逐渐发展为大学生的"人格"。

在中国特色社会主义新时代，我们通过培育和践行社会主义核心价值观以形塑时代新人，就是要促进大学生实践人格、政治人格和道德人格的全面发展，使大学生认识到社会性是人的本质属性，进而健全大学生的人格。一是要培养大学生健全的实践人格。培养实践人格的关键在于树立实事求是的思想路线。民族复兴历史使命的实现归根结底要靠一代代包括大学生在内的人民群众的实践奋斗。要推动大学生自觉将理想信念与实践结合起来，做到知行合一，做到在实干中梦想成真。二是要培养大学生健全的政治人格。要提高大学生参与政治生活的能力，提升大学生对政治理念的认识，坚定大学生的理想信念，坚定大学生对于中国特色社会主义的道路自信、理论自信、制度自信、文化自信，自觉为实现中华民族伟大复兴的中国梦而不懈奋斗。三是要培养大学生健全的道德人格。要推动大学生深刻认识道德的意义和价值，推动大学生树立向上向善的观念，鼓励大学生积极向中国特色社会主义建设事业的道德楷模学习，从而为大学生自身致力于民族复兴的奋斗提供道德观念的支撑和动力。

第四，倡导人类命运共同体意识，培育新时代大学生为世界人民美好生活不懈努力的价值追求。2013 年，习近平总书记在俄罗斯莫斯科国际关系学院首次提出人类命运共同体的重大倡议，引发国际社会高度重视。七年来，人类命运共同体理念日益成为世界人民追求美好生活的人类共同理想，不断成为指引世界各国之间国际关系的重要准则。中华民族伟大复兴的中国梦是与世界人民的梦想紧密相连的，人民对美好生活的向往是一致的，是举世人民共同的心愿。因为随着不同国家之间的联系不断加强，彼此依赖程度日益加深，形成了你中有我、我中有你的现实局面，世界各国人民休戚相关、命运与共。因此，要培养新时代大学生人类命运共同体意识，牢记马克思的伟大理想，为人类幸福不断奋斗。

一是培养新时代大学生志存高远的人生格局。青年时代是人生之中最为宝贵的美好时光，要引导大学生树立实现共产主义的远大理想。正如习近平总书记指出的理想信念是精神之钙，古往今来的历史和现实也清楚地印证着一个道理，即那些在人生道路上取得伟大成就，并对人类发展做出贡献的仁人志士都是在青少年时代就立下鸿鹄之志，并不懈努力、克服艰难险阻去实现自己的人生追求。如敬爱的周恩来总理在中学时就立下了"为中华崛起而读书"的远大志向，大学生要学习革命先辈报效祖国的奉献精神，树下雄心壮志，把自己的前途命运与祖国的未来联系在一起，为中国特色社会主义现代化强国的实现贡献自己的青春热血。

二是培养新时代大学生胸怀天下的人类情感。当今世界，随着世界各个国家之间经济、文化等领域交流互动的日益加强，网络技术的迅猛发展，跨境旅游人数的不断增多，不同国家之间的联系越来越紧密，世界人民共同处于一个休戚相关的命运共同体之内。马克思把他的一生都奉献给了全人类的解放与幸福事业，希望建立起一个"自由人联合体"的共产主义社会。孙中山先生"天下为公"的理想也激励着有识之士树立胸怀天下的梦想。习近平总书记指出中国共产党人为中国人民谋幸福，为中华民族谋复兴，为天下谋大同。成长在中国特色社会主义新时代的大学生应该接过属于自身使命的接力棒，培养胸怀天下的高尚情感，为世界和平与发展做出自己的贡献。

三是培养新时代大学生为世界人民美好生活不断奋斗的本领。我国古代思想家老子指出千里之行，始于足下。习近平总书记多次强调空谈误国、实干兴邦，要撸起袖子加油干。志向再高远、理想再远大，没有脚踏实地地真才实干，也只能是空想或幻想。因此，新时代大学生在立下鸿鹄之志、以天下为己任的同时，要扎扎实实地学好科学文化知识，以马克思主义理论为指导，不断提高自身奉献社会的能力和本领。在当前科学技术飞速发展的现代社会，要勇于挑战人类发展面临的各种科技难题，敢于迎难而上、攻坚克难，用自己的智慧、学识和才干为全人类的幸福、为世界人民过上美好生活贡献自身的青春和热血，为人类共同美好的未来不懈奋斗。

参考文献

（一）著作类

[1] 马克思恩格斯全集：第1卷［M］．北京：人民出版社，1995．

[2] 马克思恩格斯全集：第23卷［M］．北京：人民出版社，1972．

[3] 马克思恩格斯选集：第2卷［M］．北京：人民出版社，2012．

[4] 毛泽东文集：第7卷［M］．北京：人民出版社，1999．

[5] 毛泽东文集：第2卷［M］．北京：人民出版社，1993．

[6] 习近平．决胜全面建成小康社会夺取新时代中国特色社会主义伟大胜利：在中国共产党第十九次全国代表大会上的报告［M］．北京：人民出版社，2017．

[7] 习近平．决胜全面建成小康社会夺取新时代中国特色社会主义伟大胜利［M］．北京：人民出版社，2019．

[8] 习近平谈治国理政［M］．北京：外文出版社，2014．

[9] 习近平谈治国理政：第2卷［M］．北京：外文出版社，2017．

[10] 习近平谈治国理政：第1卷［M］．北京：外文出版社，2018．

[11] 十八大以来重要文献选编：上［M］．北京：中央文献出版社，2014．

[12] 中共中央宣传部．习近平新时代中国特色社会主义思想三十讲［M］．北京：学习出版社，2018．

[13] 中国共产党第十九次全国代表大会文件汇编［M］．北京：人民出版社，2017．

[14] 教育部思想政治工作司组织编写．高校培育和践行社会主义核心价值观创新案例［M］．北京：知识产权出版社，2015．

[15] 苏霍姆林斯基．怎样培养真正的人［M］．北京：教育科学出版社，1992．

[16] 左丘明．左传［M］．长沙：岳麓书社，2015．

[17] 陶芳标．大学生健康教育［M］．合肥：合肥工业大学出版社，2008．

[18] 袁贵仁．马克思主义人学理论研究［M］．北京：北京师范大学出版社，2012．

[19] 裴德海．从一般价值到核心价值——社会主义核心价值观培育与践行的双重逻辑

［M］. 合肥：安徽教育出版社，2013.

（二）期刊类

［1］李章芳. 大学生生理心理特征分析及体育教学中对策［J］. 安徽职业技术学院学报，2004（2）.

［2］邴浩，鄂炎雄，朱彤. "90 后"大学生群体基本特征分析［J］. 学校党建与思想教育，2019（19）.

［3］何会宁. 青年大学生历史使命探析［J］. 思想教育研究，2010（9）.

［4］王学俭，张羽茜. 新时代大学生国家意识培育研究［J］. 学校党建与思想教育，2019（2）.

［5］宋健林. 论青年马克思主义者的使命担当［J］. 思想教育研究，2018（1）.

［6］刘庆刚，朱海荣，彭培英. 工科专业大学生终身学习能力与意识培养刍议［J］. 河北师范大学学报（教育科学版），2018（3）.

［7］葛吉生，高全，孙海挺. 大学生心理健康与身体素质的关系及应对策略［J］. 北京体育大学学报，2004（11）.

［8］伍廉松. 论社会主义核心价值观对大学生精神生活的引领［J］. 思想政治教育研究，2020（2）.

［9］雷家啸. 我国大学创业教育现状及应做的调整［J］. 青年探索，2011（1）.

［10］韩笑. 论社会主义核心价值观视角下的公正与法治［J］. 齐齐哈尔大学学报（哲学社会科学版），2020（1）.

［11］焦连志. 社会主义核心价值观与中华优秀传统文化教育协同机制研究［J］. 中国高等教育，2020（6）.

［12］王易，田雨晴. 习近平对培育和践行社会主义核心价值观的新贡献［J］. 马克思主义研究，2019（11）.

［13］肖永辉，李雁冰. 习近平新时代中国特色社会主义思想中的青年价值观教育思想探析［J］. 东北师大学报（哲学社会科学版），2019（5）.

［14］新华社新闻研究所课题组. 中国传媒全媒体发展研究报告［J］. 科技传播，2010（2）.

［15］习近平. 加快推动媒体融合发展构建全媒体传播格局［J］. 新湘评论，2019（5）.

［16］王飞. 全媒体时代高校思想政治教育的四个维度［J］. 辽宁师范大学学报（社会科学版），2020（3）.

［17］顾海良. 新时代高校思想政治教育的理论指导和发展理念——学习习近平新时代中国特色社会主义思想［J］. 思想理论教育导刊，2018（1）.

［18］陈延斌. 高校要坚持不懈培育和弘扬社会主义核心价值观［J］. 马克思主义与现实，

2017 (3).

[19] 郑海祥, 王永贵. 正确认识社会主义核心价值观与先进文化建设的关系 [J]. 思想理论教育, 2011 (23).

[20] 杨清虎. "家国情怀"的内涵与现代价值 [J]. 兵团党校学报, 2016 (3).

[21] 孙兰英. 家风是社会风气的重要组成部分 [J]. 党建, 2019 (8).

[22] 李林. 通过法治实现公平正义 [J]. 北京联合大学学报（人文社会科学版）, 2014, 12 (3).

（三）报纸类

[1] 习近平在同各界优秀青年代表座谈时的讲话 [N]. 人民日报, 2013 – 05 – 05.

[2] 习近平在全国宣传思想工作会议上强调胸怀大局把握大势着眼大事努力把宣传思想工作做得更好 [N]. 人民日报, 2013 – 08 – 21.

[3] 习近平在中共中央政治局第十三次集体学习时强调把培育和弘扬社会主义核心价值观作为凝魂聚气强基固本的基础工程 [N]. 人民日报, 2014 – 02 – 26.

[4] 习近平出席全国宣传思想工作会议并发表讲话 [N]. 人民日报, 2018 – 08 – 23.

[5] 习近平在北京大学师生座谈会上的讲话: 青年要自觉践行社会主义核心价值观 [N]. 人民日报, 2014 – 05 – 05.

[6] 习近平总书记在庆祝全国人民代表大会成立六十周年大会上的讲话 [N]. 人民日报, 2014 – 09 – 06.

[7] 习近平在知识分子、劳动模范、青年代表座谈会上的讲话 [N]. 人民日报, 2016 – 04 – 30.

[8] 习近平总书记在 2015 年春节团拜会上的讲话 [N]. 人民日报, 2015 – 02 – 18.

[9] 习近平在网络安全和信息化工作座谈会上的讲话 [N]. 人民日报, 2016 – 04 – 26.

[10] 习近平在会见第一届全国文明家庭代表时的讲话 [N]. 人民日报, 2016 – 12 – 16.

[11] 习近平在庆祝改革开放 40 周年大会上的讲话 [N]. 人民日报, 2018 – 12 – 19.

[12] 习近平在全国高校思想政治工作会议上强调: 把思想政治工作贯穿教育教学全过程开创我国高等教育事业发展新局面 [N]. 人民日报, 2016 – 12 – 09.

[13] 第二十次全国高校党建工作会议在京召开 [N]. 人民日报, 2012 – 01 – 05.

[14] 习近平. 做党和人民满意的好老师——同北京师范大学师生代表座谈时的讲话 [N]. 人民日报, 2014 – 09 – 10.

[15] 新时代公民道德建设实施纲要 [N]. 人民日报, 2019 – 10 – 28.

[16] 习近平主持召开学校思想政治理论课教师座谈会强调: 用新时代中国特色社会主义思想铸魂育人贯彻党的教育方针落实立德树人根本任务 [N]. 人民日报, 2019 – 03 – 19.

[17] 习近平同全国妇联新一届领导班子集体谈话 [N]. 人民日报, 2013 – 11 – 01.

[18] 习近平. 在第十八届中央纪律检查委员会第六次全体会议上的讲话 [N]. 人民日报,

2016 – 05 – 03.

（四）电子资源类

[1] 习近平主持召开学校思想政治理论课教师座谈会 [EB/OL]. 人民日报网. 2019 – 03 – 19. http：//paper. people. com. cn/rmrb/html/2019 – 03/19/nw. D110000renmrb _ 20190319 _ 2 – 01. htm.

[2] 卿志军. 打造凝聚共识的新空间 [EB/OL]. 光明网. 2020 – 05 – 14. http：//theory. gmw. cn/2020 – 05/14/content_33828768. htm.

[3] 习近平. 推动媒体融合向纵深发展巩固全党全国人民共同思想基础 [EB/OL]. 新华网. 2019 – 01 – 25. http：//www. xinhuanet. com/politics/leaders/2019 – 01/25/c_1124044208. htm.

[4] 关于实施中华优秀传统文化传承发展工程的意见 [EB/OL]. 新华社. 2017 – 01 – 25. http：//www. xinhuanet. com//politics/2017 – 01/25/c_1120383155. htm.

[5] 习近平对河北塞罕坝林场建设者感人事迹作出重要指示 [EB/OL]. 新华网. 2017 – 08 – 28. http：//www. xinhuanet. com/politics/2017 – 08/28/c_1121557749. htm.

[6] 教育部. 完善中华优秀传统文化教育指导纲要 [EB/OL]. 教育部网站. 2014 – 03 – 26. http：//old. moe. gov. cn/publicfiles/business/htmlfiles/moe/s7061/201404/166543. html.

[7] "社会主义核心价值观与公民道德建设"学术研讨会简讯 [EB/OL]. 中国社会科学网. 2014 – 12 – 24. http：//www. cssn. cn/skyskl/201412/t20141224_1454929_1. shtml.

[8] 申孟哲. "习近平谈核心价值观"——凝神聚气 强基固本 [EB/OL]. 人民网. 2014 – 08 – 07. http：//cpc. people. com. cn/n/2014/0807/c64094 – 25418503 – 2. html.

[9] 习近平：坚持依法治国和以德治国相结合 [EB/OL]. 新华社. 2016 – 12 – 10. http：// www. xinhuanet. com/politics/2016 – 12/10/c_1120093133. htm.

后　记

　　2012 年 11 月，党的十八大提出社会主义核心价值观"三个倡导"重要内容。2013 年 12 月，中共中央办公厅印发《关于培育和践行社会主义核心价值观的意见》。全国上下积极行动起来，社会主义核心价值观深入人心。2017 年 10 月，习近平总书记在党的十九大报告中指出，培育和践行社会主义核心价值观，要以培养担当民族复兴大任的时代新人为着眼点。新时代大学生肩负着实现中华民族伟大复兴的崇高使命，为了发挥其自身、家庭、学校、社会以及网络空间等内外因素的综合作用，构建"五位一体"的立体化培育框架，形成对新时代大学生社会主义核心价值观培育的合力，在研究团队成员邵彩玲、刘欢、李佳哲、翟丹丹、杨建国、安慧影、王云幸、李晗，以及学院领导贾立平、郭跃军和党务秘书王宇翔、研究生赵泽文等同志共同努力下，完成了本书的编写工作。本书旨在积极引导大学生把社会主义核心价值观融入自身的学习和生活当中，使社会主义核心价值观像空气一样无所不在，真正内化于心、外化于行。

　　在本书的撰写过程中，河北农业大学马克思主义学院领导给予了大力的支持和充分有效的指导。编写人员付出了很多心血，也参考了许多专家学者的研究成果，在此表示衷心的感谢！但由于能力和水平所限，书中难免存在不足之处，敬请各位专家、学者以及读者予以批评指正。让我们共同努力，为新时代大学生社会主义核心价值观的培育与践行研究贡献智慧，产出更多的研究成果。

本书编写组
2020 年 12 月